HEYNE <

Über die Autorin

Katrin Kropf wurde 1967 in Cottbus geboren, als es noch das andere Deutschland gab. Sie hat Politik studiert und in einem Werkzeugmaschinen-Kombinat als FDJ-Sekretärin gearbeitet. Nach der Wende ist sie in den Westen gegangen, hat in Kliniken und Kurheimen als Hausdame gearbeitet, ehe sie in die Gastronomie wechselte. Sie ist geschieden und hat einen Sohn. Kurz nach ihrem 40. Geburtstag machte sie sich im Internet auf die Suche nach dem Mann fürs Leben. Den hat sie da nicht gefunden, wohl aber zahlreiche Kandidaten getestet und erkannt: Es ist alles eine Frage der Perspektive. Unter *Katrin@halbbitter.net* bleibt sie Ihnen verbunden.

KATRIN KROPF

HALB BITTER

MEIN JAHR MIT 100 MÄNNERN

WILHELM HEYNE VERLAG
MÜNCHEN

Zum Schutz der Persönlichkeitsrechte wurden sämtliche Namen verändert, Orte teilweise getauscht. Jedoch ist keine der handelnden Personen erfunden. Emails wurden in dem entsprechenden Stil abgedruckt, der für dieses Medium typisch ist, und nicht in Orthografie und Grammatik bearbeitet.

FSC
Mix
Produktgruppe aus vorbildlich bewirtschafteten Wäldern und anderen kontrollierten Herkünften

Zert.-Nr. SGS-COC-001940
www.fsc.org

Verlagsgruppe Random House FSC-DEU-0100
Das für dieses Buch verwendete
FSC-zertifizierte Papier *Holmen Book Cream*
liefert Holmen Paper, Hallstavik, Schweden.

Originalausgabe 10/2010

www.heyne.de
Printed in Germany 2010
Redaktion: Dunja Reulein
Umschlaggestaltung: Büro Überland, München
Umschlagillustration: Marianne Nyman/plainpicture/Areangec
Satz: Leingärtner, Nabburg
Druck und Bindung: GGP Media GmbH, Pößneck

ISBN: 978-3-453-60144-4

Inhalt

Kapitel 1

Ehrlich bis zum Anschlag

Bekenntnis zur Unanständigkeit

Das war ein Scheißabend. Gleich mal der Blitzer an der Kreuzung in Gmund. Danach mein Blindflug durch den Nebel. Und in Schwabing verfahre ich mich sowieso immer. Alle Einbahnstraßen führen in die falsche Richtung. Erst kein Parkplatz, dann kein Kleingeld. Was schiefgehen konnte, war also schon schiefgegangen.

Da hätte der Typ ohnehin nichts reißen können, auch wenn er ausgesehen hätte wie Til Schweiger. Karsten sah aus wie ein Zöllner auf Heimaturlaub. Mit Schnauzbart, im karierten Hemd. Und mit angekauten Fingernägeln, festgekrallt an der Apfelschorle. Dafür war er ganz bei sich, leider den ganzen Abend. Er erzählte nur von sich. Was er tut und wie toll er das macht. Das geht alles gar nicht.

Am meisten aber habe ich mich über mich selbst geärgert. Ich Dämeltier glaube doch immer noch an das Gute im Menschen. Aber die Wirklichkeit ist anders. Es laufen so verdammt viele Krücken frei rum. Und ich kann nicht über meinen Schatten springen. Ich stehe nun mal auf ungewöhnlich gepflegt. Und bekomme gewöhnlich ungepflegt. Dazu dümmlich. Und fantasielos. Wenn so eine Niete dann noch auf dicke Hose macht, verliere ich jede Beißhemmung.

Ich kicke die Pumps in die Ecke und fahre den Rechner hoch. Einen Blick in den Kühlschrank habe ich mir erspart. Ich komme zu nichts mehr. Aber Hauptsache ich weiß, wie ich meinen Hunger auf Leben stillen kann. Neues Spiel, neues Glück. Einen Klick weiter wartet meine nächste Chance. Die Auswahl ist ja theoretisch unbegrenzt. In der Praxis kann ich gar nicht so viel, wie ich könnte. Die Woche hat nur sieben Tage. Ein-, zweimal muss ich abends arbeiten. Und zur Tagesfreizeit taugen bloß die Kandidaten mit Bikinistreifen am Ringfinger.

Spätestens jetzt muss mich doch jeder für eine Schlampe halten, stimmt's? Ja, stimmt. Irgendwie schon. Manchmal denke ich das selber. Aber dann auch wieder nicht. Ich verstehe mich selbst nicht so genau. Als ich ins Netz gestartet bin, wollte ich nur einen, den einen, ganz für mich allein. Und mit ihm frohen Herzens in den Sonnenuntergang reiten.

Ein Jahr und viele Dutzend Fehlversuche später habe ich mich von der reinen Lehre verabschiedet. Oder verabschieden müssen. Quatsch, keine Ausreden. Ich will ehrlich sein: Der Appetit kam beim Essen, und jetzt kann ich nicht aufhören. Denn mit jedem Mann werde ich begehrenswerter. Mit fast jedem. Karsten hätte nun nicht sein müssen.

Vielleicht sollte ich mich erst mal ordentlich vorstellen. Ich heiße Katrin Kropf. Darüber sind schon genug Witze gemacht worden. Aber überflüssig fühle ich mich nicht. Im Gegenteil: Seit ich online bin, kann ich jeden haben. Theoretisch. Doch das sagte ich schon. Jedenfalls hat das Internet aus mir eine andere Frau gemacht. Jetzt weiß ich, was wirklich zählt bei den Männern. Und solange ich sie noch zählen kann, schäme ich mich nicht. Mein Spiegel hält einiges aus.

Doch der Reihe nach. Ich bin 39 b, will heißen: Voriges Jahr habe ich meinen 40. Geburtstag erlitten. Die Vier ist unsexy, egal wie man sie schreibt. Eine Vier ist nicht mehr jung und noch nicht alt, einfach nur behäbig. Einen Sohn habe ich auch, der ist gerade in der Pubertät und ziemlich anstrengend. Das hat er mit seinem Vater gemeinsam, mit dem ich fast zwanzig Jahre verheiratet war. Geboren bin ich in Cottbus, als es noch das andere Deutschland gab. Ich habe Politik studiert und im Kombinat Fritz Heckert als FDJ-Sekretärin gearbeitet. Nach der Wende bin ich rübergemacht in den Westen, der so golden gar nicht war, wie ich ihn mir vorgestellt hatte. Ich habe bei Verwandten im Schwarzwald gelebt, bevor ich nach Bayern ging. Jetzt kellnere ich im *Herzoglichen Bräustüberl* am Tegernsee. Ich mag meine Arbeit, die Kolleginnen mehr, den Chef weniger, die meisten Gäste mehr oder weniger. Und ich kriege ordentlich Trinkgeld, auch von denen, die mir in ihrem Vorzimmer keinen Blick schenken würden. Hier bin ich fix und frech, da wäre ich fix und fertig.

Aber das alles ist gar nicht mein Thema. Ich will berichten, was ich mit den Männern erlebt habe, die mir ins Netz gegangen sind. Die ich am Monitor einfangen habe, dann mit meiner sexy Telefonstimme und später real. Eine Freundin hatte mir von *neu.de* erzählt und dass sie da ihren Neuen gefunden hat. Bingo, große Liebe. Das wollte ich auch, natürlich, wie alle Frauen. Ich träumte von Mr. Right, der mir unterm Weihnachtsbaum den Karpfen tranchiert. In ein paar Wochen ist es wieder so weit.

Doch so einfach geht das nicht. Auf dem elektronischen Kontakthof läuft es nicht wie draußen, schön einer nach dem anderen und dazwischen ein paar Monate Pause. Das Karussell dreht sich schnell und immer schneller. Die Burschen stehen Schlange. Ich brauche nur noch Ja oder Nein zu sagen, für ein Vielleicht ist keine Zeit. Daumen hoch und Hose runter. Oder umgekehrt. Am Anfang war ich überwältigt von dem Angebot, wie die Ossi-Maus an der Frischetheke, mit strahlenden Augen, so viele Bananen. In diesem Supermarkt der Eitelkeiten bin ich in einen Kaufrausch verfallen. Ich habe nach links und rechts ins Regal gegriffen, erst wahllos, dann süchtig, nach dem neuen Kick, nach Köpfen und Körpern, nach der Ware Mann, vor allem aber nach Anerkennung und dem Gefühl, dass er nur mich will, jetzt und hier und unbedingt. So reihte ich einen an den anderen, probierte ihn aus, legte ihn ab. Ich tat das, was niemand mir antun soll. Und im Nachhinein tat mir das dann manchmal leid.

Schon als kleines Mädchen wollte ich es allen recht machen, jedem gefallen, immer gelobt werden. Anfangs hat das auch funktioniert. Ich war ein hübsches Kind, artig und ein bisschen schüchtern, der Liebling meiner Eltern, aller Onkel und Tanten. Mit Schleife im Haar sang ich ihnen hübsche Lieder vor und feierte damit meine ersten Erfolge. Dann erblühte ich zur Schulschönheit, und auch die Lehrer mochten mich, bis ich in der Pubertät zum hässlichen Entlein mutierte. Auf einmal war ich pummelig, ich hatte Pickel und zu wenig Busen. Das alles hat sich ausgewachsen, aber es war ein Schock, von dem ich mich bis heute nicht erholt habe.

Und trotzdem habe ich einen abgekriegt, Rüdiger, den begehrtesten Junggesellen aus der Niederlausitz. Ohne Mätzchen, einfach so, durch sozialistische Fügung. Vielleicht imponierte ihm, wie ich meine Brigade auf Trab brachte. Oder mein loses Mundwerk. Keine Ahnung, jedenfalls liefen wir schnurstracks aufs Standesamt. Damals in der DDR haben ja alle früh geheiratet, damit wir eine eigene Wohnung bekamen. Unsere Ehe hielt genau neunzehn Jahre, acht Monate und sieben Tage. Die Luft war schon länger raus, die Scheidung nur noch ein Verwaltungsakt. Als unser Toni vierzehn wurde, ist er zum Vater gezogen. Ich war einverstanden, denn der Junge sollte ja nicht ohne männlichen Einfluss aufwachsen. Heute kann er kochen, bügeln, nähen und den Müll runtertragen. Seine Frau wird später mal ihre helle Freude an ihm haben.

Oder auch nicht. Vielleicht schlägt das Pendel zurück. Vielleicht sind wieder richtige Männer gefragt. Ich merke es ja an mir. Mit einem biegsamen Waschlappen kann ich nichts mehr anfangen. Wer mir nicht Paroli bietet, hat nichts zu lachen. Und das ganze Emanzipationsgeplapper ist sowieso nur was für die unausgelastete West-Tussi. Für so was hatten wir drüben gar keine Zeit, da waren wir Frauen gleichberechtigt, ohne darum kämpfen zu müssen, im Beruf genauso wie zu Hause.

Nach Rüdiger kam Armin, aber den habe ich irgendwie verdrängt. Es gab keinen Streit, es gab keine Liebe. Wir haben miteinander gelebt und nebeneinander her, völlig unauffällig, sieben verlorene Jahre. Nur wie es endete, daran erinnere ich mich genau. Ich arbeitete damals als Hausdame und habe mich Hals über Kopf in einen Bundeswehrsoldaten verliebt, der mit seinem Sohn zur Vater-Kind-Kur bei uns in der Klinik war. Am dritten Tag bin ich nach dem Dienst heimgefahren und habe meine Sachen gepackt. Schon verrückt.

Vier Tage später fiel ich von Wolke sieben. Die Fahrkarte nach Köln hatte ich bereits gekauft, als der Herr Feldwebel mich wieder auslud. Seinen Abschiedsbrief kann ich heute noch auswendig. Ich sei ihm zu perfekt, sein Leben dagegen völlig ungeordnet, schrieb er mir auf liniertem Papier, das könne nichts werden, und außerdem habe er sich zum Auslandseinsatz gemeldet. Der Kanonenschlag saß, ich wusste gar nicht, wie mir geschah, ob ich das vielleicht nur geträumt hatte. Anfang oder Ende. Erst heute ist mir klar, wie orientierungslos ich damals war. Was der eine mir nicht bieten konnte, suchte ich beim anderen: Freiheit statt Routine, Abenteuer statt Ordnung.

Aus dem Loch hat mich Rüdiger Zwo befreit, ein verwöhntes Millionärs-Söhnchen, zu dem ich gleich mit Sack und Pack in seine Villa am Titisee zog. Was folgte, hätte für drei Bücher gereicht und einen Horrorfilm. Wir schlugen und wir vertrugen uns. Er konnte nicht mit mir, ich konnte nicht ohne ihn. Er küsste mir die Füße, wörtlich, stundenlang. Dann fiel er über mich her, nächtelang. Wir trieben es wie im Rausch. Aber der Alltag war die Hölle. Mit seiner krankhaften Eifersucht verfolgte er mich, wenn ich nur mal fünf Minuten zu spät kam oder er eine fremde Nummer auf meinem Handy entdeckte.

In seinen Augen wollten alle Männer nur das Eine von mir, mein Chef, die Patienten, die Kollegen, alle gierten bloß nach meinem Körper. Natürlich sah er Gespenster, aber das konnte ich ihm tausendmal sagen, geholfen hat es nichts. Mein neuer Rüdiger drehte ab, wenn er mich nicht unter Kontrolle hatte. Mit einem Jagdmesser zerschnitt er Dutzende Paar Schuhe, die er selbst mir in den edelsten Boutiquen gekauft hatte. Mit dem Hammer zertrümmerte er den Schmuck, den er mir aus London und aus Rom mitgebracht hatte. Mehr als einmal hat er mit Gläsern und Geschirr nach mir geworfen. Bei uns war immer was los.

Ich weiß nicht, wie oft ich geflohen bin und reumütig wieder zurückgekehrt. Jedes Mal haben wir uns im Bett versöhnt, heftiger als je zuvor. Immer versprach er mir, sich zu beherrschen. Und immer wieder war es eine Illusion. In Wahrheit wollte er mich beherrschen. Ein Jahr lang habe ich das mitgemacht, durchlebt, ertragen. Aber irgendwann war Schluss. Irgendwann habe ich mich aus der Abhängigkeit gelöst. An dem Tag, als ich meine Kündigung im Briefkasten fand. Sie haben mich rausgeschmissen, weil ich ein paar Mal gefehlt hatte, dreimal dürfen Sie raten, warum. Die Kündigung war wie ein Weckruf. Jedenfalls spürte ich an diesem trüben Novemberabend, dass es meine letzte Chance war, mein Leben wieder in den Griff zu bekommen.

Dorothea, meine beste Freundin, hat mich bei sich aufgenommen. Mit zwei Koffern und einem Kleidersack stand ich im Regen vor ihrer Tür. Ich war ganz unten angekommen: ohne Mann, ohne Kind, ohne Auto, ohne Wohnung. Geld hatte ich auch nicht mehr viel, nur reichlich Selbstmitleid. Ich war eine ungeliebte, obdachlose Arbeitslose mit verheulter Wimperntusche.

Meine Zukunft war ungewiss, aber eins war mir klar: Jetzt konnte es nur noch aufwärtsgehen.

Kapitel 2

Attraktion, Illusion, Projektion

Aus dem Poesiealbum der Mädchenträume

Auf jedes Tief folgt ein Hoch. Das ist wie beim Wetter und so sicher wie das Amen in der Kirche. Bloß mit der Vorhersage von Wann und Wie tue ich mich genauso schwer wie die Meteorologen.

Am Sonntagnachmittag bin ich leer geweint. Doro hat meine Endlosschleifen von den bösen Buben tapfer ertragen, hat mir immer neue Varianten von Kräuter- und Früchtetees eingeflößt, mich zwischendurch wie ein Baby im Arm gehalten. Dann wurde es selbst ihr zu viel. Sie schaute mich an und sagte: »Schluss mit dem Gejammer.«

Während Dorothea sich auf einem Spaziergang mit den Kindern von mir erholt, darf ich an ihren Computer. Die erste Kerze am Adventskranz erinnert mich an einen Omaspruch: Und wenn du glaubst, es geht nicht mehr, kommt von irgendwo ein Lichtlein her. Ich muss grinsen, aber mein Grinsen kommt wohl noch etwas gequält. Finster entschlossen starre ich in die Dunkelheit, um Licht am Ende des Tunnels zu entdecken. Der Tunnel, das ist mein Leben. Die Lichter sind männlich. Dass die meisten auch nur durchs Internet irrlichtern, werde ich erst später begreifen.

Bei *neu.de* ist es so ungerecht wie im Leben: Die Männer müssen zahlen. Mir ist das natürlich recht, denn meine paar Kröten muss ich jetzt zusammenhalten. Ich kann nur weibliches Kapital einsetzen: Charme, Schönheit, Liebe.

Zuerst brauche ich einen Nickname, so eine Art Etikett, das man sich da vor die Stirn klebt. Darüber denke ich nicht lange nach: *Pflegefall_67*. Das ist ernst gemeint und ironisch. Soll sich doch jeder denken, was er will. Mein Motto ist weniger originell, das bekannte Zitat von John Lennon: Leben ist das, was passiert, während du eifrig andere Pläne machst.

Dann wird da noch mein Traummann abgefragt. Und da gehe ich dann gleich mal in die Vollen:

Er sollte mich so lieben, wie ich bin … Ansonsten wünsche ich mir einen

- *sportlichen*
- *attraktiven*
- *humorvollen*
- *gepflegten*
- *wohlhabenden*
- *charmanten*
- *romantischen*
- *intelligenten*
- *lieben*
- *dynamischen*
- *edlen*
- *ehrlichen*
- *wilden*

– *starken*
– *standhaften*
– *ausdauernden*

Mann … *fg*

Auf die Frage, was andere an mir schätzen, antworte ich:

*Dass ich eine sportliche, attraktive, humorvolle, gepflegte, charmante, romantische, intelligente, liebe, dynamische, edle, ehrliche, wilde, starke und ausdauernde Frau bin! *fg**

Und was mir peinlich ist, verrate ich auch:

Dass ich hier so SCHAMlos lüge … grins

Meine Schamlosigkeit kann ich mit vier Fotos belegen. Die hatte der wilde Rudi gemacht, als er mich nach einer unserer zahllosen Versöhnungen mal wieder zähmen konnte. Schwarz-weiß und sexy, hohe Hacken mit endlos viel Bein, mein Knackarsch im Gegenlicht, und für das Porträtbild ein wirklich einladender Blick.

Kaum ist mein Profil freigeschaltet, bricht bei *neu.de* der Server zusammen. Einen Zusammenhang will ich nicht beschwören, aber minutenlang läuft nichts mehr. Und als die ihre technischen Probleme im Griff haben, geht bei mir die Post ab. Binnen einer Stunde haben mich sechs Dutzend Männer angeschrieben. Alle paar Sekunden will einer mit mir chatten. Ich bin überfordert, ich bin überwältigt – und ich bin überzeugt davon, dass die alle nur auf mich gewartet haben.

Dass ich die Attraktion im Netz sein soll, katapultiert mein geschundenes Ego von minus fünf auf hundertachtzig. Ich schenke mir ein Glas Prosecco ein und zittere am ganzen Leib. Das ist wie Weihnachten, ein paar Wochen zu früh. Ich komme gar nicht dazu, alle Nachrichten zu lesen, geschweige denn, wie die Herren sich in ihren Profilen anpreisen. Ich sehe nur lauter Männer, große und kleine, dicke und dünne, blond, rot, dunkel oder Glatze, oben ohne mit Tattoo, ganz cool mit Sonnenbrille, manche ans Auto gelehnt, mit Katze im Arm oder der Ex, dazu spießige Ausweisfotos. So weit das Auge reicht nur Männer, Männer, nichts als Männer. Mir wird schwindelig.

Ich muss das Fenster öffnen und ganz tief durchatmen. Es ist die Faszination des Schreckens. Und es ist eine Illusion. All diese Burschen können nicht mich meinen, die kleine Katrin aus dem Osten. Unmöglich. All diese Burschen sind einer Projektion aufgesessen, ihrer Vorstellung von der perfekten Frau: schön, sexy und willig. Die wollen sie alle. Die Jagd ist eröffnet. Aber ich will doch nur einen, den einen, meinen. Und wie solle ich den finden? Ich sehe den Wald vor lauter Bäumen nicht.

Ich habe den Zufall bemüht, mit geschlossenen Augen auf einen aus der langen Liste von Chatanfragen getippt: *Eidgenosse40*, ein Schweizer, 43 Jahre alt, Personalchef eines Pharmakonzerns.

ER 17:05

halli hallo

ICH 17:11

hey ... nur aus Höflichkeit, muss gleich weg ... ich komme hier nicht raus ... grins ... vielleicht später

ER 17:13

tja ... da hättest Du einen Volltreffer landen können und beschäftigst Dich mit Nichtigkeiten ... tja

ICH 17:14

laut lach ... Du bist ja die Härte

ER 17:14

nein ... ganz lieb ... aber man muss eben Prioritäten setzen, gelle

ICH 17:15

Schweiz ist aber ganz schön weit weg, wollte eigentlich auch mal ein Date ...

ER 17:15

du lachst mich aus ... bääääähhhhhh

ICH 17:16

nein, lache Dich nicht aus, bin an Dir hängen geblieben

ER 17:16

langsam, langsam ... Schatz ... wie weit ist Basel für Dich? Wie weit würdest Du für Deinen Seelenverwandten gehen?

ICH 17:16

10 m

ER 17:16

Äffle, Schwarzwald ist doch nicht so weit weg ...

ER 17:18

haste Kindle?

ICH 17:18

13

ER 17:18

sportlich. Weibchen oder Männchen????

ICH 17:19

ein Jungchen

ER 17:19

habe Sohn 14 und Tochter 15 … 13 14 15 …

könnte spaßen

ICH 17:19

wann heiraten wir?

ER 17:19

im Mai

ICH 17:20

o.k., ist notiert

ER 17:20

darf ich dich pflegen? ich kann gut rücken massieren, staubsaugen und Fenster putzen

ICH 17:20

dann bist du ja echt ein Supermann

ER 17:20

M.[redacted]

ICH 17:22

lapsus-[redacted] … schreib du mir, dann muss ich mir deine nicht abschreiben, bin schließlich ein Pflegefall

ER 17:22

du bist süß. ich heiße Urs und bin noch zu haben

ICH 17:23

ich heiße Katrin und bin WIEDER zu haben

ER 17:24

bekomme ich noch Bilder?

ICH 17:27

ja bekommst du, aber erst wenn du den Hochzeitstermin schriftlich bestätigst und mir den Entwurf für den Ehevertrag zusendest

ER 17:27

kein Sex vor der Ehe … das wäre geil … ups, sorry

ICH 17:29

hast ja meine E-Mail … werde belagert … muss mich verziehen … 20 Männer im Chat … grins

ER 17:31

schreibst mir? …

ER 17:31

brrr

ER 17:32

ciao bella

ER 17:35

Chaotin … tztztztz

Das soll schon alles gewesen sein: ein bisschen abfragen, ein bisschen blödeln? Ich bin enttäuscht. Von meinem allerersten Online-Flirt hatte ich mir mehr versprochen. Aber ein Blick auf Urs' Profil bringt mich auf andere Gedanken. Der Typ sieht aus wie George Clooney der Jüngere, unverschämt gut. Da habe ich wohl doch gleich einen Treffer gelandet.

Es ist ein Märchen, dass ein Mann hässlich sein kann wie Eimer, wenn nur sein Konto glänzt. Ich habe noch keine Frau erlebt, die so bescheiden wäre. Wir wollen alles: intellektuell, sexuell, finanziell. Oder lieber gar nichts.

Urs Luetti widerlegt die Schweizer Langsamkeit. Er bleibt dran. Auf seine E-Mail antworte ich ohne Verzögerung.

ICH 18:02
Hallo, Urs,
einen Schweizer Pass wollte ich übrigens schon immer ...
grins ... Ich sehe übrigens nicht so gut aus wie auf
meinen Fotos, ist halt schwarz-weiß, und früh nach dem
Aufstehen bin ich leider in Farbe ... Dein Bild ist sehr
schön ... Dafür gibt es auch einen Nachschlag ...
Gruß von der pflegebedürftigen Katrin
ER 18:06
tönt ja alles sehr flott ... was biste denn für ein Sternzeichen??
Erzähl mir mal was von dir und halt den Ball flach dabei ☺
ICH 18:13
den Ball flachhalten dürfte keine Problem sein ... Bin gerade
gekündigt worden. Und meine Beziehung ist auch in die
Brüche gegangen ... Jetzt liege, sitze und halbwegs stehe
ich mit einem Bandscheibenvorfall
zu Hause ... Flach genug???????? Grins ...
Lache trotzdem noch ... weil ich weiß ... nichts passiert
umsonst ... irgendetwas sehr GROSSES muss ja auf mich
warten ...
Finanziell brauche ich mir ja jetzt auch keine Gedanken mehr

zu machen, Du heiratest mich ja ... und die Bandscheibe massierst Du mir ja auch wieder gesund ... Was war das andere noch? Staub saugen und Fenster putzen ...! Was will ich mehr??? Laut lach ...
Gruß Katrin – übrigens deshalb Pflegefall – Gott sei Dank sehe ich wenigstens einigermaßen passabel aus ... *fg*
ER 18:18
Das mit deinem Job tut mir leid ... das mit deinem Partner net ☺
... ich sage auch immer, dass alles vorbestimmt ist, eigentlich MEIN Lebensmotto ... kann kommen, was will, es muss so sein, alles hat seinen Weg, gell?
Ich stelle mir vor, dass es eine Frau gibt, die zu mir gehört, auch verschwende ich mich nicht mit falschen Frauen, habe ich genug gemacht ... also ich bin Personalmanager und betreue da meine 500 Leute.
Nebenbei habe ich noch eine schöne Handelsfirma, klein aber fein ☺
kannst ja mal schauen unter www.[redacted], auch mein zweites Standbein, aber dient zur Realisierung meines großen Traumes, früher aufhören und ab in den Süden!!!
Bin seit 5 Jahren glücklich geschieden, leide keinen Streit und keine Not, habe viel Freude am leben und bla bla bla
Deine Fotos sind sehr schön, aber ich hätte gerne ein Frontfoto!!!!
Liebe(s) Grüße
Urs

ICH 18:27

Hallo Urs,

frontal bleibt dann doch mein Geheimnis, ob hinter der Hand eine riesengroße Warze oder eine Hasenscharte versteckt ist … *fg*

Ich habe mir übrigens sagen lassen, dass ich eine Figur und eine Haut wie eine 20jährige habe … Muss ich da irgendwelche anderen Talente haben …?

ER 18:31

das mit dem Foto finde ich gemein … frech! unmöglich!

schick mir doch bitte eine mms von deiner Warze (hehe)

0041 [redacted]

Während ich noch überlege, welches Foto ich ihm schicken könnte, ohne ihn gleich zu verschrecken, verabschiedet er sich.

ER 18:45

So, meine Liebste, muss jetzt abklemmen. Deine Schwiegermutter vom Bahnhof abholen und dann einen Geschäftsevent vorbereiten.

Denk daran, bitte, dass ich es nicht dulde, wenn meine Verlobte mit anderen Kerlen chattet ☺

Bin jetzt nur per sms und mms erreichbar, keine Angst, bin kein Psycho, hihi

Wer weiß. Für mich klingt das ganz schön besitzergreifend. Und davon hatte ich ein Jahr lang mehr als genug. Eifersucht und Ansprüche schrecken mich total ab und ziehen mich auch magisch an. Ich brauche meine Freiheit, werde aber sofort nervös, wenn einer sie mir freiwillig gibt. Dann habe ich Sorge, dass ich ihm nicht genug bedeuten könnte. Ich wünschte, es wäre anders, denn mit diesem Hin und Her stehe ich mir oftmals selbst im Weg.

Aber jetzt fasziniert mich der elektronische Gemischtwarenladen. Die nächste Chance wartet nur einen Klick entfernt. Ganz anders als im richtigen Leben. Wenn ich gerade von dem einen komme, kann ich nicht mit dem anderen Händchen halten. Darf ich Urs vorglühen und mich trotzdem umschauen? Klar, im Internet geht das, ohne dass ich Rücksicht nehmen muss. Dabei weiß ich noch gar nicht, was da alles geht. Doch ich bin viel zu neugierig, um der Versuchung zu widerstehen.

Mein zweiter Zufallskandidat ist ein bekannter Radiomoderator. Bei *neu.de* nennt er sich *Matthias041*. Zunächst hat er mich nur angeflasht, das habe ich übersehen. Dann finde ich eine Nachricht von ihm in meinem Postfach.

ER 18:41

Ok, es war extrem einfallslos, dir nur n Flash zu schicken. Aber die extrem widrigen 2jährig neffig quengligen Umstände mögen das entschuldigen. Der Kleine wollte raus und ich habs ihm versprochen und gehalten. Und nun die *K.o.-Frage,* die jeder dir stellt, aber, bitte, sie liegt einfach auf der Hand: Welche Pflegestufe bist du? Liebe Grüße aus – nicht neidisch vom Stuhl fallen – dem weihnachtlich glitzernden Paris
Matthias

Der soll doch nicht glauben, dass er mir damit imponieren kann. Ich antworte nicht, lese aber sein Profil: In einer Partnerschaft will er den Respekt vor der Verschiedenheit leben, mit leidenschaftlicher Fantasie und atemlosem Alles oder Nichts. Gut gebrüllt, Löwe. Aber was bedeuten Worte?

ER 19:25
Eigentlich wollte ich mit meiner Mail nicht dein Interesse
ermorden. Irgendwie schein ichs aber doch geschafft
zu haben. Oder ists das alte Misstrauen gegenüber uns
Hessen?
Matthias

Darauf habe ich immer noch nicht reagiert. Ich erhöre ihn erst, als nach der *Tagesschau* sein Nickname in der Chatliste blinkt.

ER 20:17
Hilfe, Du bist ja schwerer zu bekommen als der
amerikanische Präsident
ICH 20:18
bin ja auch viel hübscher, und hier sind eindeutig zu viele
Pfleger am Start
ER 20:18
wie viele Männer möchten Dich denn kennenlernen??
ICH 20:18
sag ich Dir lieber nicht, sonst lässt Du gleich alle Hoffnung
fahren

ER 20:19

nein, werde Dich eher sofort darauf aufmerksam machen, dass Du Dich nicht mit billigen Tischweinen abgeben solltest, wenn doch ein köstlicher Jahrgangsbordeaux auf dem Tisch steht

ICH 20:19

steht er denn? bis jetzt begehe ich hier den totalen Blindflug, soll heißen habe überhaupt keine Ahnung, wie die Flasche aussieht und ob der Jahrgang wirklich so gut ist, wie der Wein versucht zu versprechen …

ER 20:20

schau unter Google-Bilder nach Gerhard Lambert

ICH 20:19

das werde ich nachher tun

Weil ich irgendeinen falschen Knopf gedrückt habe, bricht die Verbindung ab. Meine Neugier siegt. Der Mann ist tatsächlich zu googeln: ein markantes Gesicht mit offenem Blick, dunkle Locken, mediterraner Typ, ein bisschen Ähnlichkeit mit dem frühen Rudi Carrell.

Am nächsten Morgen greife ich zu einem Trick.

ICH 10:11

Hallo, Matthias, habe leider Deinen Namen vergessen, wäre lieb, wenn Du mir eine E-Mail schreiben könntest. An lapsus-[redacted].

Bis später mal, LG der Pflegefall

Der Herr aus Paris soll auf gar keinen Fall den Eindruck haben, dass ich mich ausgerechnet für ihn interessiere. Aber ich will ihn unbedingt. Schon weil er der Lieblingsmoderator von meinem Ex ist, dem kann ich damit wunderbar einen reinwürgen. Ich darf jetzt nur keinen Fehler machen.

Doro ist mit den Kindern auf dem Weg zu den Großeltern in Berlin. Für eine Woche habe ich sturmfreie Bude. Aber natürlich muss ich mein Glück mit irgendwem teilen. Ich schreibe ihr eine Kurznachricht aufs Handy.

ICH 10:17

Stell Dir vor, Süße, ich habe einen bekannten Radiomoderator an der Angel!!!

SIE 10:50

Super! Du kommst noch in die Bild-Zeitung.

ICH 10:54

Hoffentlich nicht als Leiche.

Alle paar Minuten rufe ich meine E-Mails ab. Nichts, immer noch nichts. Während ich sehnsüchtig auf Gerd Lamberts Antwort warte, klingelt das Telefon. Es ist Urs Luetti, mein Verehrer aus Basel. Der war irgendwie in den Hintergrund gerückt, regelrecht verblasst gegen diesen prominenten Joe Lässig.

Urs hat eine sonore Stimme, und seinen Dialekt finde ich lustig. Aber er meint es ernst. Er erzählt mir von seiner Dachgeschosswohnung mit Blick über den Rhein, von seiner Sammelleidenschaft für alte Autos, von der Berghütte im Engadin, von seinen Kindern, die er nur alle zwei Wochen sieht, und von seiner Sehnsucht nach einem intakten Familienleben. Ich bin beeindruckt. Von dem Mann, von den Perspektiven. Ein Schweizer Pass wäre auch nicht zu verachten.

Er muss in eine Sitzung. Kaum haben wir aufgelegt, mache ich mit dem Handy ein Selbstporträt und schicke es ihm als Bildnachricht. Er reagiert prompt, tippt heimlich unterm Tisch. Das finde ich toll. Es schmeichelt mir.

So ganz kriege ich meine Gefühle noch nicht sortiert. Hier warte ich auf Nachricht, dort locke ich mit einem Foto. Nach dem einen sehne ich mich, während ich den anderen genieße. Dabei will ich doch nur einen Prinzen ganz für mich allen, für den täglichen Ritt in die untergehende Sonne. Aber: Von mehr als einem begehrt zu werden fühlt sich schon verdammt gut an. Gut für mein angeschlagenes Ego.

Der Radiomann hat immer noch nicht geantwortet. Weder bei *neu.de* noch per E-Mail. So ein Schuft. Der hat bestimmt an jedem Finger zehn Bräute. Ich tröste mich mit Schweizer Präzision.

ER 13:14

du solltest mal zur ruhe kommen … dein glück wird nicht der bequeme weg sein, und glaub mir, es gibt noch menschen, die es ehrlich mit dir meinen. muss jetzt mit pablo essen und würde mich freuen, bald wieder von dir zu hören … und ein foto möchte ich, kann nicht genug bekommen! anbei noch ein bild vom februar, fondueplausch mit freunden ☺ küssli
dein verlobter

Die ganze Zeit bin ich online, surfe durch die pralle Männlichkeit, grusele mich vor Rauschebärten, amüsiere mich über Kuschelbären, entdecke Rechtschreibfehler noch und nöcher, komme aus dem Staunen gar nicht mehr raus. Der liebe Gott hat einen großen Zoo.

Aber ein Gutes hat die Aktion. Zwei Tage im Netz haben mich meine reale Misere vergessen lassen. Ich bin auf dem Weg der Besserung, fast schon heiter, gar kein Vergleich mit dem Häufchen Elend der vorigen Woche.

Abends meldet sich Herr Lambert wieder im Chat. Ich war schon kurz davor, nervös zu werden.

ER 21:33

Guten Abend Katrin

ICH 21:34

was machst Du denn hier, geh auf die Straße und schnapp Dir ne Pariserin

ER 21:34

vergiss die Pariserinnen, ich hab sie alle abgeschüttet

ER 21:34

richtig: abgeschüttelt

ICH 21:35

Fehler sind nicht so schlimm, machen sympathisch, ich merke, Du bist der deutschen Sprache mächtig

ER 21:35

die ist mein Job

ICH 21:36

ich weiß ... höre aber meist Radio 7 ... grins

tschuldigung

ER 21:36

DAS! ist überhaupt kein Grund zum grinsen …
aber Hauptsache Du bezahlst Deine
GEZ-Gebühren

ICH 21:37

JJJJJJJJaaaaaaaaaaaa doch. Da muss ich jetzt wohl
doch den Sender wechseln, so kommt man natürlich
auch an Hörer … echt clever

ER 21:37

du weißt ja mittlerweile bestimmt alles über mich

ICH 21:38

ich weiß gar nichts … außer dass Du in Paris nichts Besseres
zu tun hast, als mit deutschen Frauen zu chatten …
Du Schurke

ER 21:38

ich bin der schurkigste aller Schurken, war 6 Jahre Präsident
von Schurkistan

ICH 21:38

ich verbeuge mich Herr Präsident

ER 21:38

verbeugen ist nicht. in Schurkistan nähert man
und frau sich dem Präsidenten in ehrerbietigem
Entengang

ICH 21:38

geht nicht, bin ein Pflegefall

ER 21:39

Du Katrin, wir werden uns treffen. Klar. Sag mir quando, sag
mir wann, sag mir quando, quando, quando … hier meine
Handy-Nr. [redacted]

ICH 21:39

nein, hier meine [redacted] ... schick mir eine SMS ... dann habe ich Deine

ER 21:40

wenn Dein Handy klingelt und du hörst Röcheln und Niesen ... das bin ich

ICH 21:40

o.k. Habe Mundschutz schon um. Danke ... tschau

Nach einer Stunde ruft er an, aus Paris, von Handy zu Handy. Geld spielt keine Rolle. Er meint wirklich mich! Ein Mann, der von seiner Stimme lebt, wird bei meiner hellhörig. Vom ersten Moment an ist unser Telefonat ein Flirt. Ich locke ihn, mit Worten, mit Gedanken, mit Bildern. Und er geht darauf ein. Wir schaukeln uns hoch. Ich mache ihn an, er macht mich high. Mitten im Spiel werden wir unterbrochen, wahrscheinlich ist die Leitung durchgeglüht. Mein Verehrer dreht am Rad, alle paar Minuten schickt er Kurznachrichten, immer wilder, immer leidenschaftlicher. Später gesteht er mir mal, dass er eine Erektion bekommt, wenn er nur meine Telefonstimme hört.

Irgendwann bin ich auf dem Sofa eingeschlafen, das Telefon noch in der Hand, versunken in einen fiebrigen Traum. Es klingelt wieder, es vibriert. Ich stöhne auf. Und brauche eine Weile, um zu realisieren, dass ich das nicht mehr träume. »Ja, Liebling.« Der andere ist dran. Nur gut, dass er Schwyzerdütsch spricht. In Sekundenbruchteilen stehe ich senkrecht. Urs entschuldigt sich für die späte Störung. Wenn der wüsste.

Wir flirten über eine Stunde. Ich bin ja jetzt in Übung. Ich fühle mich gut, weil ich begehrt werde. Und ich fühle mich schlecht, weil ich doppelgleisig fahre. Aber ich tue niemandem weh. Was er nicht weiß, macht ihn nicht heiß. Beide fühlen sich von mir angezogen. Doch so richtig kann ich das immer noch nicht genießen. Ich spüre irgendwie den Druck, mich zwischen Luetti und Lambert entscheiden zu müssen. Als ob es nicht noch tausend andere Männer gäbe.

Den Computer habe ich gar nicht mehr ausgeschaltet. Mit der ersten Zigarette in der Hand lese ich morgens die Nachrichten der Nacht. Platte Sprüche und romantische Gedichte, ein paar hingerotzte Sätze oder ganze Lebensgeschichten. Spannend ist es allemal, weil es unbekannt für mich ist. Und immer wenn ich online bin, landet massenhaft neue Post an. Die vielen Chatangebote kann ich schon gar nicht mehr überblicken.

Tag drei im Netz beschert mir einen ersten Schock, an dem ich noch lange zu kauen habe. Nachmittags erreicht mich Urs' Abschiedsmail.

ER 16:11

Hallo Katrin

Es entspricht nicht meinen Vorstellungen und meinem Stil,
mich auf eine Person einzulassen, die noch gar
nicht weiß, was sie will ... zu dieser Gattung Personen zähle
ich dich nun mal ... Unsere Gespräche und
Schreibereien kamen mir sehr nah, und ich bin nun mal der
Typ, der zu seinen Worten steht bzw. der weiß, was
er will ... oder nicht will! Ich habe keinerlei Besitzrechte oder

Voroptionen auf dich und deine Person, aber es stört mich nun mal, wenn diese Person, mit welcher ich mich treffen sollte, die mir das Heiße vom Himmel holt, ständig weiterhin im Chat am selektionieren ist, sich weiterhin von anderen Bewerbern den Hof machen lässt ...
Das Ganze ist mir selbst etwas peinlich und ich finde das ständige sich im Kreise drehen zum Abwinken ...
So gesehen verzichte ich lieber auf ein »sich weiteres Öffnen« und wünsche dir und deinem Sohn alles Gute und Liebe ...
Ein kleiner Tipp: So findest du deinen Traummann nicht.
Liebe Grüße
Urs

Vielleicht hat er recht. Aber bestimmt hat er mich getroffen. Ich fühle mich zurückgewiesen. Und bin mir keiner Schuld bewusst. Ich habe mich doch gerade erst aus einer Beziehung verabschiedet, in der ich pausenlos kontrolliert und bevormundet wurde. Das brauche ich nicht gleich wieder.

Hat der tapfere Eidgenosse wirklich angenommen, dass wir einander versprochen sind? Bevor wir uns überhaupt gesehen haben, gerochen, gefühlt? Ich verstehe die Welt nicht mehr. Jedenfalls hat er gleich auch sein Profil bei *neu.de* gelöscht. Und mir die Entscheidung abgenommen.

Jetzt also nur noch Gerd, mit Volldampf voraus. Nach einem ausgiebigen Telefonat schicke ich ihm noch ein verführerisches Bild von meinen verführerischen Beinen. Er lässt sich nicht lange bitten.

ER 20:12
Diese Bilder sind Erotik pur, sie wecken die Neugierde nach dem, was man erahnt, aber eben nicht sieht. Und was man sieht, weckt die Lust, es mit allen Sinnen zu erfahren …

ICH 20:29
Wenn ES gut klappt, ist es für Dich ohne Risiko und vor allem ohne Kosten (bin sterilisiert) frechgrins … Ich hoffe, ich habe hiermit zu Deiner schnellen Gesundung beigetragen …
LG Katrin

ER 20:37
Meine Genesung schreitet rasch voran. Ich bin ja auch ein wenig hypnotisiert ☺ Hatte grad dein Bild offen. Ich weiß ja nicht, ob Frauen auch so empfinden, aber mir geht es schon so, dass ein gutes Bild den Blick auf die Stellen lenkt, die im Verborgenen liegen, und die Fantasie beginnt, sich selbstständig zu machen. Sehr selbstständig! ☺ Sollte ES so weit kommen, dass ES passiert, dann wird ES garantiert wundervoll. ES gehört zu den Dingen des Lebens, die ein Fest und immer ein gegenseitiges Geschenk sein sollten. Zu direkt? Dann höre ich sofort auf, nehme alles zurück und bitte dich, trotzdem am Donnerstag mit mir in den Park zu gehen.
Gerd

ICH 20:59
Wer da etwas anderes empfindet, sollte ES lieber lassen …
Was mich brennend (nicht glimmend) interessiert,

welches sind die verborgenen Stellen? Damit sich Deine Fantasie so sehr verselbständigt, dass Du mir am DO nicht mehr in das Gesicht guckst … hier mein letztes Bild … Und denk immer daran … die Bilder sind schwarz-weiß … am Donnerstag stehe ich in Farbe vor Dir … Ich gehe mit Dir, wohin Du willst … außer ins Hotel … grins

LG aus Villingen von Katrin

ER 21:12

Nicht ins Hotel? Da bleiben uns noch Pension, Fremdenzimmer, Auto (uih, das ist eng), Wiese (kalt) bei mir zu Hause, brav in den Park. Du siehst, das Leben ist voller Möglichkeiten. Voller schöner Möglichkeiten! Lass dein Beben langsam den Schwarzwald heruntergleiten, ich schick dir meines entgegen. Das gibt 'nen Tsunami! Ich lass in Gedanken meine Hände noch ein wenig weiter wandern … ☺

Gerd

ICH 21:18

… und auch bei noch so großer Spontaneität beiderseits sollten wir unsere Pläne nicht ändern!!!!

Katrin

Nur noch zweimal aufwachen. Ich bin aufgeregt wie ein Kind vor Nikolaus. Am Donnerstag kommt er zum Frühstück. Und ich habe nur noch ein Ei, er hoffentlich zwei. Pünktlich um zehn steht er vor der Tür. Mit einem Lächeln, das jede Frau um den Verstand gebracht hätte. Wow, was für ein Mann. Den will ich haben, den muss ich haben! Meine Knie werden weich, ich bringe kein Wort raus.

Gerhard Lambert lässt es sich schmecken, Kaffee und Toast, dazu Schwarzwälder Schinken. Das Müsli bleibt stehen. Er schaut mir direkt in die Augen, nagelt mich am Herd fest. Und küssen kann er auch. Ohne jede Unsicherheit, ganz selbstverständlich. Wir sinken auf die Couch, seine Hände sind unter meinem Pullover, ich halte still und genieße.

Mein neuer Liebhaber kommt schneller, als uns lieb ist. Lachend verschwinde ich im Bad. Er geht mir nach, nimmt mich von hinten in den Arm. Im Spiegel sehen wir ein schönes Paar. Ich trage Lippenstift auf, er trägt derweil den Tisch ab. Dann machen wir uns daran, das Städtchen zu erobern. Wie verliebte Teenager toben wir über den Weihnachtsmarkt, Hand in Hand. Keine Viertelstunde vergeht, ohne dass wir uns küssen, im Café, auf der Straße, mal zärtlich, mal innig.

Gerd bleibt über Nacht. Ich habe Antipasti eingekauft, aber die rührt er nicht an. Dafür ist einfach keine Zeit. Hektisch fingert er sich den Gummi über. Unser Sex ist eine Mischung aus Gier und Vertrautheit. Erst beglückt er mich, dann beglücke ich ihn. Und dann, was jetzt, quatschen oder fernsehen? Doch nicht wirklich. Ich will auch nicht schlafen, ich will einen Höhepunkt nach dem anderen. Aber das kann ich vergessen, mit ihm ist das nicht zu machen. Und auch am nächsten Morgen nur Fehlanzeige.

Als mein Radiator endlich schnaubend aus der Dusche

tritt, strecke ich ihm einen heißen Kaffee entgegen. Er revanchiert sich mit einem Spruch, den ich mein Lebtag nicht vergessen werde: »Mein Onkel sagt immer, Frauen, die es professionell machen, waren mal Professionelle.« Mir bleibt die Spucke weg. Er hat unser Eröffnungsmatch als professionell empfunden. Ich fand es ganz schön, auch ausbaufähig, aber eher provinziell. Ist doch alles relativ. Seit Rüdiger Zwo bin ich ganz andere Maßnahmen gewöhnt. Aber was nicht ist, kann ja noch werden.

Die Tage vergehen, und ich vergehe auch. Vor Sehnsucht. Herr Lambert lässt mich hängen. Ein kurzer Chat in der Pause zwischen seinen Moderationen, abends mal ein Telefonat, morgens eine Kurznachricht.

ER 08:50

Aufgewacht mit den Gedanken an Dich, wünsche Dir einen wunderschönen Tag.

Schön und gut. Aber ich verhungere. Absichtserklärungen reichen mir nicht, auch nicht die Stimme aus dem Radio. Ich brauche ihn. Er braucht mich offenbar nicht. Er arbeitet viel, er hat eine Riesenfamilie. Da rangiere ich erst an 129. Stelle, hinter den Eltern, seinem Bruder und der Schwägerin, Onkeln und Tanten, hinter Dutzenden von Cousins, Cousinen, Neffen und Nichten. Irgendwas ist immer. Für den 23. Dezember sind wir fest verabredet, zum Konzertbesuch und zum Abendessen beim Italiener. Als er mir am Vortag wieder mal absagt, ist das der letzte Tropfen, der das Fass überlaufen lässt. Ich verlasse den Chat, ohne Abschied, ohne Vorwürfe. Tränen rinnen mir übers Gesicht.

Am Heiligen Abend schickt er mir wieder nur eine knappe Nachricht.

ER 18:39
Ich wünsche Dir ein wundervolles Weihnachtsfest und dass das Leben Dir alles schenkt, was Du Dir wünschst. Denke sehr an Dich! Dein Gerd

Ich sehe, dass er online ist. Später versuche ich ihn anzurufen. Aber er hebt nicht ab. Ich bin traurig, ich bin verzweifelt. Mein Sohn tröstet mich unterm Tannenbaum.

ICH 21:49
Danke für die Wünsche. Das mit dem Schenken ist nicht das Problem, das Problem ist es, die Geschenke zu behalten ... war gerade im neu.de, aber Du bist raus, als ich reinkam ... habe dann versucht, Dich anzurufen ... aber Du gingst nicht ran ... Dir also auch auf diesem Wege die liebsten Wünsche. K.

Erst nach Weihnachten springt Gerd Lambert wieder wie Kai aus der Kiste.

ER 09:11
Guten Morgen, Katrin, aus meinem völlig eingeschneiten Wintertal. Da sind so viele Dinge, die mir gleichzeitig durch den Kopf gehen. Und im Mittelpunkt bist immer wieder Du.

Kurz zu Deinen Vorwürfen. Als ich aus dem Netz bin, bin ich nicht raus, weil Du reingingst, das hab ich nicht gesehen. Sondern ich ging on in der Hoffnung, von Dir was zu lesen. Und in der Nacht, als ich heimkam, habe ich geduscht. Da hör ich kein Telefon. Was mich völlig irritiert hat, war, dass Du, als ich Dir leider absagen musste, sofort raus bist und damit jedes weitere Wort verweigert hast.
So was tut weh.
Lass uns wieder reden, bitte. Du fehlst mir, Du bist mir wichtig!
Gerd – 5 kg dicker als vor Weihnachten

Ich glaube wieder an ihn, an uns. Weil ich glauben will. Am nächsten Tag ist er bei mir, umarmt mich, hat mir mein Lieblingsparfüm mitgebracht. Jetzt wird alles gut!

Wir gehen aus, wir schlafen miteinander, ich erkläre ihm den Unterschied zwischen Dildo und Vibrator. Er ist lernbegierig, und ich gebe die Lehrerin. Dann sitzen wir vor der Glotze, er in einer ausgebeulten Jogginghose, die er aus seiner Reisetasche gekramt hat. Unsere Heimeligkeit rührt mich. Nur dass er jede Sendung kommentieren muss, weil er jeden Fernsehfuzzi kennt, geht mir gewaltig auf den Keks. Ich wünschte, mein Schatz wäre der Bäcker von der Ecke. Oder bei der Bank. Oder der Busfahrer, der die Kinder zur Schule fährt. Der Promizauber ist verflogen, seit ich diesen Mann liebe.

Beim Frühstück sagt er mir ganz beiläufig, dass er Sylvester bei seinem Bruder in Paris verbringen wird und dass er leider ausgerechnet an meinem Geburtstag Anfang Januar von einem Medienkongress berichten muss. Dumm gelaufen. Mir schnürt es die Kehle zu. Er merkt, dass meine Stimmung in den Keller rauscht. Er fasst nach meiner Hand. Ich entziehe mich ihm, ich stehe auf, gehe zum Fenster. Wieder schießen mir Tränen in die Augen. Wie kann er mir das antun? Und dann auch noch seelenruhig sein Brötchen kauen. »Geh jetzt. Bitte!« Mit tonloser Stimme fordere ich ihn auf, mich nicht mehr anzurufen. Er nimmt mich in den Arm, ich soll wissen, dass er mich nie verlassen wolle. »Wir wissen beide, dass es nicht so ist«, flüstere ich. Er lässt mich los und greift sich seine Jacke.

Ich weine drei Tage und drei Nächte. Ich kann gar nicht mehr aufhören. Und mit jeder Träne verabschiede ich mich ein Stückchen mehr. Natürlich hält sich Herr Lambert nicht an die Kontaktsperre. Und ich bin zu schwach, seine E-Mails zu löschen. Mitte Januar hat er mich wieder so weit, dass ich einem Treffen zustimme. Wieder sagt er kurzfristig ab. Bei *neu.de* schreibe ich ihm, was es noch zu sagen gibt.

ICH 19:00

Also Gerd, so etwas nennt man wohl höhere Gewalt … Vielleicht ist es ja auch besser so … ich hätte es Dir sehr gern heute Abend oder morgen früh persönlich gesagt … aber da das ja nun nicht möglich ist, hier auf diesem Wege … Das Witzige (oder auch doch nicht so witzig) ist, dass hier in diesem Postfach alles angefangen hat und nun auch hier beendet wird. Ich bitte Dich, mich nie mehr anzurufen, anzusimsen, anzumailen,

anzuchatten ... Mach es bitte mir zuliebe ...
Tschau Katrin
PS: Falls ich mal in einem emotional-betrunkenen Zustand versuche, mit Dir Kontakt aufzunehmen ... geh bitte nicht darauf ein ...

ER 20:42
Katrin, ich werd garantiert auf Anrufe oder Kontaktaufnahmen eingehen! Gerd

Und natürlich war es das noch nicht. Über ein halbes Jahr lang geht es noch auf und ab mit uns. Aber es ändert sich nichts. Versprechungen, Ausreden, schöne Worte. Diesen Mann werde ich wohl nie begreifen.

Vorläufig habe ich auch andere Sorgen. Ich muss umziehen. Ein alter Ossi-Freund hat mir einen Job in Bayern vermittelt, erst im Büro, später vielleicht in der Gastronomie. Da soll richtig gut verdient werden. Ich habe ein bisschen Bammel vor der Veränderung. Wenn du keine Angst hast, dann ist der Schritt nicht groß genug. Oder so ähnlich heißt doch diese chinesische Dummheit. War das von Konfuzius oder von Mao?

Egal. Jedenfalls muss ich mein Bündel schnüren. Mein Mann hat mir sein altes Auto überlassen, im Tausch gegen den kleinen Bausparvertrag. Dorothea lässt sich nichts anmerken, aber bestimmt ist sie froh, mich endlich loszuwerden. Ich habe ihre Gastfreundschaft lange genug strapaziert. Und ihren Rechner.

Nach sieben Wochen, sechs Tagen und elf Stunden lösche ich mein Profil bei *neu.de.* Mit etwas Wehmut, so, als wäre ich jetzt von der Ziehung des Hauptgewinns ausgeschlossen. Meine Bilanz fällt ernüchternd aus. Der Mann, den ich wollte, hat mich verschmäht. Und der, den ich hatte, den will ich nicht mehr. Dann eben nicht. Dann gehe ich eben wieder selber arbeiten.

Kapitel 3

Fremder, vertraut

Alle Männer sind Schweine; bekomme ich auch eins?

Ich bin wieder wer: mobil und nicht mehr arbeitslos. Ich sitze an einem Schreibtisch, auf dem sich Rechnungen stapeln und Abrechnungen, auf dem ein Computer steht und ein Telefon, daneben ein bunter Blumenstrauß von meinem Chef. Wenn ich aus dem Fenster schaue, dann sehe ich den blaugrünen Tegernsee und Schnee auf den Bergen. Mein Leben ist aufregend, mein Leben ist neu, mein Leben ist schön. Auch ohne Mann, auch ohne Männer. Jedenfalls heute.

Nie wieder will ich von einem Kerl abhängig sein. Mit dem neuen Job bin ich zwar noch nicht alle Sorgen los, aber immerhin, es ist ein Anfang. Eine Woche lang genüge ich mir selbst. Es gibt so viel zu tun, zu entdecken, zu erledigen. Im Büro, in der Wohnung, im Ort. Abends falle ich todmüde in mein geliehenes Bett. Und morgens fällt mir ein, was ich gestern vergesse habe.

Gerd Lambert habe ich nicht vergessen. Und der Schweizer geht mir auch nicht aus dem Kopf. Seine Abfuhr hängt mir nach. Ich will geliebt werden, mindestens begehrt. Und er hat mir keine Chance gelassen, ihn zu überzeugen, zu verführen. In meiner Vorstellung wächst er zum Supermann. Auch wenn ich mir hundertmal sage, dass alles ganz anders sein könnte. Ich weiß es eben nicht. Aber ich muss es wissen.

Und deshalb schreibe ich ihm eine E-Mail. Fünf, sechs Entwürfe habe ich gelöscht, ehe ich mich endlich überwinde und mutig auf den Sende-Button drücke. Um es im selben Moment zu bereuen. Aber, wie heißt es doch, Worte sind wie Pfeile, man kann sie nicht zurückholen.

ICH 12:59
Hallo Urs,
ich denke, unser beider Gemüter haben sich inzwischen so weit beruhigt, dass ich allen meinen Stolz beiseiteschieben konnte und nochmals versuche, mit dir Kontakt aufzunehmen.
Weißt du, ich gehe vielleicht an manche Sachen etwas unbedarft heran und denke, ich tu doch nichts Böses. Dass es dann bei dir anders rübergekommen ist, tut mir leid.
Ich habe mich im Chat wirklich nicht anbaggern lassen, sondern mich mit Bekannten unterhalten. Die wollen nichts von mir und ich nichts von denen. Außerdem habe ich neu.de auch nicht immer zugemacht, wenn ich im Internet nach neuer Arbeit gesucht habe. So viel als Erklärung dazu.
In deiner letzten Mail schreibst du, ich weiß nicht, was ich will ... Doch Urs, ich weiß, was ich will ... Ich suche einen Mann, den ich über alles lieben kann ... nicht mehr und auch nicht weniger ... Mich lässt der Gedanke nicht los, dass du es vielleicht sein könntest. Deshalb starte ich jetzt den

Großangriff: Ich will dich treffen … du bist immer noch die unangefochtene Nr. 1 … Komm, gib uns beiden diese Chance …
Gruß Katrin
PS.: Ich fand diese drei Tage, als wir in Kontakt waren, sehr schön, und wenn etwas sehr schön ist, kann es nicht peinlich sein …

Herr Luetti lässt sich zwei ganze Tage Zeit für die Antwort. An seiner Stelle hätte ich es nicht anders gemacht.

ER 16:16
Hallo Katrin
Habe viel Arbeit und sonst geht es mir bestens. Leider habe ich keine Fotos mehr von dir und hätte gerne wieder welche … meinst du, das ist machbar?? Und komme mir jetzt nicht mit irgendwelchen Vorwürfen und so! ☺
Liebs Griessli
Urs
ICH 17:01
Ich habe wieder Arbeit und wohne jetzt im schönen Bayern. Das ist nicht um die Ecke, aber um 20 h könnte ich am Bodensee sein …
Katrin
ER 17:32
Das geht leider nicht, weil ich noch bis nächste Woche meinen Sohn bei mir habe … aber irgendwann klappt es sicher, dann würde ich dich gerne nach Basel einladen …

ICH 17:45
Schade eigentlich. Ich bin ziemlich spontan. Anbei 2 aktuelle Fotos. Hast du eigentlich wieder ein Profil bei neu.de?
Katrin

ER 18:06
Ich bin auf eine andere Partnerbörse gewechselt. Die heißt Friendscout, da hats mehr Kommunikationsoptionen. Da heiß ich Eidgenosse41 – inzwischen hatte ich ja Geburtstag ☺ Und du???

ICH 18:17
Ich bin nicht mehr aktiv. Mein Profil bei neu.de habe ich gelöscht, als ich aus VS wegging. Das war superfrustig.

Am nächsten Tag versandet unser Kontakt wieder, bevor wir auch nur telefoniert haben. Auf meine sporadischen Nachfragen reagiert er nur noch einsilbig oder gar nicht. Die Nuss ist schwer zu knacken.

Aber das hat auch seine Vorteile. Auf Urs Luettis Befindlichkeiten brauche ich keine Rücksicht mehr zu nehmen. Vor mir steht ein Rechner, ich bin allein im Büro und immer noch unbefriedigt. Was also sollte mich hindern, mir diese andere Singlebörse mal anzuschauen: *www.friendscout24.de.*

Dort ist schon die Gleichberechtigung ausgebrochen. Männer und Frauen müssen zahlen, wenn sie aktiv werden wollen. Ein paar Tage widerstehe ich der Versuchung, gehe rein und wieder raus, dann hat die Sehnsucht gesiegt. Natürlich wähle ich die Sparvariante. Erst mal nur gucken.

Ich brauche einen neuen Nickname. Ein Pflegefall bin ich ja nun nicht mehr. Aber so richtig gesund auch noch nicht. Außen nicht und innen schon gar nicht. Mein Blick fällt auf die Tafel Schokolade, die mein Boss mir gestern mitgebracht hat. *Halbbitter.* Hey, besser geht's doch gar nicht. Das trifft es doch wie die Faust aufs Auge.

Gut, dass die Lohnzettel schon durch sind. Heute ist es ruhig, heute kann ich mich aufs Private konzentrieren. Den Nachmittag verbringe ich damit, mir ein originelles Profil zu gestalten. Ein Motto ist gefragt, ich schreibe: »Es hat keinen Sinn, ewig über die Männer zu jammern – ich muss lernen, mit dem vorhandenen Material zu arbeiten.« Das ist doch pragmatisch, oder? Ich bin ganz stolz auf mich.

Dann gibt es da noch 25 Fragen, mehr oder weniger intelligent, zum Beispiel diese: »Was macht Ihren Traummann aus?«

Ich komme ins Grübeln.

»Hoffentlich nicht:

- *das Licht*
- *meinen Vibrator*
- *den Computer.*«

Okay, das hakt ein bisschen. Aber eine ernste Antwort wäre ja noch viel peinlicher. »Und was ist Ihnen wichtig in einer Beziehung?«

Tja, da muss ich wohl Farbe bekennen: »Wir sitzen gemeinsam in Jogginghosen auf der Couch und schauen Fußball. Ich darf ihm das Bier holen, und er schiebt mir Häppchen in den Mund, krault mir die Füße und wird nicht sauer, weil ich die Abseitsregel kenne, auf Viererketten stehe und weiß, warum Dänemark damals Europameister geworden ist. Er ärgert sich nur, weil meine Mannschaft gegen seine gewonnen hat, und kitzelt mich zur Strafe durch. Wir kochen gemeinsam, genießen das Essen und danach uns. Wir lümmeln am Kamin, jeder liest sein Buch und dem anderen die spannendsten Stellen vor.

… und JA … ich bin eine Frau, für die SEX in einer Beziehung sehr wichtig ist …«

»Worüber können Sie lachen?«

»Über Männer

- die sich beim Date mehr für die junge Kellnerin interessieren als für mich;
- die gleich die erste Nacht mit mir im Bett verbringen wollen;
- die mir weismachen wollen, nur so könne man die Ehetauglichkeit testen;
- die mir erzählen, wie lange sie schon keinen Sex mehr hatten.«

»Worauf sind Sie stolz?«

»Dass ich im Beruf meinen Mann stehe, ohne dass meine Weiblichkeit leidet.«

»Was bedeutet Erfolg für Sie?«

»Ein erfolgreicher Mann verdient mehr Geld, als seine Frau ausgeben kann. Und eine erfolgreiche Frau findet so einen Mann.«

»Wofür würden Sie Ihr Leben riskieren?«

»Bestimmt nicht für die Dagoberts, Bärchen und die 90-D-Grabscher.«

»Würden Sie sich als tierlieb bezeichnen?«

»Ich liebe Hunde! Ich hasse Katzen! Und ich habe Angst vor allen Arten, in deren Nahrungskette ich passe.«

»Wie würden Sie einem Blinden Ihr Äußeres beschreiben?«

»Ich würde meinen straffen Busen lobpreisen und meinen knackigen Hintern, ihm erzählen, dass meine Beine im Himmel enden. Und darauf vertrauen, dass er nicht simuliert.«

»Und was ist Ihnen peinlich?«

»Dass ich hier so schamlos lüge und die meisten meine Botschaft doch nicht verstehen.«

Alle Fragen beantwortete ich nicht, manche sind wirklich zu blöd. Aber ich lade zwei Bilder hoch, ein geheimnisvolles mit dem Auge hinter den Fingern als Hauptfoto. Und bei dem anderen vertraue ich auf die bewährte Wirkung meiner Beine. Es dauert ewig, bis die Zensurbehörde meine Ansichten freigeschaltet hat. Und vorher tut sich auch nicht so viel in meinem Posteingang. Nur die üblichen Massenmails, die ich schon von *neu.de* kenne. »Du bist so toll. Ich muss dich unbedingt kennenlernen. Wann kann ich dich treffen?« So in der Art, copy and paste.

Aber mit den Bildern geht es dann gleich wieder rund. Hinter jedem Nickname steckt ein Schicksal, irgendeine Hoffnung, meist Verzweiflung. Es ist das erste Signal, und oft bleibt es das einzige. Ich bummele durchs Männer-Kaufhaus, eine Etage nach der anderen. Erst unten die zum

Ablachen. Drüber die zum Lästern. Dann die ernsthaften Aspiranten, die alle eine Familie gründen wollen, mit Dackelblick und Postsparbuch. Unterm Dach schließlich die Typen, die mir gefährlich werden könnten: Sie wirken so cool, gelassen, souverän, so viel stärker als ich. An denen kann ich mich abarbeiten.

Ich studiere die Profile, lese in den Gesichtern und die vielen Sätze, kurz oder lang, unbeholfen bis verlockend. Zwischendurch läutet mal das Telefon, und ich bin dankbar für die Ablenkung. Dieses geballte Aufgebot ist kaum zu ertragen, nur in vorsichtiger Dosierung. So langsam, ganz allmählich gewinne ich einen Marktüberblick. Die kochen hier auch nur mit Wasser. Und bei manchen, bei vielen, bei viel zu vielen kommt mir ein schrecklicher Verdacht: Das sind gar keine Männer, die tun nur so. Vor denen muss ich keine Angst haben, die haben Angst vor mir, vor jeder Frau, vor einer Entscheidung, vor Verantwortung.

Da bettelt ein 120-Kilo-Koloss um seine Traumfrau: »Du bist für mich mein zweites Ich … ich lebe, wenn du atmest, ich bin dein Wasser, wenn du dürstet, dein Kissen, wenn du schläfst.« Jeder Zweite will seine Träume leben, jeder Dritte fordert Carpe diem. Und *Mausilein71* weiß es genau: »Das Wichtigste im Leben ist Liebe und Vertrauen.« Während einer von den zehntausend Kuschelbären dichtet: »Die Nacht bricht herein, ich möchte bei dir sein. In deinen Armen liegen, in den siebten Himmel fliegen.«

Würg! Bei so viel Emanzipations-Lyrik wird mir übel. Diese Kandidaten schreiben doch nur, wovon sie glauben, dass wir Frauen es lesen wollen. Heute so und morgen anders. Das klingt alles so austauschbar, so larifari. Nix mit klarer Kante. Die Bürschchen suchen auch bloß Schutz vor der Kälte, am liebsten hinterm Ofen, noch lieber unter Mamas Schürze.

Ausnahmen bestätigen die Regel. Einer hat es mir angetan: *1_MACHO.* Ob der das ernst meint, den Nickname und seine Ansage? »Ich suche das Weib in der Frau.« Der traut sich was. Aber soll ich mich trauen? Zum vierten, fünften Mal schleiche ich schon um seine Fotos. Entschlossener Blick, in die Ferne gerichtet, auf irgendein Ziel. Der spielt das nicht. Das ist ein Macho wie aus dem Bilderbuch. Dem fehlt nur noch das Streichholz von Clint Eastwood. Stattdessen spielt ihm ein spöttisches Lächeln um die Mundwinkel. Oder bilde ich mir das nur ein? Mir ist, als ob er sich über meine Unsicherheit amüsiert. Ich fühle mich klein vor seinem Horizont.

Dieses Profil provoziert mich. Dass ich mir plötzlich schutzlos vorkomme, irgendwie anlehnungsbedürftig, hat mit diesem Typ zu tun. *1_MACHO* faselt nicht von gleicher Augenhöhe, der spricht meine weiblichen Instinkte an. Ich will zu einem Mann aufschauen, geborgen sein bei ihm und in seiner Höhle. Auch ich sehne mich nach der starken Schulter zum Anlehnen. Aber das darf ich ja nicht mehr laut sagen. Es gilt als Eingeständnis von Schwäche. Die Feministinnen und ihre Helferlein würden mich in der Luft zerreißen: Wir wollen doch nicht zurück in die Steinzeit! Aber damals sind wir programmiert worden. Brauchen wir den Mann wirklich? Oder nur zum Zeitvertreib und wenn der Wasserhahn tropft? Ich schaue auf den See, Wind ist aufgekommen und kräuselt die kleinen Wellen. Ich versinke in Gedanken und im Grundsätzlichen.

Mit Feminismus hatten wir Ost-Frauen ja ohnehin nichts am Hut. Wir brauchten uns nicht zu emanzipieren, von was denn auch? Auf dem Feld durften wir Trecker fahren, im Kombinat haben wir am Band gestanden. Und abends abwechselnd mit dem Mann am Herd. Kirchen gab es nicht, die Kinder kamen in die Krippe. Gleichberechtigung war bei uns gar kein Thema.

Das wird nur in der Demokratie diskutiert. Weil alles andere so selbstverständlich ist. Weil hierzulande niemand um ein Paar Strumpfhosen kämpfen musste. Weil alle sagen dürfen, was sie denken. Aber eins ist auch mir längst klar: Hier sind die Frauen gewachsen und die Männer geschrumpft. Im Beruf, in der Familie, in der Gesellschaft. Weibliche Stärke hat die Kerle geschwächt. Doch keine Frau will einen schwachen Mann. Ich auch nicht. Das ist irgendwie gegen die Natur. Die Löwinnen geben sich nur dem Rudelführer hin.

Wieder klingelt das Telefon. Für Philosophie werde ich nicht bezahlt. Ein Mensch von der Gewerbeaufsicht kündigt sich an. Es geht um die Kontrolle der Vorratsräume hinter der Küche. Ich habe keine Ahnung, ich muss zurückrufen. »Aber nicht mehr heute, der Wirt ist in Salzburg, und ich bin neu.« So komme ich mir auch vor. Es hat was Symbolisches. Klein-Katrin erobert das Universum.

Zum Feierabend drucke ich mir das Macho-Profil aus. Man gönnt sich ja sonst nichts. »Eine Frau, die mich anzieht, ist nicht nur hübsch, sondern schön. Nicht nur intelligent, sondern geistreich. Nicht nur selbstbewusst, sondern ebenbürtig. Sie ist authentisch, feminin, vital. Es ist eine starke Frau voller Sehnsucht nach dem starken Mann. Und sie ist immer gut für eine Überraschung.« Er auch. Auf die Frage, was er auf eine einsame Insel mitnehmen würde, hat er ganz unromantisch geantwortet: »Einsame Inseln reizen mich nicht. Wenn ich die Einsamkeit suche, steige ich auf einen Berg. Und dazu brauche ich eine gute Ausrüstung, aber keinen Ballast.«

Der Mann weiß, was er will. Und ich muss wissen, wer er ist. Dortmund liegt natürlich nicht vor der Tür. Aber war es nicht schon immer etwas teurer, einen besonderen Geschmack zu haben? Und vielleicht macht er sich auf den Weg. Frau wird doch noch mal träumen dürfen. Seine Texte kann ich schon beinahe auswendig. Was ihm peinlich ist, hat er so beantwortet: »Es ist mir peinlich zu erleben, wie vielen Menschen nichts mehr peinlich ist. Die Kombination von Arroganz, Ignoranz und Penetranz ist besonders unerträglich. Mein Großvater verachtete aufdringliche, laute Personen. Er beschimpfte sie als dumm, dreist und gefräßig. Heute weiß ich, was er meinte.« Und ich kann es mir vorstellen. Einfach klasse.

Beim Einschlafen verhilft mir der Ruhrgebiets-Macho schon mal zu feuchten Fantasien. Die kann mir keiner mehr nehmen. Ich spüre seine warme Hand im Nacken, die andere in meiner Kniekehle. Sie wandert höher, ich bin wie gelähmt. Er berührt mich, ich berühre mich. Alles kribbelt, pulsiert, mein Atem geht schneller. Ich bäume mich auf. Und schlafe wie ein Baby.

Der nächste Tag wird einigermaßen hektisch. Mein Chef

telefoniert, diktiert, rotiert. Damit hält er mich den ganzen Vormittag auf Trab. Das ist auch so ein Alphatier. Aber angeblich glücklich verheiratet. Und ich werde mir garantiert nicht die Finger verbrennen. Dafür gefällt es mir viel zu gut am Tegernsee. Ich will einen Mann für mich allein. Und ich will meine Arbeit behalten.

Freitagnachmittag sitze ich wieder allein im Büro. Die Spesenabrechnungen habe ich fertig, alle Briefe sind raus. Und Müßiggang ist aller Laster Anfang. Er ist auch online. Wenn ich auf sein Profil klicke, wird ihm das angezeigt. Heute beißt er an.

ER 15:17
Ich liebe Frauen, die schamlos lügen.

Mein Herz hüpft mir fast aus der Bluse. Krampfhaft überlege ich, was ich darauf antworten kann. Mir fällt nichts ein. Nichts, rein gar nichts. Mein Kopf ist leer. Nein, voll. Mir schießt das Blut in die Birne. Aber noch länger kann ich nicht verzögern.

ICH 15:21
warum denn???
ER 15:22
Diese Frauen muss Mann nur übers Knie legen, damit sie nach etwa einer halben Stunde gänzlich ungefragt die ganze Wahrheit und nichts als die Wahrheit von sich geben.

Und nun? Jetzt hilft nur die Flucht nach vorn.

ICH 15:23

und ich liebe Männer, die gleich mit der Tür ins Haus fallen ... wann darf ich denn auf dein Knie, um alle wichtigen Wahrheiten preiszugeben ...

ER 15:24

Holla, Kleines, Du gehst ja ganz schön ran.

Kleines geht mir durch und durch. So hat mich seit meinem Vater niemand mehr genannt. Schade eigentlich.

ICH 15:24

das hast du provoziert ...

ER 15:26

Davon will ich mehr. Lass uns telefonieren.

ICH 15:26

ok

ER 15:27

Kein Anschluss ohne Nummer. Also, wenn ich bitten darf!

ICH 15:27

[redacted]

Ich starre auf mein Handy. Eine Minute, zwei Minuten, drei. Ich sitze wie auf heißen Kohlen. Der Arsch lässt mich hängen. Was soll das?

ER 15:31

Heute nicht, aber am Sonntag. Ich melde mich zwischen 9 und 11 h. Halt Dich parat.

Der spinnt doch wohl. Für wen hält der sich? Ich bin außer mir.

ICH 15:32
du spinnst doch wohl!!! Für wen hältst du dich? ich bin doch nicht dein pipimädchen
ER 15:34
Pardon, ich heiße Frank.
ICH 15:34
ja und weiter???

Nichts weiter. Er lässt mich einfach sitzen und geht off. Um sechs muss ich einsehen, dass ich warten kann, bis ich schwarz werde. Wutentbrannt fahre ich den Rechner runter und stürme raus, damit ich mir im Supermarkt noch schnell eine Flasche Rotkäppchen greifen kann. Gut, dass die es auch in den Westen geschafft haben. Ich fühle mich einsam, ungeliebt und fern der Heimat.

Der Samstag ist Horror pur. Immer noch vierundzwanzig Stunden. Ich bin nervös. Ich weiß nichts mit mir anzufangen. Schließlich fahre ich mit der Bahn nach München, laufe unentschlossen durch die Stadt und kaufe mir einen Laptop. Für 600 Euro, die eigentlich meine neuen Gardinen hätten werden sollen. Aber das musste jetzt sein. Ich fürchte, ich habe es für Frank getan. Er ist schuld, dass ich mich nicht mehr unter Kontrolle habe. Und überhaupt.

Am Sonntag bin ich schon um sieben wach. Ich kann es kaum erwarten. Mein Handy liegt auf dem Küchentisch. Ich starre es an wie das Kaninchen die Schlange. Völlig bescheuert. Das ist auch nur ein Mann. Aber vielleicht ist es der Mann? Bestimmt! Je mehr ich erwarte, desto mehr werde ich enttäuscht. Aber Vernunft hilft da nicht weiter. Ich bin auch nur eine Frau.

Bayern 3 hat gerade die Zehn-Uhr-Nachrichten begonnen, als er mich endlich erlöst. »Katrin!« Mehr nicht, nur mein Name. Aber wie. Mir läuft eine Gänsehaut den Rücken runter. Ein mickriges Ja ist alles, was ich rauskriege. Er lässt mich warten, er lässt mich reifen. »Ich bin's, Frank Bechthold.« Und wieder eine Kunstpause. Er hält alle Strippen in der Hand. Er zieht, und ich tanze. »Bist du aufgeregt?« Das zu leugnen wäre sinnlos. Ganz offensichtlich genießt er meine Verwirrung, und ich genieße, dass er sie genießt. Ich fühle mich ausgeliefert, hilflos, aber nicht angegriffen. Im Gegenteil. Ich habe noch keinen Satz gesagt und fühle mich schon verstanden. »Ich verstehe das«, sagt er mit unaufgeregter Stimme, »jedem Anfang wohnt ein Zauber inne.« Na, bitte, wusste ich es doch. Der Dichter meiner Heimat: »Fontane?« Ich höre sein Schmunzeln durchs Telefon. »Nein, das war Hermann Hesse.«

Ich lerne täglich und gern. Am liebsten von einem, der lehrt, ohne mich zu belehren. Bei Frank spüre ich vom ersten Moment an, dass er mir überlegen ist. Komisch, das gibt mir Sicherheit, und ihn macht es nicht unsicher. Diese Kombination ist genial, das kann nicht gut gehen.

Er fragt mich nicht aus, er erzählt einfach so, ganz locker. Ich erfahre, dass er Architekt ist, eigentlich aber Priester werden wollte und ein paar Semester Theologie studiert hat, bevor er umsattelte. »Das Zölibat hättest du doch bestimmt nicht durchgehalten.« So langsam kehrt meine freche Schnauze zurück. »Stimmt«, antwortet er, »der Grund war eine Frau.« Heute jedenfalls ist er happy über seine Entscheidung von damals. Zusammen mit einem Partner betreibt er ein Projektbüro, das für deutsche Konzerne in aller Welt Industrieanlagen entwirft.

»Bist du ein guter Chef?«, hake ich nach. »Ich bin ein Mann, Katrin«, sagt er mit sanfter Überzeugung. Über diese Logik muss ich lachen. Als ob jeder Mann bossy wäre. Den meisten ist das viel zu anstrengend, die wollen vielleicht gern delegieren, aber nicht führen und bloß nicht auffallen. »Hannemann geh du voran.« Da liegt des Pudels Kern. Frank steigt ein. Jetzt wird es spannend. Vom Chef zum Mann und zurück. Jetzt ist es nur noch ein kleiner Schritt zum Rollenverständnis. Ich will doch flirten, aber ehe wir uns versehen, sind wir mitten in einem Streitgespräch Mann gegen Frau, er gegen sie, ich gegen ihn. Wir reden schneller, wir werden lauter, vertrauter. Mit einem Fremden diskutiere ich so wild und leidenschaftlich, wie noch mit keinem, der mit mir Tisch und Bett geteilt hat. Alle Achtung, wenn wir das durchhalten, werden wir das perfekte Paar. Dann nach uns die Sintflut.

»Ihr Mädels habt euch doch selbst ins Knie geschossen.« Er meint wohl, dass ich die Errungenschaften der Emanzipation verteidigen sollte. Pustekuchen. Wollen wir doch mal hören, was der junge Mann so auf der Pfanne hat. »Wieso?«, frage ich hinterhältig naiv. »Nun, wen der Herr strafen will, dem erfüllt er seine Wünsche.« Kunstpause. »Und du bist der Herr?« Das sollte ironisch werden, geht aber wieder knapp daneben. »Das ist aus der Bibel«. Damit kenne ich mich nicht aus. Ich stamme aus dem real existierenden Sozialismus, er stammt aus Hamburg. Deshalb spricht er ohne Ruhrpott-Dialekt; ist mir auch lieber. »Denk mal drüber nach, Kleine, was das feministische Gejaule angerichtet hat.«

Später. Jetzt fährt mir ganz was anderes durch Mark und Bein. Er hat Kleine gesagt. Zu mir, ganz beiläufig, ganz selbstverständlich. Er muss doch spüren, was er damit anrichtet. Da kann mir der Feminismus gestohlen bleiben. Weibliche Solidarität gibt es sowieso nicht. Mein Schoß ist mir doch näher als die Front.

»Um eins bin ich zum Tennis verabredet, Kleine.« Schon wieder. Das kann kein Zufall sein. Er meint mich, seine Kleine bin ich. Ein Blick auf die Uhr holt mich auf die Erde zurück. Es ist schon kurz nach halb. Wir haben zweieinhalb Stunden geredet. Die Fetzen sind geflogen, die Zeit auch. »Kannst du mich nicht schnell noch heiraten?« Jetzt muss er lachen: »Und tschüss.«

Kaum habe ich mich von dem Schock erholt, erreicht mich eine Kurznachricht mit seiner E-Mail-Adresse. »Schick mir deine Kontaktdaten. Keine Widerworte!« Daran hätte ich zuallerletzt gedacht. Nur: Mein neuer Computer ist noch gar nicht angeschlossen. Da weiß ich doch jetzt, was ich mit dem angebrochenen Sonntag anfange.

Abends habe ich es geschafft, bin ich geschafft. Ausgerechnet ich und Technik. Aber wo ein Wille, da ist auch ein Weg, das habe ich meinem Sohn schon vor der Schule eingebläut. Nach der *Lindenstraße* bin ich endlich drin im

Netz. Und tue, wie mir geheißen: »Katrin Kropf, geboren am 8.1.67 in Cottbus/Brandenburg, wohnhaft [redacted] *in 83684 Tegernsee, Telefon 08022-*[redacted]*, Kleidergröße 38,* Schuhgröße 39, BH 75B. Sonst noch Wünsche, der Herr?«

Beim *Tatort* läuft noch der Abspann, da ist Frank wieder dran. Ja, er habe doch noch einen Wunsch. Welche Erfahrungen ich bei Friendscout gemacht habe, will er wissen. »Noch gar keine.« Schweigen am anderen Ende. »Ich bin dein erster Mann?«, fragt er ungläubig. Der Typ hat Humor. Ich berichte ihm von meinen beiden Fehlversuchen auf der anderen Plattform und dass mir der Schweizer noch immer nachgeht. Und ganz nebenbei erwecke ich den Eindruck, als könne ich mich vor Anfragen nicht retten. Ich will ja nicht dastehen wie eine Anfängerin, eine verschmähte noch dazu.

Ohne Scheu erzählt mir Frank von seiner letzten Erfahrung. Eine Frau hat ihn mit fünf verschiedenen Identitäten auf Trab gehalten. Nur, um ihn auf Herz und Nieren zu prüfen. »The one and only gibt's bei mir sowieso nicht«, behauptet Frank selbstbewusst. »Aha«, murmele ich eingeschüchtert und denke: Das ist also der Haken an dem Supertyp! Der vögelt sich quer durch die Republik. Ohne mich!

Aber mit den falschen Identitäten bringt er mich auf eine Idee. So könnte ich auch Urs locken. »Im Netz ist doch jedes zweite Profil gefaked, Frauen machen das besonders gern«, verrät mir Frank, aber da höre ich schon gar nicht mehr richtig zu. Ich bin gerade dabei, noch ein paar Skrupel zu verlieren.

Am nächsten Morgen versuche ich mein Glück. Mit klopfendem Herzen lege ich mir ein falsches Profil zu: *Fiona40,* eine schlanke Blondine ohne Foto, zu Hause im Allgäu. Aber bei Herrn Luetti habe ich ja nichts zu verlieren. Ich sende ihm einen kostenlosen Flirtmatch.

ICH 10:51

… verrate mir mehr von dir.

ER 11:11

hallo fiona. was kann ich für dich tun?

ICH 11:13

du siehst richtig gut aus. bist ein attraktiver mann, in den ich mich sofort verlieben könnte …

ER 11:16

dann mach's doch!

ICH 11:17

bist du spontan???

ER 11:17

das kommt ganz drauf an …

ICH 11:18

ich will dich treffen. so ein richtiges blinddate ohne foto und telefon … morgen abend um 19.30 h vor der Spielbank in Lindau.

ER 11:26

hmmm … absolut blind? du bist aber schon echt oder?

ICH 11:27

ja, ich bin echt … und auch nicht hässlich. ich will nur mal den besonderen kick. ok?

ER 11:31
ok, ich komme, aber du musst pünktlich sein ... ich werde nicht warten
ICH 11:33
das verspreche ich dir ... und einiges mehr, wenn du mir gefällst ...

Ich bin baff. Jetzt erscheinen mir unsere ersten Dialoge in einem ganz anderen Licht. Worte, von denen ich dachte, sie meinen mich, sind offenbar erprobtes Geplänkel. Und ausgerechnet dieser Knabe regt sich auf, weil ich mich nicht sofort von der Plattform abgemeldet habe?

Abends erzähle ich Frank von meiner Finte und dass mein Alpenfisch angebissen hat. Er reagiert komplett anders als Urs Luetti. Ganz locker, ohne jede Spur von Eifersucht. Das macht mich auch wieder stutzig. Bin ich ihm etwa egal? Aber da muss ich jetzt durch, jetzt sind wir Komplizen, so oder so. Und falls ich doch noch in die Schweiz ziehen sollte, werde ich ihn zur Hochzeit einladen. Das ist Ehrensache.

Am nächsten Tag fahre ich nach Lindau. Urs kommt im Mercedes und auf die Minute pünktlich. Er ist ein großer, schlanker Mann, der noch besser aussieht als auf den Bildern, die ich von ihm gesehen habe. Wir gehen in ein nahes Restaurant, und bei der Vorspeise gestehe ich ihm die Wahrheit. »Ich bin Katrin.« Er will es nicht glauben. »Ich musste dich sehen. Wenn du jetzt gehen willst, dann bitte. Ich übernehme die Zeche.«

Er zögert, will erst aufstehen, bleibt dann sitzen. Wir stoßen an, wir flirten, als ob es nie einen Bruch gegeben hätte. Ich frage ihn, warum er mich seinerzeit so konsequent abserviert habe. »Weil ich nicht wollte, dass du chatsüchtig wirst.« Häh? Im Himmel ist wohl Jahrmarkt. Aber schön, um die gute Stimmung nicht kaputtzumachen, verkneife ich mir den Hinweis auf seine Besitzansprüche. Wir schauen uns tief in die Augen. Ich rauche seine Zigarette weiter, während er mit seinem Kaiserschmarrn beschäftigt ist. Wir kommen auf seinen Personalleiter-Job zu sprechen. Er erzählt mir, dass er besonders auf den Gang eines Bewerbers achtet, weil er daraus auf den Charakter schließen könne.

Als ich mich zur Toilette entschuldige, spüre ich seinen prüfenden Blick in meinem Rücken und abwärts. Ich gönne ihm einen extra-sexy Hüftschwung. Das hätte ich besser bleiben lassen. Als ich an unseren Tisch zurückkomme, hat er eine Mauer um sich aufgebaut. »Was ist los, Urs?« Er weicht mir aus, aber irgendwas muss passiert sein. Er schaut auf seine Uhr. »Ich muss jetzt fahren, ich habe ja noch einen weiten Weg.« Unser Abschied ist förmlich. »Ich melde mich«, sagt er. Das hat er nicht mehr getan. Und auch sein Profil bei *Friendscout* wieder gelöscht. Die Niederlage schmerzt; bei diesem Mann habe ich mich mal so richtig verkalkuliert.

Heulend fahre ich heim. Ich verstehe es nicht. Ihn nicht, mich nicht, die ganze Sache nicht. Die restlichen Rotkäppchen helfen mir in den Schlaf. Morgens bin ich verkatert, in doppelter Hinsicht. Das kann ich doch nicht geträumt haben. Verdammt, ich hänge richtig durch. Was hat das zu bedeuten?

Der eifersuchtsfreie Frank soll es mir erklären. Er ist ein Mann. Er muss wissen, was da gestern abgelaufen ist. Ich finde ihn online. Natürlich, das war ja nicht anders zu erwarten. Aber so kann ich mich gleich live bei ihm auskotzen. Er bleibt so ruhig wie ein Beichtvater, fragt nur knapp nach den Fakten, lässt mich erst mal meinen ganzen Frust abladen. Mein Gang zur Toilette ist auch für ihn die Schlüsselszene. »Was ist da bloß passiert?« Er bittet mich um Geduld, er will ein paar Minuten darüber nachdenken. Dann beschert er mir seine Analyse.

ER 09:46

Es gibt nur eine plausible Erklärung, Katrin.

ICH 09:48

dann sag sie mir. bitte, ich flehe dich an.

ER 09:50

Das will ich ja tun ... Du musst wissen, dass fast alle Männer sich eine Hure im Bett wünschen. Aber nicht wirklich, nur in ihren Träumen. Wenn sie dann mal einer richtig geilen Frau begegnen, ziehen sie den Schwanz ein.

ICH 09:51

aber warum????

ER 09:52

Dafür kann es mehrere Gründe geben. 1. du hast ihn eingeschüchtert, er fühlt sich dir unterlegen. 2. er fürchtet, dass du viel mehr sexuelle Erfahrungen hast als er selbst. 3. weil er Angst hat, dass er so eine scharfe Schnecke immer gegen potente Rivalen verteidigen muss. Im Netz gibt's 'ne Menge Irre. Jedenfalls solltest du es nicht so persönlich nehmen.

ICH 09:54

und du glaubst, deshalb hat Urs den Schwanz eingezogen?

ER 09:55

Sonst fällt mir keine plausible Erklärung ein. Es sei denn, er hat noch 'ne andere am Start, die er weniger kompliziert einschätzt.

Das ist nur ein schwacher Trost. Aber es ist einer, immerhin. Und nach Frank Bechtholds Theorie steckt ja noch ein Kompliment drin. Mir gefällt nicht nur die Erklärung, mir gefällt vor allem, wie er sie mir gegeben hat. Ehrlich, nüchtern, hilfsbereit. Das macht es nur noch halb so bitter.

Kapitel 4

Das Martins-Prinzip

Routine der Selbsttäuschung

Seit ich online bin, habe ich mehr geweint als gelacht, Spaß hatte ich nur selten. Oft habe ich Lust gesät und Frust geerntet. Zur Ruhe gekommen bin ich schon gar nicht. Geduld war noch nie meine Stärke, aber die werde ich trainieren müssen. Selbst wenn die Welt auf mich gewartet hätte, müsste ich immer noch die Perlen aus einem Meer von Muscheln fischen.

Dabei habe ich ein Problem, ich bin nicht wirklich autark. Im Klartext: Es fällt mir schwer, mich selbst zu befriedigen. Nicht, dass ich da moralische Bedenken hätte. Bewahre! Aber es dauert und dauert, wenn ich mich selbst reibe. Es ist wie harte Arbeit. Ohne meinen Jonny geht gar nichts. Aber der kann es mir auch nie recht machen. Mal ist er zu hart, mal zu laut, mal zu trocken. Ich werde immer nervöser, immer verkrampfter, und oft gebe ich nach einer Viertelstunde auf, weil mein Teilchen völlig überreizt ist. Dann feuere ich den Vibrator in die Ecke und könnte heulen vor Wut.

So allmählich wird mein Problem mal wieder akut. Zwölf Wochen ohne Orgasmus sind eine lange Zeit. Ich leide wie ein Hund. Manchmal stehe ich morgens auf und denke an nichts Böses, dann laufe ich schon beim Zähneputzen aus.

Verdammt, ich sehne mich danach, endlich wieder erlöst zu werden, meine Gier endlich wieder rausstöhnen zu können. In solchen Momenten stelle ich mir immer wieder dieselbe Frage: Was ist schlimmer, ein Leben ohne Schwanz oder ein Leben ohne Liebe?

Heute fällt meine Antwort eindeutig aus. Es muss etwas passieren. Ich brauche einen Mann. Nicht fürs Leben, aber zur Entspannung. »Was machst du am Wochenende?«, simse ich Frank Bechthold an, den Ruhrpott-Macker meiner Träume. »Ich besuche eine Freundin ganz in deiner Nähe. Haste Zeit für mich?« Das ist natürlich gelogen, aber ich kann ihm wohl schlecht sagen, was mir fehlt. Der Ruhrpott-Macker antwortet rasch: »Sorry, Kleine, ich habe keine Zeit. Ich rufe dich morgen an.« Wenigstens schade hätte er schreiben können. Oder mir einen anderen Termin vorschlagen. Aber nichts da.

Verdammt, ich weiß um meine Abhängigkeit vom anderen Geschlecht. Oder sollte ich vielleicht besser sagen: meine Abhängigkeit vom anderen Geschlechtsteil. Deshalb bin ich auch so lange nicht von Rüdiger Zwo losgekommen, dem irren Schwarzwaldelch. Mir war klar, dass mir ein gutes Buch als Ersatz nicht reichen würde. Aber ich will nie wieder von einem Typen so abhängig sein. Finanziell nicht, sexuell nicht und emotional schon gar nicht. Es wird höchste Zeit, dass ich ein paar Regeln aufstelle und mich selbst dran halte.

Wer suchet, der findet, am besten im Kaufhaus des Westens, bei *Friendscout24,* dem Selbstbedienungsladen für Spielermaterial. Einmal kurz durchgeklickt, und schon gehen mir ein paar Kameraden ins Netz. Der mit dem abschreckenden Nickname *Herzschmerz* macht das Rennen.

ER 15:16

Grüß Gott, junge Frau

ICH 15:17

meinetwegen auch den

ER 15:17

kann mich jetzt hier nicht groß auslassen, bin noch am arbeiten … schick mir doch bitte Deine E-Mail, damit ich Dir meinen Adoniskörper senden kann

ICH 15:18

Hilfe! Mir fliegt gerade der Kopf weg, langsam bitte …

ER 15:18

und Deine Nr., habe gleich Feierabend, damit dich sofort anrufen kann

ICH 15:19

was soll's, *lapsus-*[redacted] … *0174* [redacted]

ER 15:19

danke, bis gleich … bleib auf Empfang – es lohnt sich

Da bin ich aber mal gespannt. In seinem Profil stehen nur die Pflichtangaben, dass er 35 Jahre alt ist und auch im Landkreis Miesbach wohnt, wie praktisch, also irgendwo um die Ecke. Den Gedanken, dass er ein großer Spinner sein könnte, verdränge ich sofort, als sein Bild Minuten später in meinem E-Mail-Ordner landet. Das Foto ist weder freizügig noch anzüglich, es ist einfach umwerfend. Wie nennt man eine männliche Sexbombe? Egal. Und egal auch, wer oder was er ist. Der Typ sieht granatenmäßig aus. Den muss ich haben, der wird mein Problem lösen. Und der Glaube kann Berge versetzen.

Muss er aber gar nicht. Hans-Jürgen wohnt drüben in Wiessee, gleich neben der Spielbank. An Namen lässt sich viel festmachen. In Bayern heißen die Burschen entweder Anton oder Franz oder Josef, manchmal auch Peter und Paul. Weiter nördlich nannten die Mütter in den Sechziger- und Siebzigerjahren ihre Söhne gern Hans, Harald, Günter, Werner und Wolfgang. Bei uns im Osten haben sie fehlende Reisefreiheit mit exotischen Vornamen kompensiert: André, Marcel, Mario, Ramon oder noch schlimmer.

Deshalb passt Hans-Jürgen eigentlich nicht ins Jahrgangsschema. Am Telefon erzählt er mir, dass er aus Württemberg stammt. Das mag es erklären. Er ist Single, war noch nie verheiratet, hat keine Kinder, war mal Meister im Kickboxen. Und er trägt eine randlose Brille. Perfekt, ich liebe Brillen, und das passende Gestell wird sich finden. Aber alles zu seiner Zeit. Damit sollten wir uns jetzt nicht aufhalten.

Zu allem Überfluss ist der zugereiste Schwabe auch noch Banker und arbeitet bei der Raiffeisenkasse. Ausgerechnet! Meine Kontonummer darf ich ihm unter keinen Umständen verraten, sonst bin ich nicht mehr kreditwürdig. Wir verabreden uns gleich für den nächsten Tag. Ich zu ihm, ohne Umwege. Schließlich will ich mit ihm in die Kiste, nicht aufs Standesamt. Warum also lange rummachen? Züchtig war gestern.

Heute ist heute und der Abend noch lang. In meiner Mailbox stehen die Herren schon wieder Schlange. *Hemmungslos* fordert mich ohne Hemmungen zum geilen Chat auf: »Vor mir erscheinen deine saftigen Schamlippen. Ich öffne meine Jeans und führe meinen prallen Schwanz langsam in deine saftige Fotze und stimuliere sie mit kurzen harten Stößen!« Und so weiter und so fort! *Klausi69* schickt mir einen konfektionierten Flirtkuss, und den *Axe_Streuner* verlangt es nach Einlass in meinen VIP-Bereich. Der spekuliert wohl auf offenherzige Einblicke. Also, Jungs, immer der Reihe nach. Bei mir kriegt jeder, was er verdient.

Die notgeile Rotznase legt nach: »Komm schon, zier dich nicht so. Du willst es doch auch«. Stimmt. Aber darf ich ihn das wissen lassen? Besser nicht. Frau ist gut beraten, nicht zu schnell Ja zu sagen. Sonst wird sie uninteressant. Außerdem tut es mir gut, wenn die Burschen sich anstrengen müssen. Das sind sie doch so gewöhnt, und mir streichelt es das Ego. *Hemmungslos* schreibt jetzt im Minutentakt. »Ich biege dir die Beine nach hinten. Dann bekommst du den Fick deines Lebens.« Keine schlechte Idee. Jetzt hat er sich eine Antwort verdient: »Nun mal halblang, junger Mann. Mit dem Fick des Monats wäre ich auch schon gut bedient.« Er aber nicht. Das verschlägt ihm die Sprache. Wieder so ein Maulheld, der es mit der Angst kriegt, wenn eine Frau sich auf sein Spiel einlässt. Im Nu hat er den Chat abgebrochen. Ich kann sehen, dass er im Lauf des Abends noch ein paar Mal mein Profil anklickt. Aber zu schreiben wagt er nicht mehr. Und solange ich nicht zahlen will, kann ich nicht selbst aktiv werden.

1_MACHO ist auch online, mein Macho. Frank Bechthold kommt mir vor wie ein Fels in der Brandung. Er baggert nicht, er drängelt nicht, er ist einfach präsent, im Netz und in meinen Gedanken. Seine ruhige, gelassene Art zieht mich magisch an. Aber irgendwas lässt mich zögern, von Anfang an. Bei ihm setze ich nicht alles auf eine Karte. Jetzt klicke ich ein paarmal nacheinander auf sein Profil. Es ist meine Aufforderung zum Tanz. Aber er lässt mich wieder schmoren. Nichts, keine Reaktion. Mit ihm kann ich nicht spielen. Diesem Mann fühle ich mich nicht gewachsen. Jedenfalls noch nicht. Vielleicht braucht es viele Stufen, ehe ich oben ankomme.

Dass Frank nicht anbeißt, wurmt mich natürlich. Aber um ihn einfach anzurufen, bin ich auch zu stolz. Vielleicht flirtet er gerade mit einer anderen. Und eine Abfuhr kann ich jetzt nicht vertragen. Dann schon lieber *Mr. Right.* Der liefert mir Anerkennung frei Haus.

ER 23:22

Hi. Deine Seite traf mich wie ein Stich ins Herz. Ich möchte dich zu gerne kennenlernen. Ich glaub, ich hab jetzt 30 Min. deine Fotos angeschaut, jetzt musste ich einfach schreiben, obwohl ich eigentlich sprachlos bin. Sieh dir doch mal mein Foto an. Ich glaube ganz fest daran, dass du dich gleich bei mir meldest.
Ganz lieben Gruß,
Dirk

Bei so viel Honig kann ich nicht widerstehen.

ICH 23:29

Hallo Dirk. Du bist ja ein ganz Süßer …

ER 23:30

Worauf du dich verlassen kannst!!!

ICH 23:30

würde ich ja gerne

ER 23:31

ok, wenn nicht jetzt, wann dann?

Ich zögere, eigentlich bin ich ja todmüde. Aber ein bisschen Anerkennung kann nicht schaden.

ICH 23:35

Also gut, dann sage ich dir noch schnell Gute Nacht. Gib mir deine Nummer.

ER 23:35

aber gerne doch 089/[redacted]

Dirk ist 40, seit Kurzem geschieden und Testfahrer bei BMW, einer von der flotten Truppe. Es wird ein anregendes Gespräch, wir kommen von Hölzchen auf Stöckchen. Nach drei Stunden hat er mich weichgeklopft. Meine Neugier siegt über die Vernunft. Ich weiß auch nicht, was in mich gefahren ist, dass ich mich mitten in der Nacht mit einem Typen an der Raststätte verabrede. Aber ein bisschen Abenteuer ist allemal besser als reichlich Langeweile. Schlafen kann ich jetzt sowieso nicht mehr. Und er hat den weiteren Weg, aber auch das schnellere Auto. Wir treffen fast gleichzeitig in Holzkirchen ein.

Wenn da um drei Uhr nachts mehr Betrieb wäre, hätte ich ihn glatt übersehen können. Der Mann ist irgendwie unauffällig und bei Weitem nicht so groß, wie ich ihn mir vorgestellt habe. Aber selbstbewusst. Der Kaffee ist noch zu heiß zum Trinken, da kommt er schon zur Sache: »Drüben an der Tanke backen sie immer frische Brötchen, da können wir gleich welche fürs Frühstück mitnehmen.« Hallo? So ja nun nicht. Da liegt Mr. Right bei mir aber ganz falsch. Und das muss ich ihm jetzt schonend beibringen. »Ich fange schon um sieben an zu arbeiten«, lüge ich. »Vielleicht ein andermal.«

Mein Lächeln wirkt wohl wenig überzeugend. Der flotte Dirk gibt sich nicht mal Mühe, seine Enttäuschung zu verbergen. »Kann man nichts machen«, presst er zwischen den Zähnen durch. Es klingt wie: Verdammte Scheiße. Und genau so meint er es vermutlich auch. Wir verabschieden uns ohne Küsschen und ohne Handschlag, irgendwie linkisch. Ein ganz schwacher Abgang.

Um kurz nach fünf liege ich endlich im Bett, im eigenen, und ärgere mich über mich selbst. Da sagt man immer, die Kerle seien triebgesteuert. Dabei spielen bei mir die Hormone genauso verrückt. »Katrin, du Dussel«, denke ich beim Einschlafen.

Der Dienstag ist der pure Horror. Ich bin natürlich erst um neun im Büro, und den ganzen Tag habe ich Mühe, das Gähnen zu unterdrücken. Zum Glück ist mein Chef milde gestimmt. Ich glaube, der kann auch anders. Ich versuche es mit einem Scherz: »Tut mir leid, dass ich zu spät gekommen bin. Kann ich dafür etwas früher gehen?« Er lacht. Dabei meine ich das ernst. Heute Abend habe ich doch mein nächstes Date, mit Hans-Jürgen, dem zugereisten Schwaben.

Mittags schickt mir der Geisterfahrer eine SMS von der Teststrecke: »Ich muss dir was gestehen, Katrin. Bei mir hat's Klick gemacht. Auf bald, Dein Dirk.« Oha, auch das noch. Blöd, wenn der andere Hauptdarsteller von der Begeisterung so gar nichts abbekommt. Ich schwanke zwischen Mitleid und Zorn. Und entscheide mich spontan: »Wenn es klickt macht, musst du nachladen. Ich wünsche noch viel Spaß beim Einfahren, K.« Manchmal kann ich ganz schön gemein sein.

Der Boss lässt Gnade walten. Ich darf tatsächlich eine halbe Stunde eher verschwinden. Und die habe ich auch bitter nötig. Die Restauration wird dauern. Ich muss in die Badewanne, ich muss meine Haare waschen, ich muss mich frisch rasieren und die Spuren der vorigen Nacht sorgfältig überschminken. Sonst denkt sich der schöne Banker noch sonst was.

Im Stehen schäume ich mich ein. Das sieht ulkig aus, ich muss selber grinsen. Wenn kein Kerl in Sicht ist, bin ich da unten rum immer etwas schlampig. Das hält mich aber immerhin von unüberlegter Hingabe im angetrunkenen Zustand ab. Wenn ich unrasiert bin, bleibe ich anständig. Und am nächsten Morgen darf ich mich über einen Fehltritt weniger freuen.

Ganz früher war Rasieren ja unschicklich und meine Mama richtig neidisch auf mich. »Kind«, hat sie immer gesagt, »was wäre ich froh, wenn ich so ein schönes Dreieck hätte wie du.« Das meinte sie wirklich ernst. Körperbehaarung sei ein Zeichen von Rasse. Welcher Rasse ich angehöre, habe ich mich nicht zu fragen getraut.

Mit Ende zwanzig schaute ich mir mal die Beine meiner Freundinnen an, die auch rassig waren, aber unbehaart. Die Mädels haben sich dann meine Beine angesehen und kamen schnell zu der Überzeugung, ich müsse was tun. Damit fing der Stress an. Nur eine Stelle habe ich immer noch ausgelassen. Und das war ein böser Fehler.

Irgendwann lag ich mit einem Typen im Bett, der mich anstarrte, als käme ich vom anderen Stern. »Was ist das denn?« Dabei deutete er angewidert auf den dunklen Pelz. Am liebsten wäre ich vor lauter Scham in meiner Schambehaarung versunken. Alle Lust war mir vergangen, ihm ja sowieso.

Ich musste mich also den nackten Tatsachen stellen. Ganz schön mächtig so ein Ding. Ich hatte es klein und zart in Erinnerung, aber das war noch vor der Pubertät, und natürlich ist es mitgewachsen. Selbst nach der ersten Intimrasur glaubte ich noch, alle Muschis sähen gleich aus. Diesen Irrglauben hat mir erst Rüdiger Zwo ausgetrieben, der hatte Vergleich genug. Wenn ich nur geahnt hätte, dass meine besonders schön ist und welcher Erfolg sich damit erzielen lässt, hätte ich sie bestimmt schon viel eher befreit.

Natürlich verlange ich gleiches Recht für alle. Die Burschen sollen sich auch schön glatt machen. Ich will keine Haare im Mund.

So, und jetzt wird's höchste Eisenbahn. Ich springe unter die Dusche, dann zum Kleiderschrank. Ein Etuikleid, dazu Halterlose und halb hohe Pumps, schon klar. Aber bei den Dessous bin ich mir unsicher. Verspielt oder schlicht, schwarz oder weiß? Ich krame ein Stück nach dem anderen aus der Schublade, probiere es an, drehe mich vor dem Spiegel. Und lege es wieder weg. Mist, am liebsten würde ich jetzt Frank Bechthold um Rat fragen, aber das geht natürlich gar nicht. Da würde ich den Bock zum Gärtner machen.

In meiner Not rufe ich Doro an. Sie empfiehlt unschuldiges Weiß. »Beim ersten Mal kannst du damit nichts falsch machen.« Ihr Wort in Gottes Ohr. Ich bin aufgeregt wie ein Schulmädchen. Heute darf ich nichts anbrennen lassen. Auf den Mann vom anderen Ufer bin ich angewiesen, jedenfalls vorrübergehend. Für einen AIDS-Test ist natürlich keine Zeit mehr. Aber irgendwo muss ich noch ein Kondom haben. Selbst ist die Frau: Aus meinem *Allibert* krame ich den letzten *Billy Boy*, kurz vor dem Verfallsdatum. Sicher ist sicher. Während der *Tagesschau* lackiere ich mir die Fingernägel, dann noch ein bisschen *Chloé* hinter die Ohren und auf in den Kampf.

Abba trällert mich auf Betriebstemperatur, als ich um den See gondele: *Waterloo*. Wie passend. Bin ich nun eine moderne Frau, die sich bei einem jüngeren Mann holt, was sie braucht? Oder bin ich schlimmer als eine Hure, die damit wenigstens drei kleine Kinder durchbringt? Mein Handy piepst mich aus den Selbstzweifeln. »Katrin, ich bin jetzt bis Samstag in Italien. Möchtest du mich danach treffen und kennenlernen? Ich könnte dich abholen. Liebe Grüße, Bernie.« Shit, den hätte ich ja fast vergessen. Ein Immobilienheini aus Würzburg, mit dem ich vorige Woche gechattet habe.

Ich zähle vor mich hin: Heute ist Dienstag, dann Mittwoch, Donnerstag, Freitag. Noch vier Tage bis zum Wochenende. Und ich denke: Falls das jetzt wieder nichts wird mit meinem Orgasmus, dann wäre Bernhard meine nächste Chance. Bei Hans-Jürgen vor dem Haus tippe ich die Antwort: »Okay, gern. Bin jetzt in Eile. Lass uns das am Telefon besprechen.«

Puh! Also doch irgendwas zwischen selbstbewusst und Hure. Oder sagen wir lieber Freudenmädchen, das trifft es doch viel besser. Ich freue mich auf jede Vereinigung, noch mehr auf die Wiedervereinigung. Aber aller Anfang ist schwer. Mein Herz klopft bis zum Hals, als ich die Treppen hochsteige, klingele, warte. Dann geht die Tür auf, und ich sehe das Computer-Gesicht im Original, nur dass jetzt ein spitzbübisches Lächeln Hans-Jürgens Mund umrahmt. Im Bruchteil einer Sekunde ist klar: Den mag ich, und der mag mich.

Seine Wohnung ist sauber und aufgeräumt, draußen überm See blinken die Lichter, hier drinnen leuchten Kerzen. Mir wird warm, er wird heiß. Wir trinken Wein und spüren beide, dass uns der Hunger umtreibt. Aber nicht auf Schweinebraten, nur auf Schweinkram.

Ich habe meine Schuhe abgestreift und mich in die eine Ecke der Couch gekuschelt, Hans und Jürgen fläzen im Sessel gegenüber. »Doppelnamen finde ich umständlich«, flöte ich mit Unschuldsmiene. »Bei Männern wie bei Frauen.« Er lächelt retour: »Dann such dir einen aus. Bloß nicht Hansi, das habe ich schon in der Schule gehasst.« Gut, dann also Jürgen. Beide signalisieren wir mit Körpersprache, dass wir uns wohlfühlen.

Als er aus der Küche Wasser holen geht, stelle ich mich an

das Panoramafenster. Der Ausblick ist atemberaubend schön: Vor der mächtig-dunklen Bergkulisse spiegelt sich der Mond auf dem Wasser, fast schon voll. Lautlos ist Jürgen hinter mich getreten. Sanft wie ein Windhauch berühren seine Lippen mein Haar. Und ganz selbstverständlich streift er mein Kleid von den Schultern, mit ganz langsamen Bewegungen, die Unsicherheit gar nicht erst aufkommen lassen. Ich genieße sein Begehren, und ich genieße seine Souveränität.

Jürgen führt mich in sein Schlafzimmer. Gegenseitig ziehen wir uns aus, nicht langsam, nicht genießerisch, sondern gierig, hastig; wie zwei Verdurstende in der Wüste, die auf eine Oase zurennen, reißen wir uns die Kleider vom Leib. Ohne Umwege drückt er mir seinen Kopf zwischen die Beine. Ich mache auf, ich fliege ab. Er schafft es, mich zu erlösen. »Komm, Baby, lass es raus. Alles.« Er sagt nicht viel, aber was er sagt, das passt. Nach zwölf Wochen Entzug ist mein Abgang so heftig, dass auch seine Nachbarn daran ihre Freude haben dürften. Mir ist das egal, völlig egal.

Und meinem Lover macht es sichtlich Spaß. Aber sehen kann er nicht so gut. Als er mein bestes Stück näher betrachten will, tastet er nach seiner Brille neben dem Bett. Das hat was rührend Hilfloses. Befriedigt werde ich immer sehr nachsichtig. Aber auch flüchtig. Soll heißen: Keinen Moment habe ich das Bedürfnis, neben diesem Mann einzuschlafen. Ich will nur noch weg. Ich bin gekommen, jetzt muss ich gehen. Der Mohr hat seine Schuldigkeit getan. Und macht keinen Versuch, mich aufzuhalten. Wahrscheinlich schläft der Herr auch lieber allein.

Befreit und glücklich starte ich meinen kleinen Fiat. Fehlt

nur noch, dass ich vergnügt vor mich hin pfeife und in eine Alkoholkontrolle gerate. Aber alles geht gut. Und alles wird gut.

Am nächsten Morgen fällt meine gute Laune sogar dem Chef auf: »Haben Sie im Lotto gewonnen?« Na ja, wie man's nimmt. Ein Volltreffer war es allemal. Mein Schoß ist ruhig, mein Kopf ist klar. Und *Friendscout* ist jetzt mein Freund, mein ständiger Begleiter. Gleich wenn ich ins Büro komme, gehe ich online. Den ganzen Tag über liegt die Seite im Hintergrund auf dem Bildschirm, nur einen Klick entfernt, versteckt hinter E-Mails und Rechnungen. In jedem unbeobachteten Augenblick schaue ich in meinem Postfach nach neuen Nachrichten, alle halbe Stunde läuft es über.

Viele Kandidaten sind nicht nur nachts aktiv, sondern leider auch tagsüber nicht wirklich originell. Die bringen nur ein schlappes »Hallo« oder ein knappes »Wie geht's?«. Als Aufforderung zum Tanz reicht mir das nicht mehr. Ich bearbeite mein eigenes Motto: »Ansprachen mit Hallo oder Wie geht's? werden nur von meinem Systemadministrator beantwortet.«

Mit dem Löschen komme ich kaum nach. Dutzende von diesen kleinen grünen Männchen flimmern durch den digitalen Orbit. Sie tauchen auf, sie tauchen ab und hinterlassen keine Spuren. Frank Bechthold ist eine Ausnahme. Der bleibt präsent, auch wenn er offline ist. Aber manchmal habe ich Glück.

ER 09:22

Katrin!

Ihm reicht ein knapper Ordnungsruf, und ich stehe stramm. Ihn kann ich nicht aus der Ruhe bringen.

ICH 09:23
ja, hier bin ich.
ER 09:25
Sag an, was spricht das Leben?
ICH 09:26
mir geht's verdammt gut, innen wie außen.

Soll er doch ein bisschen grübeln, was das heißen könnte. Aber da habe ich den Herrn Baumeister unterschätzt.

ER 09:28
Wie heißt der Bursche?

Ich überlege kurz, ob ich ihm meine aufregende Bettgeschichte auftischen soll. Dann sprudelt es aus mir raus.

ICH 09:30
Jürgen oder Hans-Jürgen. Er ist Banker … ausgerechnet bei meiner Bank. Meinst du, das kann gut gehen?
ER 09:31
Banker sind auch Menschen, entweder Täter oder Opfer. Was ist deiner?
ICH 09:31
Filialleiter.
ER 09:32
Mit zwei Indianern?

ICH 09:33

Mir reichts. Ich will ihn ja nicht heiraten.

ER 09:33

Ist er so gut im Bett?

ICH 09:34

Lach … du bist ja ganz schön neugierig. Tja, er gibt mir, was ich brauche. Soll ich ein schlechtes Gewissen
haben?

ER 09:35

Nein, keineswegs. Nimm Dir, was Du brauchst.
Für Körper, Geist und Seele.

Das ist ja sehr großzügig. Aber nicht das, was ich hören will. Frank sollte eifersüchtig sein, wenigstens ein bisschen. Wer nicht eifersüchtig ist, kann auch nicht lieben. So bin ich erzogen worden. Dieser Typ ist offenbar schon ein paar Schritte weiter. »Liebe«, meint er, »ist Freiheit, nicht Besitz.« Das scheint mir ein richtiger Freigeist zu sein, vermutlich der erste, der mir untergekommen ist. Stopp, da war wohl der Wunsch der Vater des Gedankens. Untergekommen ist er mir bislang nicht. Leider. Doch noch ist auch nicht aller Tage Abend.

Okay, und bis dahin muss ich ja nicht Trübsal blasen. Die Freiheit nehme ich mir. Aber grenzenlos ist mir nicht geheuer. Wo also finde ich die Grenzen, die ich brechen kann?

Mein neuer Lieblings-Bankier schickt mir eine Kurznachricht aufs Handy. »Hey, Katrin, das war geil. Ich könnt schon wieder. Dein Hans-Jürgen.« Gut zu wissen. Aber ich bin satt und antworte kryptisch, mit angemessener Verzögerung: »Ich nicht, ich bin im Büro. Aber es müssen ja nicht wieder *12 Wochen* werden …« Er rechnet nach: »Häh??? Es sind doch noch nicht mal 12 Stunden.« Ihn jetzt aufzuklären ist mir zu kompliziert. »Du musst alles essen, mein Süßer, aber nicht alles verstehen.«

Damit ist dann erst mal Ruhe im Karton. Der soll bloß nicht glauben, dass ich ihm nachrenne. Jedenfalls jetzt noch nicht. Und zwischendurch sollte ich ja auch mal ein bisschen das tun, wofür ich bezahlt werden: arbeiten. »Denken Sie dran, dass wir morgen die neuen Dienstpläne brauchen«, hatte mein Chef mich ermahnt, bevor er in die Stadt gefahren war.

Gemeint sind die Dienstpläne für die Serviererinnen unten im Lokal. Jede zweite hat irgendwelche Sonderwünsche, die ich bitte schön berücksichtigen möge. Die eine hat's neuerdings am Rücken und will ein Revier nah bei der Theke. Die andere braucht immer donnerstags die Frühschicht, weil sie am Nachmittag ihren Sohn zur Klavierstunde fahren muss. Und die Müller Liese würde so gern zusammen mit ihrer Freundin Christa eingeteilt, aber unter gar keinen Umständen mit der Frau vom Berggruber Schorsch, der blöden Kuh. Oh, wie ich das liebe. *Blöde Kuh* steht natürlich nicht auf dem Zettel, aber ich kann mir schon genau vorstellen, was da hinter den Kulissen abgeht. Und irgendwie macht es mir auch Freude, ein bisschen Schicksal zu spielen. Die Vorstellung, dass ich mit der Einteilung von Schichten und Revieren einen Zickenkrieg auslöse, hat doch was.

Das Planspiel lenkt mich ab von den eigenen Sorgen. Die

sind nun zwar nicht mehr akut, sondern latent. Ich hatte einen Orgasmus, endlich. Und ich habe einen potenten Liebhaber, aber der kann mich mal gern haben. Ich brauche immer noch einen Mann für immer, nur für mich. Und sehe doch den Wald vor lauter Bäumen nicht.

Dabei ist *Friendscout* Fluch und Segen zugleich. Ich habe die große Auswahl, aber nicht den Überblick. Aber ich könnte ja mal wieder nachsehen. Es blinkt grün auf dem Monitor. *Sportsman* ist der Erste auf der Chatliste.

ER 14:09

Hi, du schöne Lady.

ICH 14:09

Selber high. Jetzt schon?

ER 14:10

Bei deinem Anblick kann ja wohl jeder high werden.

ICH 14:10

Oha. Bist du Süßholzvertreter???

ER 14:10

Nein, ich vertrete mir nur manchmal die Beine. Wollen wir mal spazieren gehen?

Na ja, und so weiter und so fort. Nicht eben originell, aber auch nicht geistlos. Der Bursche heißt Martin, ist angeblich echte 39, war noch nie verheiratet und hat keine Kinder. Er wohnt in Ottobrunn, und was er arbeitet, will er mir nicht so ohne Weiteres verraten: »Du, das sage ich dir, wenn wir uns sehen.« Schon klar. Wahrscheinlich ist er Eintänzer in der Fischbratküche.

Gelangweilt klicke ich seine Bilder durch. Nummer eins zeigt so 'nen übertrainierten Marathon beim Zieleinlauf. Kotz! Ich halte nichts von Ausdauersportarten. Bild Nummer zwei zeigt Sportsmann Martin bei der Siegerehrung. Das ist nicht mehr ganz so schlecht, da lacht er wenigstens. Nummer drei und Nummer vier zeigen ihn unter der Dusche, von der Seite und von hinten. Und auf einmal finde ich Männer beim Sport gar nicht mehr so übel. Jedenfalls nicht alle. Ausnahmen bestätigen die Regel.

Martin nötigt mir seine Handynummer auf. Ich soll ihn unbedingt anrufen, je eher, desto besser: »Ich warte ungeduldig.« Blah und blub. Halbherzig verspreche ich ihm, mich abends zu melden.

Nach Feierabend muss ich aber erst mal meine Bude putzen. Zwischen Küche und Bad kommt mir mein aktueller Bewerber wieder in den Sinn. Ich schicke ihm eine unverbindliche SMS: »Ich bin jetzt zu Hause auf Empfang. Wenn du möchtest ...?« Und ob er möchte. Keine zwei Minuten später habe ich Martin am Rohr. Er nennt das einen Stimmencheck.

Mit meiner Telefonstimme habe ich schon so manchen Erfolg erzielt. Aber Martin ist gleich hin und weg, er kann sich gar nicht beruhigen. »Das ist so geil. Sag mal was, als ob du mich verführen wolltest.« Ich tue ihm den Gefallen. Und während ich umschalte auf lasziv-erotisch, denke ich, wie leicht mir heute fällt, was ich früher nur mit reichlich Vorlauf und der passenden Mondphase hingekriegt habe, exklusiv für meinen Liebsten. Jetzt also auf Abruf für einen Typen, den ich noch gar nicht kenne.

Die Wirkung ist verblüffend. Martin senkt auch um zwei Oktaven ab und macht mir gleich ein Geständnis: »Ich bin ein Fetischist.« Ich lache: »Von Beruf?« Das bremst ihn etwas ein, aber nach ein paar Minuten Small Talk wagt er sich noch mal aus der Deckung. »Weiß ich doch«, antworte ich, »du stehst auf Stimmen.« Das schon, aber es kommt noch besser. »Auch«, flüstert er, »aber noch mehr stehe ich auf Füße.« Echt? Das ist doch mein altes Thema, meine kleinste Übung. Ich schwärme ihm von meinen schmalen Füßen vor, beschreibe ihm detailliert, wie ich meine Zehennägel lackiere. Und höre, wie sein Atem schwerer geht.

Martin hochzubringen ist keine Kunst. Ich weiß ja jetzt, an welchen Fäden ich ziehen muss. Und er lässt sich willig auf das Spiel ein. In seiner Erregung vertraut er mir seinen geheimsten Wunsch an: »Ich wichse in deine High Heels und du musst damit ins Büro gehen.« Wow, das ist doch mal was anderes. Aber keine üble Vorstellung. Ich habe ja nicht viele Tabus. Ich glaube, wir Ostfrauen sind sowieso nicht zimperlich im Umgang mit sexuellen Obsessionen. Wir sind erst mal mutig. Jedenfalls haben mir das schon ein paar Wessis gesteckt, mit denen ich mich über das Ost-West-Gefälle im Bett unterhalten habe.

Ich höre Martin noch lustvoll aufstöhnen, dann einen tiefen Seufzer, dann nur noch das Freizeichen. Na, bravo. Der Bursche hat aufgelegt und sich zusammengerollt. Und was wird aus mir? Den Telefonsex-Profis bleibt die Gage, ich sitze hier wie bestellt und nicht abgeholt. Das darf doch nicht wahr sein: Dieser dämliche Flachwichser holt sich, was er braucht, räumt kommentarlos ab und zahlt keinen Deut zurück. Ich steigere mich in Rage. *Ejaculatio praecox* ist bestimmt kein Verbrechen. Aber ausschließlich die eigene Lust, die Befriedigung eigener Bedürfnisse im Sinn zu haben, kommt mir echt mies vor. Das ist mir noch öfter passiert. Und, wenn ich ehrlich bin, habe ich das Martins-Prinzip schnell begriffen. Ich bin vom Opfer zur Täterin geworden.

Fortgesetzt den Feudel zu schwingen ist jetzt nicht mehr drin. Ich köpfe einen Piccolo und schmiere mir ein Leberwurstbrot. Der Laptop braucht ein paar Minuten zum Warmwerden.

Wer online ist, der ist nicht einsam. Auf meine Wähler bei *Friendscout* ist Verlass. Mein Postfach quillt schon wieder über. Alle wollen mich. Sehen, kennenlernen, glücklich machen. Ob das an meinem Nickname liegt, an den sexy Fotos, an dem frechen Text oder an der Tageszeit? Ich glaube, die Bilder machen den Unterschied. Männer sind Gaffer, und viele von ihnen offenbar Analphabeten. Das Lesen sparen die sich, das Schreiben meist auch.

Ich habe einen halben Tag lang an meinem Profil gebastelt, habe mir genau überlegt, was ich will und von wem, wie ich mich präsentiere und mit welcher Botschaft. Deshalb ärgert es mich umso mehr, wenn mich Männer mit einem unscharfen Foto und ein bisschen Diffusgeplapper anmachen, so nach dem Motto: »Ich mag die Natur, und Treue ist mir wichtig.« Pah! Als ob man bei dieser Auswahl mit einem akustischen Schmatzer oder irgendeiner dämlichen Floskel noch was reißen könnte.

Ausnahmen bestätigen die Regel. Und so eine Ausnahme ist *38er_Special*, trotz dieses bescheuerten Pseudonyms. Manchmal täuscht der Schein und lohnt sich ein zweiter Blick. Ronny ist Kurierfahrer. Ups! Das ist ja mal ganz was Bodenständiges.

ER 22:59
Guten Abend, schöne Frau. Mein Vater hat immer so einen alten Schlager gesungen: In der Nacht, da ist der Mensch nicht gern alleine.
ICH 23:08
Klar erkannt, junger Mann!
ER 23:09
Hat die Schöne der Nacht einen Namen, an dem ich meine Sehnsucht festmachen kann?

Das hat er jetzt aber hübsch formuliert, originell und höflich. Und die Ansprache in der dritten Person wirkt so lieb antiquiert. Ich kenne keine Frau, die sich da hartherzig abwenden könnte.

ICH 23:10
Sie heißt Katrin. Sie ist amüsiert, und sie ist noch zu haben. Jedenfalls heute Nacht.
ER 23:11
Wie jetzt? Meinst du, wir sollen uns heute Nacht noch treffen? Echt, jetzt gleich???

Das überfordert den Kurier ihrer Majestät. Die korrekte Anrede hält er auch nicht durch.

ICH 23:13
Tse …
ER 23:13
Ich weiß nicht genau, was ich von dir halten soll.
Du verwirrst mich.
ICH 23:15
Das ist das Spiel. Und vielleicht wird es unser Spiel.
Strenge er sich an …

So geht das noch eine Weile hin und her. Ich necke ihn, er versucht zu parieren. Doch ziemlich bald tauscht er das elegante Florett gegen den schweren Säbel.

ER 23:32
Ich möchte dich unbedingt kennenlernen, Katrin. Wann können wir uns sehen??? Am Freitag??? Ich komme auch an den Tegernsee? Bitte.

Bei so vielen Fragezeichen muss ich mich wohl mal eindeutig positionieren.

ICH 23:34
Am Freitag will ich nach München zum Shopping.
ER 23:35
Ok, ich kann dich doch abholen und wir fahren vielleicht zusammen nach München???

Schluss jetzt, die vielen Vielleichts ermüden mich. Aber vielleicht kann ich das Angenehme mit dem Nützlichen verbinden.

ICH 23:38
Am Freitag mache ich um drei Feierabend. Ich warte an der Bushaltestelle gegenüber vom Rathaus. Da kannst du kurz halten.
ER 23:39
Super! Ich komme bestimmt pünktlich! Ich freue mich so sehr auf dich!!!

Na, das will ich doch hoffen. Und auch, dass er mich nicht im klapprigen Lieferwagen in die Stadt bringen will. Mein Verehrer kommt aus Wasserburg an den Tegernsee, um mich nach München zu kutschieren. Das sind Pi mal Daumen hundert Kilometer Umweg. Sauber! So viel Anstrengung verdient schon mal ein Ausrufungszeichen.

Kapitel 5

Die wilde Woche

Hemmungen verlieren, Überblick behalten

Am nächsten Morgen bin ich fröhlich. Mit dem rechten Bein aufgestanden, allseits begehrt, schön wie der junge Tag. Was kostet die Welt? Ich lade mir die köstliche Kirschmarmelade meiner Mama auf ein noch warmes Hörnchen, zum dampfenden Kaffee ziehe ich gierig an der ersten Zigarette. Frohen Herzens genießen. Und in dieser Stimmung traue ich mich sogar, meine Kontoauszüge zu öffnen, um die ich schon seit voriger Woche herumgeschlichen war wie um ein heißes Eisen. Alles halb so wild, die roten Zahlen sind noch im grünen Bereich.

Und heute bin ich sogar pünktlich im Büro. Der Boss erwischt mich, wie ich eine Melodie vor mich hin summe. *Summertime, and the living is easy.* Noch nicht ganz. Aber ich arbeite dran, nach dem bewährten Motto: Was nicht ist, kann ja noch werden. Wird noch werden.

Kaum ist der Chef runter in die Brauerei, checke ich erst mal die gesammelten Anträge, nicht wirklich systematisch, sondern ziemlich zufällig. Ich kann nicht alles lesen, schon gar nicht so aufmerksam, wie ich es mir von meiner eigenen Bewerbung wünschen würde. Dafür sind es einfach zu viele. Den Andrang hatte ich heftig unterschätzt. Ich gehe intuitiv vor, ich glaube an das Schicksal. Meist tippe ich auf irgendein Pseudonym, hinter dem ich ein Geheimnis wittere oder wenigstens eine originelle Story. Wenn dann der Text nach zwei Zeilen endet oder schon nach zwei Worten, ist auch bei mir gleich finito. Natürlich will ich keinen Roman lesen, den könnte ich bald selber schreiben. Aber ein bisschen Substanz möchte schon sein.

Nicki hat aus der Not eine Tugend gemacht. Das finde ich dann ja schon wieder witzig. Ein richtig guter Nick war ihm wohl nicht eingefallen. Immerhin, der Mann beweist Selbstironie. Wir fangen an zu chatten. Ich erfahre, dass er Zeki heißt, aus Bosnien stammt, dass er siebzehn Jahre verheiratet war und seine Frau ihn vorigen Monat verlassen hat. Die kleine Tochter hat sie mitgenommen. Oh, Himmel, muss ich mir so eine Leidensgeschichte anhören, ausgerechnet heute? Das zieht mich doch runter.

Das Gegenteil passiert. Wir kommen ins Plaudern, ich lese, ich schreibe, ich fühle mit. Und Zeki ist Psychologe von Beruf. Er schafft es mühelos auf meine Wellenlänge. Ich gebe ihm meine E-Mail-Adresse, ich gebe ihm meine Telefonnummer, sogar die von zu Hause. Und ich gebe ihm schließlich auch meinen Nachnamen. Komisch, es gibt Menschen, denen vertraut man nach Minuten, ohne sie gesehen zu haben. Und anderen nach Jahren noch nicht, ganz gleich, wie oft man ihnen begegnet.

Dr. Zeki hat mich beim Wickel, eingewickelt in einen endlosen Strom warmer Worte. Einfühlsam werbend, nicht zu verbindlich. Aber so, dass ich das Gefühl bekomme, wie würden uns schon eine halbe Ewigkeit kennen. Den ganzen Nachmittag über tauschen wir uns aus über die Liebe und das Leben, in seinem, in meinem und im Allgemeinen. Probleme werden nicht gelöst, aber eingehend betrachtet, von allen Seiten und dann wieder von vorn. So, wie wir Frauen es mögen. Und, ganz wichtig, er scheint endlos Zeit zu haben für mich. Nur für mich.

Er mailt mir ein Werbefilmchen für Mineralwasser, in dem er mitgespielt hat. Ich bin beeindruckt und schreibe ihm das auch. Da endlich zündet es bei ihm.

ER 16:11
Du, Katrin?
ICH 16:11
Na, was kommt jetzt???
ER 16:11
Das wollte ich dich gerade fragen. Wann sehen wir uns endlich …
ICH 16:12
Um halb sieben.
ER 16:12
Meinst du heute?
ICH 16:12
Logo. Wie lange willste denn noch warten …

Wir verabreden uns auf halber Strecke, in Bad Tölz. Ich komme direkt aus dem Büro und hatte keine Zeit mehr, mich aufzuhübschen. Aber was soll's, wir sind ja schon alte Bekannte. Auf der Fahrt erreicht mich eine Kurznachricht von Martin, dem Schuhwichser: »Wann kann ich endlich deine Füße küssen, schöne Katrin?« Auch das noch. Ich tippe die Antwort mit einer Hand, während ich mit der anderen durch die engen Kurven lenke. »Wenn wir uns sehen, Martin. Nicht vorher. K.« Seine Nachfrage ist absehbar: »Und wann wird das sein?«

Das wird er schon sehen. Ich muss jetzt erst mal zusehen, dass ich irgendwie hinter diese dämliche Fußgängerzone komme. Und mir den Lippenstift nachziehen.

Als Zeki das altmodische Café betritt, ist sofort klar, dass er weder hierher passt noch zu mir. Die Gespräche verstummen, die Menschen drehen sich nach ihm um, schauen zu ihm auf. Omas, Opas, Touristen, ich auch. Dieser Mann würde zu Charlize Theron passen oder zu Penelope Cruz, zu jeder wunderschönen Frau des Universums. Nur leider nicht zu mir. Neben ihm muss ich wie ein unreifes Kind wirken, schüchtern und unscheinbar.

Zeki ist ein Mann wie aus dem Bilderbuch. Mit breiten Schultern und einem breiten Grinsen. Mit dunklem Teint und einem aufrechten, leicht federnden Gang. Er sieht umwerfend gut aus, und bestimmt weiß er das, doch er tut ganz selbstverständlich, ohne jede Eitelkeit. Eine Frau, die jetzt an den Hauptgewinn glaubt, macht einen entscheidenden Fehler. Ich mache den nicht. Ich weiß, dass ich nicht mithalten kann. Kein Wenn, kein Aber.

Es wird trotzdem ein toller Abend, ein tolles Gespräch. Wir reden über meine Kindheit im Osten, über den Leistungsdruck im Westen. Und wir reden über seine Ehe, die er noch lange nicht verarbeitet hat. Er zeigt mir Fotos seiner Frau, die ihn hat sitzen lassen. Mir wird klar, dass er nach der Zwillingsschwester dieser dürren Blondine sucht. Nur muss die Neue unbedingt brünett sein und nicht ganz so dürr, damit niemand sie verwechseln könnte.

Als das Lokal sich allmählich leert, über dem dritten Glas Pinot, vertraut Zeki mir an, dass er noch nie in seinem Leben oral abgespritzt hat. Plötzlich sind wir intim, ohne uns auch nur zu berühren, jedenfalls nicht körperlich. Dass sie sich nicht mehr hingeben können, habe ich schon von einigen Männern gehört. Für mich war das schon immer eine Hürde. Bei mir muss alles perfekt sein, stimmig, geordnet in meinem Kopf. Aber selbst dann behalte ich immer ein Stückchen zurück. Nie werde ich einem Mann alles geben, mich ihm total ausliefern, selbst im Moment höchster Ekstase nicht.

Der Freitag ist immer anders als die übrigen Tage. Oben bei mir im Büro bleibt es ruhig, unten im Laden brummt der Bär. Mein Chef hat Auswärtstermine, mit der kleinen Aufgabenliste, die er mir hinterlassen hat, bin ich schnell durch. Und habe endlich mal Zeit zur Reflektion. Aber mit mir allein funktioniert das schlecht. Ich simse meine Doro an: »Du, Schätzchen, ich muss dir unbedingt was erzählen.« Sie antwortet prompt: »Kann jetzt nicht. Schreib mir 'ne Mail.«

Und so begründen wir die Tradition der Tagesberichte. Dorothea kommentiert sie nur selten, die ist meist im Mutter-Modus. Aber darum geht es mir auch gar nicht. Die Berichte entwickeln sich zu so einer Art elektronischem Tagebuch, nur eben, dass ich meine Gedanken ungeschützt meiner Freundin anvertraue. Und das mindert den Leidensdruck.

»Gestern hatte ich ein Date mit Zekir ... dem Psychologen aus Wolfratshausen ... Hilfe sieht der gut aus ... viel zu gut für mich ... da dreht sich ja jede Olle um ... das kann ich gar nicht gebrauchen ... Der Typ ist mit 'nem überdimensionalen Ehering aufgekreuzt ... und hat mir Fotos von seiner Frau gezeigt, die ihn verlassen hat ... an der muss er noch hängen ... ist noch nie beim Blasen gekommen ... hat auch 'ne Macke, na ja, wie die meisten Psychoheimer ... ist auch in Behandlung ... Jedenfalls habe ich jetzt einen Freund mehr ... davon kann man ja nicht genug haben ...«

Ich brauche Ansprache, wenn schon nicht persönlich, dann per Telefon. Aber kein Schwein ruft an. Und der Computer glotzt heimtückisch verlockend. Die Geister, die ich rief, die werde ich nicht mehr los.

Als nicht zahlendes Mitglied kann man bei *Friendscout* aktiv nicht viel machen. Aber zum Glück finde ich noch eine unbeantwortete Nachricht von Frank Bechthold. Und zum Glück ist er online.

ICH 11:51
Hallo Frank. Du bist wohl immer auf der Jagd ...
ER 11:59
Das sagt grad die Richtige. DU bist doch ständig online.
Wen hast Du denn jetzt an der Angel?
ICH 12:00
Dich, mein Lieber!
ER 12:11
Ach ja? Mit welchem Köder hast Du mich denn
eingefangen?

Natürlich ärgert es mich, dass er mich auf seine Antworten immer minutenlang warten lässt. Aber noch mehr ärgert mich, dass ich das nicht auch schaffe. Dafür bin ich viel zu ungeduldig.

ICH 12:12
Mit meinem Charme, meinem Liebreiz, meiner blendenden Erscheinung. Und und und ...
ER 12:19
Das mag ja alles stimmen, Katrin. Würde aber nicht ausreichen, Dich anziehend zu finden. Ich will Dich pur.
ICH 12:21
Wie meinst du das???
ER 12:24
Genauso so, wie ich es geschrieben habe: Wenn ich Dich will, dann will ich Dich als Frau pur. Ohne Beiwerk, ohne Schnickschnack, ohne Finten und Taktik. Ich will an den Kern. Verstanden?

Eigentlich noch nicht. Aber das kann ich natürlich nicht zugeben, irgendwie klingt es ja schlüssig. Also werde ich erst mal ein Ablenkungsmanöver starten.

ICH 12:26
So allmählich nähern wir uns an. Du lässt mich nicht mehr ganz so lange warten. Warum machst du das überhaupt?
ER 12:28
Aus demselben Grund, aus dem ich grundsätzlich nicht

chatte. Ich will mir meine Antworten in Ruhe überlegen können. Und nicht gezwungen sein, vom Thema abzulenken.

Verdammt, der Kerl hat mich durchschaut. Jetzt hilft nur noch die unschuldige Klein-Mädchen-Masche.

ICH 12:30
Was ist denn unser Thema, Frank?
ER 12:33
Du und ich. Mann und Frau. Tarzan und Jane.

Er hat es auf den Punkt gebracht, frank und frei. Nur darum geht es. Alles andere ist Schnulli-Bulli. Aber das braucht jede Frau. Und Mann muss ja nicht gleich mit der Tür ins Haus fallen.

ICH 12:34
Ok., werds mir merken. Aber man muss ja nicht gleich mit der Tür ins Haus fallen.

Ehe der Meister reagieren kann, muss ich unseren Dialog abbrechen, ausgerechnet, als es spannend wird. Nebenan im Chefzimmer hat die Tür geklappt.

ICH 12:36
Ich muss Schluss machen, sorry.

Off and out. Gerade noch rechtzeitig, ehe mein Boss ins Sekretariat tritt und mir über die Schulter schaut. »Na, Frau Kropf, haben Sie alles unter Kontrolle?« Wie man's nimmt. Jedenfalls schaffe ich es, ihn anzuschauen, ohne rot zu werden. »Darf ich heute etwas früher raus? Ich will noch nach München.« Er nickt mir freundlich zu.

Ronny wartet schon an der Haltestelle, neben seinem tiefer gelegten Opel, bei frischen acht Grad nur im Polohemd. Da bin ich mit Blazer, Jeans und Pumps wohl etwas overstyled. Macht nichts, der Knabe ist sowieso nicht mein Fall. Viel zu klein und viel zu schmal. Ich brauche ein gestandenes Mannsbild. Aber da muss ich nun durch: »Hallo, ich bin die Katrin.« Dem Kuss auf die Wange kann ich durch eine geschickte Körperdrehung ausweichen.

Kaum sitze ich im Auto, fiepst mir eine Nachricht aufs Handy. »Überraschung: Italien war gestern, morgen ist Katrin. Ich erwarte dich um 10 zum Champagner-Frühstück in der Überfahrt. Bin sehr gespannt! Dein Bernie.« Herrgottsakra, den Bernie hatte ich gar nicht mehr auf dem Schirm. Zum Frühstück Champus im Nobelschuppen, das lasse ich mir gefallen. Aber was soll ich anziehen? Vielleicht das hellbraune Wickelkleid oder ganz klassisch das blaue Kostüm mit den Goldknöpfen. Das kann ich mir ja noch überlegen. Erst mal ist eine Antwort fällig: »Super, Bernie. Das ist doch mal was anderes. Deine Katrin.«

Ronny ist neugierig. »Wem schreibst 'n da?« Du sollst nicht lügen, habe ich gelernt, aber deshalb muss man auch nicht immer die Wahrheit sagen. »Nur schnell noch was Geschäftliches. Gleich bin ich für dich da.« Hoffentlich nimmt er das nicht wörtlich. Aber der Mann hat Humor. Schon auf der Fahrt muss ich herzhaft lachen. Mit viel Mutterwitz erzählt er von seinen Kollegen im Logistikzentrum und was für Schnurren er bei der Auslieferung von Paketen erlebt. Ich schlage das Augustiner für eine Brotzeit vor. »Wolltest du nicht shoppen gehen?«, fragt er irritiert. »Ach, das mache ich besser mit 'ner Freundin.«

Beim Weißbier baggert Ronny in seiner lustigen Art an mir rum. Aber es geht wirklich nicht, selbst wenn ich ihn mir schönsaufen würde. Ihm das zu sagen traue ich mich nicht. Ich will ja niemanden verletzten. Der Mann hat doch dieselben Hoffnungen wie ich, er will irgendwie ankommen. Als Single bist du sowieso immer hin- und hergerissen. Wenn ich im Fernsehen so einen Schmachtfetzen sehe, heule ich mir die Augen aus dem Kopf. Und wenn ich eine Stunde später in den Nachrichten höre, dass irgend so ein jähzorniges Arschloch seine Freundin brutal verprügelt hat, dann sage ich mir, dass mir all das erspart bleiben kann.

Und doch kann ich es nicht lassen. Wenn es der eine Mann nicht ist, dann ist es vielleicht der nächste. Konkret heißt das: Ich muss Ronny loswerden, damit ich mich noch mit Martin treffen kann, der hat es ja nicht weit in die Stadt. Mein heiliger Zorn auf ihn ist inzwischen verflogen, vielleicht kann ich ja von ihm lernen. Eine Portion mehr Egoismus könnte mir nicht schaden. Da sieht man mal wieder: Alles ist relativ.

Ich entschuldige mich zur Toilette und gehe zum Telefonieren heimlich vor die Tür. »Na, du Fetischist, willst du mich sehen?« Er reagiert, so, als sei nichts gewesen: »Bist du in München?« Ich sage ihm, dass er mich in einer Stunde am Hauptbahnhof abholen kann.

Die Uhr läuft. Und ich habe noch ein Problem zu lösen. Ronny will mich natürlich heimbringen. Ich muss ziemlich nachdrücklich klarstellen, dass ich lieber mit der Bahn fahren möchte. Aber mein flüchtiger Begleiter lässt nicht locker, will mich wenigstens in den Zug setzen. »Ich bin doch kein Kind mehr.« Es hilft alles nichts. Nur gut, dass ich die Abfahrtszeiten im Kopf habe. Mit einem Küsschen scheuche ich ihn vom Bahnsteig, steige in den vorderen Waggon ein und ganz hinten wieder aus.

Wie ein Geheimagent im Einsatz schleiche ich mich hinter Pfeilern und Gepäckkarren zum Nebenausgang Arnulfstraße. Erst da fällt mir auf, dass ich meinen grauen Mantel in Ronnys Auto auf dem Rücksitz liegen gelassen habe. So ein Mist! Ich habe ihn nie wiedergesehen. Ronny nicht und meinen Lieblingsmantel auch nicht.

Dem Mobilfunk sei dank kann ich Martin schnell zum Taxistand dirigieren und muss nicht ewig in der Kälte zittern. Er kommt im Audi Cabrio vorgefahren, zum Glück mit geschlossenem Dach. So schnell bin ich noch nie in ein fremdes Auto eingestiegen. Ich lächle verlegen. Der nächste Herr, dieselbe Dame.

»Frierst du nicht?« Darüber schweigt des Sängers Höflichkeit. Ich nicke nur stumm, fasziniert von seinen tiefblauen Augen. »Ganz schön tapfer, im März ohne Mantel rumzulaufen.« Nun, ich kann mir ja warme Gedanken machen. Und Martin Bernstorff macht mir das leicht: »Ich bin richtig aufgeregt.« Wenn's nicht stimmt, ist es gut gespielt.

Meine Stimme, sagt er, sei live noch viel besser als am Telefon. Ich will doch hoffen, dass ihm der Rest auch gefällt.

Das Lokal für unseren ersten Personality-Check hat er schon ausgesucht. Recht so, Zielstrebigkeit weiß ich zu schätzen. Ich bin selber ein Steinbock, und deshalb lege ich auch Wert auf Ordnung. Bei mir im Auto sieht es aus wie in seinem, alles hat seinen Platz: die Parkscheibe, die Sonnenbrille, der Straßenatlas. Martin selbst trägt Anzug und Krawatte, eine mit dezenten Diagonalsteifen. Mir diese konservative Erscheinung in Lack und Leder vorzustellen ist gar nicht so einfach. Ob ich mich wohl in einen Fetischisten verlieben könnte? Klar, wenn ich zu seinem Fetisch werde.

Beim Italiener am Viktualienmarkt sprechen wir über unsere *Friendscout*-Erfahrungen. Martin ist schon länger dabei. Als er so erzählt, was er alles schon erlebt hat mit den Mädels und wie er damit umgeht, kommt mir der Gedanke, dass wir für die Männer nur zweite Wahl sind, wenn wir uns öffentlich anbieten. Sie fürchten wohl, dass wir im Netz von einem zum anderen flattern. »Glaubst du, dass sich Männer und Frauen verschieden verhalten?«, will ich wissen. Er überlegt angestrengt. »Nein, das glaube ich nicht.« Jede und jeder lebe von der Illusion, die ideale Paarung sei irgendwie vorbestimmt. »Aber die Wahrscheinlichkeit liegt doch unter einem Promille.«

Jetzt kommt's raus: Martin ist Versicherungsmathematiker. Ich muss laut lachen. Wir beide verstehen uns auf Anhieb und können uns auch ernsthaft unterhalten. Er hat mit der Familienplanung noch nicht abgeschlossen. »Da muss ich dich enttäuschen, mein Lieber.« Gleich nach Tonis Geburt habe ich mich sterilisieren lassen. Mit dem Kinderkriegen bin ich durch.

Der Abend vergeht wie im Flug. Wir albern, wir diskutieren, wir flirten. Über Sex verlieren wir kein Wort, als wäre es uns irgendwie peinlich. Und kurz vor Mitternacht brechen wir auf. Martin will mich nach Hause fahren, er weiß, was sich gehört. »Ich würde dir auch in den Mantel helfen, wenn du einen hättest.« Sehr witzig.

Auf der nächtlichen Rückfahrt schweigen wir einvernehmlich. Martins rechte Hand ruht auf meinem linken Knie, die ganze Strecke. Nur wenn er schalten muss nimmt er sie kurz weg und legt sie exakt dort wieder ab. *When a man loves a woman* tönt aus dem Radio. Mir läuft eine Gänsehaut den Rücken runter.

Vor meiner Haustür erwarte ich den Generalangriff. Der charmante Fetischist beugt sich zu mir rüber, packt mich am Arm und küsst mich vorsichtig auf den Hals. Dann flüstert er mir ins Ohr: »Du weißt ja, womit du mich glücklich machen kannst.« Wie könnte ich das vergessen. Mir bleiben nur wenige Sekunden für eine Entscheidung. Ich streife meine Schuhe von den Füßen. Ich drücke sie ihm in den Schoß und einen feuchten Kuss auf den Mund. Dann renne ich auf Strümpfen ins Haus.

Kapitel 6

Schmerzhafte Lehre

Wenn du Liebe brauchst und keinen Sex

Pünktlichkeit ist die Höflichkeit der Könige. Bei Königinnen sieht das anders aus. Die sollten ihre Unpünktlichkeit geschickt dosieren. Nicht zu viel und nicht zu wenig. Ich wähle exakt elf Minuten. Mit einem angedeuteten Lächeln habe ich meinen ersten Auftritt in der imposanten Lobby des Hotels *Überfahrt* zu Rottach am Tegernsee. Bernhard springt aus dem Sessel auf und eilt mir mit ausgebreiteten Armen entgegen. Die Kapelle spielt einen Tusch. Nein, Quatsch, aber der Herr macht eine ziemliche Welle. Erst ein angedeuteter Handkuss, dann eine atemberaubende Umarmung, schließlich ein besitzergreifender Klaps auf meinen Po. »Katrin! Endlich! Ich freue mich ja so, dich zu sehen.«

Das ist wie auf der großen Showtreppe. Nur gut, dass ich das beige Wollkleid wieder weggehängt habe. Selbst im Kleinen Schwarzen, langärmelig und hochgeschlossen, fühle ich mich underdressed, irgendwie im falschen Film. Aber keiner nimmt von uns Notiz, andere Gäste nicht und die Angestellten schon gar nicht. Die sind hier wohl ganz andere Nummern gewöhnt.

Sir Bernie gibt den Gentleman, ich spiele die Dame von Welt, so, als würde ich hier regelmäßig frühstücken. Ich tue cool, das kann ich gut. Nur meine Schwitzehändchen würden mich verraten. Aber die kann ich ja gleich an der Tischdecke abtrocknen. Das Buffet bietet wirklich, was das Herz begehrt. Säfte, Früchte, ein halbes Dutzend Schinkenarten und noch mehr Konfitüren, dazu Eier in allen Variationen. Doch ein bisschen mäkeln gehört für mich dazu. Ich winke der Bedienung: »Bringen Sie mir zwei Eier im Glas. Aber schön weich, bitte, und mit viel Petersilie.« Das ist eine Frankfurter Spezialität, die kenne ich von meiner West-Tante Annette, schmeckt wirklich lecker. Auch wenn es darum jetzt nicht geht, nur um die richtigen Signale. Hauptsache, der Mann an meiner Seite ist beeindruckt. Das steigert sein Begehren und meinen Marktwert. So haben wir doch beide was davon.

In Wirklichkeit bin ich beeindruckt, sogar ein wenig eingeschüchtert. Vom Ambiente und von Bernhard H. Müller. Er hat mir eine Visitenkarte mit Reliefdruck gereicht, wie ich sie noch nie zuvor gesehen habe. Da habe ich es nun schwarz auf weiß: International Real Estate. Und werde erst mal bei *Wikipedia* nachsehen müssen, was das eigentlich bedeutet. Herr Müller trägt einen schwarzen Maßanzug, dazu ein graues Polohemd mit dem kleinen Reiter auf der Brust und am rechten Handgelenk eine goldene Rolex. Alles vom Feinsten. Am meisten aber beeindruckt mich seine weltläufige Art. »Ich habe dir aus Rom was mitgebracht.« Zwischen Croissant und Champagner gibt er mir ein kleines Päckchen, auch sehr edel, geriffelter Karton in beige mit einer kunstvollen Schleife aus dunkelgrünem Band.

Ich schaue wohl mit großen Augen wie ein Kind unterm

Weihnachtsbaum. »Na, mach's halt auf.« Aus dem Kästchen funkeln mir ein Paar Ohrringe entgegen, klein und fein, eigentlich so gar nicht mein Stil, aber aus Gold und bestimmt nicht billig. »Wahnsinn«, entfährt es mir. Und dann zu ihm, mit strahlendem Blick: »So schöne Ohrringe hatte ich noch nie.« Er zuckt nur lässig die Schultern.

Und spontan ist er auch, lädt mich ein, das Wochenende mit ihm in Würzburg zu verbringen. »Dann kann ich dir mal mein Reich zeigen.« Okay, warum nicht? »Ich muss aber noch schnell ein paar Sachen packen.« Zum Glück gibt es in Tegernsee keine wirklich schlechten Wohngegenden, aber trotzdem will ich Bernie nicht mit hoch nehmen, er wartet brav in seinem dicken Mercedes. Ich steige aus der Verkleidung in die Jeans. Ich werfe einen flüchtigen Blick in den Spiegel, dann nur Zahnbürste, Schminkzeug und ein Nachthemd in die grüne Reisetasche, nichts Besonderes, aus einem Bauchgefühl heraus, so, als würde ich dem Braten nicht trauen. Und ich werfe einen Blick in den Laptop, das lässt mir doch keine Ruhe: Real Estate steht einfach nur für Grundbesitz, Immobilien. Also auch nichts Besonderes.

Es ist ein herrlicher Tag, die Märzsonne müht sich am weiß-blauen Himmel, es riecht schon nach Frühling. Wir rauschen über die Autobahn, immer auf der Überholspur. Wir quatschen über Gott und die Welt, nicht gerade tiefgängig, aber sehr entspannt. Wir hören volle Kanne Madonna, und als ich es gar nicht mehr aushalte, legt Bernie für mich sogar eine Raucherpause ein. Während ich mir die Nikotin-Dröhnung gebe, führt er mir vor, dass der Monitor im Armaturenbrett seiner Nobelkarosse weit mehr kann, als ihm den rechten Weg weisen. Der kann auch Fernsehen und Internet. Donnerwetter! »Und Kaffee kochen?« Das kann er nicht.

Hätte ich doch besser mal die Klappe gehalten. Herr Müller reagiert altfränkisch humorfrei. Und mir dämmert, dass er total auf Äußerlichkeiten fixiert sein könnte. Er achtet auf Kleidung, er besitzt Statussymbole, er ist bestens informiert, was in ist und was out. Und all das möchte er vorzeigen. Die Werber würden ihn als *markenaffin* bejubeln. Wie kann ich da seinen Ansprüchen genügen, ausgerechnet ich?

Meine innere Schönheit überstrahlt die äußere. Gut, ich habe und ich mache eine ordentliche Figur. Mit mir blamiert sich keiner. Aber mit mir kann auch keiner angeben. Ich habe schöne Beine, schöne Füße, die würden es mühelos auf die Plakatwand schaffen. Ich habe keine Orangenhaut und keine Reiterhosen, für mein Alter ist der Po zum Glück noch knackig. Und das war's dann auch schon mit den Pluspunkten. Mein Haar ist zu dünn, mein Hals zu kurz, meine Nase zu groß, und meine Zähne sind schief. Mit Bernies gewinnendem Bleaching-Lächeln kann ich definitiv nicht mithalten. Und finanziell schon gar nicht.

In Würzburg muss mir Bernhard natürlich als Erstes sein Büro zeigen. Müller International. Na, alle Achtung, ein sehr repräsentativer Altbau. Er sagt, dass er zwei Dutzend Leute beschäftigt. »Nur hier im Inland.« Wo sonst noch, frage ich nicht. Ich muss ihm ja nicht jede Vorlage liefern. Er macht ohnehin weiter nach der bewährten Methode:

mein Boot, mein Pferd, mein Haus. Es ist ein Penthouse über zwei Etagen, mit umlaufender Dachterrasse und einem faszinierenden Blick über die Stadt und runter auf den Main. Jetzt will ich wohl glauben, dass ich einen Goldfisch an der Angel habe. Aber das blockiert mich irgendwie. Vielleicht habe ich Angst vor der eigenen Courage.

Die Badewanne ist riesig und steht mitten im Raum, das Klo direkt daneben, beides nur abgetrennt von einer halbhohen Sichtblende aus Glasbausteinen. An der Wand hängt ein überdimensionaler Flachbildschirm. Ich male es mir plastisch aus: Er schaut fern, während ich mir einen abdrücke. Was für eine Kacke.

Bernhard führt mich zu seinem Stammitaliener. Ich rolle die Augen und denke: Schon wieder, aber das behalte ich besser für mich. Und es ist sowieso kein Vergleich zu gestern Abend. Hier brennen Kerzen, hier liegen Stoffservietten auf silbernen Platztellern, und hier stehen so viele hochstielige Gläser auf dem Tisch, dass ich gar nicht weiß, welches ich dem Kellner hinhalten soll. Der schenkt flott nach, meine Zunge wird erst locker, dann schwer. Wir essen flambierte Scampi, danach *Saltimbocca alla romana*. Wir reden über Italien, das Essen, die Kultur, den Papst. Ich war auch schon mal im Vatikan, aber das zählt jetzt nicht. Deshalb redet Bernhard mehr als ich, viel mehr. Und beide trinken wir zu viel.

Sex ist kein Thema mehr. Die Lust haben wir weggequetscht und zugetrunken. Todmüde krabbele ich in sein Riesenbett. Bernie rülpst ungeniert: »Rück mal rüber, ich schlafe immer links.« Mit einem Rotwein-Küsschen stecke ich beleidigt mein Revier ab. Ich drehe mich auf die Seite, und alles um mich herum dreht sich auch. Ich will nur noch meine Ruhe. Aber mein Bettgenosse rüttelt mich aus dem ersten Tiefschlaf: »Du schnarchst ja wirklich.« Verdammt! »Das habe ich dir doch gesagt«, knurre ich in die Dunkelheit. Der Idiot gibt keine Ruhe, der will das ausdiskutieren. Mit der Bettdecke unterm Arm räume ich das Feld.

Am nächsten Morgen sind wir beide verkatert. In seiner Küche steht eine gigantische Espressomaschine, ganz neu, die mein Gastgeber noch nicht bedienen kann. Ungerührt brüht er mir einen löslichen Kaffee auf. Ich glaube, ich kriege den Affen! Das geht ja nun gar nicht.

Während Bernie ein paar dringende Telefonate führen muss, hocke ich mich mit meiner Morgenzigarette an seinen schicken Apple-Rechner. Ich habe vergessen, was mich hierher geführt hat, ich fühle mich fremd. In dieser Wohnung, bei ihm und mit mir. Automatisch logge ich mich bei *Friendscout* ein, nur mal schnell checken, was sich in meinem Postfach tut: Die üblichen Flirtmatches, ein paar Nachrichten, ziemlich mager. Von meinen Favoriten ist zu dieser Stunde noch keiner online.

Als Bernhard die Treppe wieder runterkommt, runzelt er die Stirn. Ich weiß, was er denkt. Mir geht es genauso. »Besuch muss abreisen, bevor er zu stinken anfängt«, hat meine Oma immer gesagt. Ich will ihn gerade bitten, mir ein Taxi zu rufen, da kommt er mir zuvor: »Ich ziehe mich nur eben an, dann fahre ich dich heim.« Auch recht, das ist natürlich bequemer als mit der Bahn.

Wie in Trance packe ich meine sieben Sachen. Dass dies

hier ein Fehlschlag war, ist mir schon klar. Aber es lässt mich merkwürdig kalt. Wieder einer mehr, der mir nichts bedeutet. Schon abgehakt, während er mir noch beim Schminken zusieht. Auch im Abseilen kriege ich schon Routine, das erschreckt mich ein bisschen.

Sir Bernie bewahrt Haltung. Er trägt mir die Tasche in den Fahrstuhl, er hält mir die Wagentür auf, er fragt, welche Musik ich hören möchte. »Ist mir egal.« Er dreht Vivaldis *Jahreszeiten* so laut, dass unser Schweigen nicht peinlich wird. Kurz vor Nürnberg erlaube ich mir den Hinweis: »Ich habe Hunger.« Wortlos steuert Bernhard die nächste Raststätte an. Die heißt Feucht. Das muss ironisch gemeint sein.

An der Selbstbedienungstheke kann ich mich mal wieder nicht entscheiden, süß oder deftig. Müller International reagiert gereizt. »Such dir doch schon mal 'nen Platz.« Ein paar Minuten später serviert er mir beides auf einem Tablett: Rühreier mit Speck und Hörnchen mit Honig, dazu noch so eine braune Plörre. Bäh! Ich verziehe das Gesicht. Das ist der berühmte Tropfen, der nicht mehr ins Fass passt.

Bernhard platzt der Kragen. »Du könntest ruhig mal Danke sagen, wenigstens das«, fährt er mich an. Ich weiß gar nicht, wie mir geschieht. Mit ausdruckslosem Gesicht schaue ich ihn an. »Ja, gut.« Meine Antwort heizt ihn erst richtig an. Auf seiner Stirn bildet sich eine steile Falte, und mit schneidender Stimme verpasst er mir einen kräftigen Einlauf: »Was glaubst du eigentlich, wer du bist? Ich kann wirklich keinen Grund erkennen, warum du dich aufspielst wie die Prinzessin auf der Erbse. In meinem Schlafzimmer sägst du mir das Ohr ab. Unten qualmst du mir die Bude voll. Und sagst nicht einmal Bitte oder Danke. Dass ich alles zahlen darf, ist wohl auch als Gnadenerweis zu verstehen, oder? Du benimmst dich unmöglich, Katrin. Das lass dir mal gesagt sein.«

Holla, die Waldfee. Der liebe Bernie holt tief Luft für die Fortsetzung. Dann hat er es sich anders überlegt. Er köpft sein Frühstücksei und lächelt mich an, dass mir das Blut in den Adern gefriert. Jetzt kann ich mir vorstellen, wie er seine Maklertruppe faltet.

Den Rest der Rückfahrt sagen wir nur das Nötigste. Unser beider Haltung deutet auf Abwehr. Ich mache mich auf dem breiten Ledersitz so klein, wie ich mich fühle. Bei Ingolstadt nagen die Selbstzweifel, auf dem Münchner Ring haben sie mich aufgefressen. Es muss an mir liegen, dass die Sache so aus dem Ruder läuft. Bei objektiver Betrachtung hat Bernie wirklich nichts falsch gemacht. Er war charmant, zuvorkommend, bemüht. Und ich war zickig, sogar unverschämt.

Dabei bin ich eigentlich ein sehr rücksichtsvoller Mensch, der sich gut anpassen kann, niemandem zur Last fallen will. Eigentlich. Denn, das wird mir jetzt klar, ich mache Unterschiede. Sobald mir jemand wichtig ist, bin ich aufmerksam und höflich und richtig lieb. Wenn mir aber jemand gleichgültig ist oder gleichgültig wird, schlägt das um. Dann ist es mir total egal, wie es diesem Menschen mit mir ergeht, dann zählen nur meine eigenen Interessen. Natürlich ist das kein vornehmer Charakterzug, der ist sogar ziemlich mies. Schande über mich!

Bernhard und ich verabschieden uns ganz kühl per Handschlag. Ich quäle mir eine verschämte Entschuldigung ab. »Tut mir echt leid.« Mit versteinerter Miene gebe ich ihm die Ohrringe zurück. Nichts soll mich an meinen Missgriff erinnern. Er hat sich wieder völlig unter Kontrolle. »Kann vorkommen. Alles Gute!« Als er sein schwarzes Schlachtschiff schon wendet, winke ich ihm noch hinterher. »Danke, dass du mich gefahren hast.« Das dürfte er nicht gehört haben. Und dafür kann er sich auch nichts mehr kaufen. Es war wohl eher für mich gedacht, soll heißen: Ich bin noch lernfähig.

Und ich bin froh, mich in meiner Höhle verkriechen zu können. Froh darüber, dass die wilde Woche zu Ende geht. Meine Stimmung ist deutlich abgedimmt. Wo soll das noch hinführen? Ich wollte doch nur einen Mann für mich allein, den einen, der mich glücklich machen soll bis ans Ende aller Tage. Das will doch jede Frau. Und ich habe jetzt die Qual der Wahl.

Es geht mir ohnehin alles viel zu schnell. Gestern die, heute der und morgen wir. Gerade erst ein scheues Lächeln, ein paar Stunden später schon zusammen im Bett, angetrieben von der Vorstellung, dass alle hier im Kasino der Gefühle nach der großen Liebe suchen. Aber der Liebe fehlt die Zeit zu wachsen. Sie bleibt unreif wie ein grüner Apfel, den die Sonne nicht erreicht hinter dem riesigen Berg von Erwartungen. Derweil sich das Online-Karussell immer weiter dreht, beschleunigt von Illusionen und Projektionen, ungebremst von der Realität. Wie kann ich erwarten, dass eine Beziehung zwanzig Jahre hält, die in nur zwanzig Minuten verabredet wurde?

Eine SMS holt mich runter. Liebling Volksbank schlägt eine Investition in renditestarke Orgasmen vor: »Hi, Katrin, wir sollten's mal wieder richtig wild treiben. Wie wär's heute Abend? In vorfreudiger Erregung, Jürgen.« Scheiße, der hat mir gerade noch gefehlt. Nie war ich ungeiler als heute. Das muss er nicht ahnen, ich sollte fair bleiben. »Ich kann leider nicht. Liebe Grüße, Katrin.« Das ist zumindest nicht gelogen.

Wenig später tönt das nächste Ding-Dong. Der will noch nachlegen, vermute ich mal. Aber es ist meine Freundin Dorothea: »Paulchen schläft und Marta ist bei Oma. Hast du Lust auf Chat? Doro.« Das ist natürlich was anderes. »Gern, Süße. Ich werfe nur fix den Rechner an. Bis gleich. Katrin.«

Wenn wir uns mal schreiben, dann nutzen wir meist Skype. Da können wir sogar ein wackliges Kamerabild übertragen. Mit ihren Lockenwicklern sieht Doro aus wie die perfekte Klischee-Hausfrau in amerikanischen Familienserien.

ICH 14:40

Da bin ich, Süße.

SIE 14:40

Und? Wie war dein WE bisher?

ICH 14:40

Frag besser nicht.

SIE 14:41

Hey, was soll das? Ich will alles wissen.

ICH 14:41

Ich war bis eben in Würzburg, bei so 'nem Immobilien-Hai. Bernie Müller. Das ging voll in die Hose ... Aber nicht, wie du jetzt denkst ... Von Würzburg habe ich gesehen: sein Büro, seine Wohnung, 3 Nutten in der Altstadt, 30 Touristen, das Theater, eine Tankstelle und ne Sparkasse … Die Stadt ist echt schön … lach

SIE 14:42

Was ist passiert?

ICH 14:42

also … es war eigentlich ganz nett … bis er mir heute auf der Rückfahrt 'ne Standpauke gehalten hat … mir fehlt jede Form der Höflichkeit … grins … er hat in den letzten 24 Stunden nicht einmal bitte und danke von mir gehört … ich bin undankbar

SIE 14:43

uppppppppppppppsssssssssssssssssssssss … also bei mir musstest du dich ja auch für nix bedanken …

ICH 14:44

danke Schatz für den SEKT … und danke für den Kaffee … und danke für die Wärme, das Licht, den Strom und deine Aufmerksamkeit … habe jetzt alles schnell nachgeholt …

SIE 14:44

lach mich weg …

ICH 14:44

und meine Zähne fand der übrigens auch scheiße

SIE 14:44

das hat der Kerl dir so gesagt????

ICH 14:45

nee … aber ich habs gespürt

SIE 14:45

du immer mit deinen Zähnen. da haste ja schon ne echte phobie

ICH 14:45

kann schon sein. aber irgendwie findet selbst die letzte Speckbirne was zum aussetzen … grusel …

SIE 14:46

du bist soooooooooooo witzig, süße … ich würde dich glatt heiraten!!!

ICH 14:46

na, das fehlte mir noch zu meinem glück

SIE 14:47

also lass dich bloß nicht blöde anmachen von irgend so nem Platzbuttergesicht … ich finde die ganze Katrin schön.

ICH 14:47

danke Süße … ups … habe mich bedankt …

Dann ist Doros Söhnchen aufgewacht. Und es war ja auch alles gesagt. Ich fühle mich völlig erschöpft vom vielen Nachdenken. Ich gähne in einer Tour. Die Hühner werden auch müde, wenn der Fuchs sie angreift, habe ich mal gelesen. Die fallen in so eine Art Schockstarre. Mir geht es genauso.

Am frühen Abend weckt mich das Handy. Ich bin zu spät aus meiner Ohnmacht getaumelt. Und muss eine Weile über der unbekannten Nummer rätseln. 0172-[redacted]. Das könnte Bechthold sein. Wenig später kommt die Bestätigung als Kurznachricht.

ER 19:22

Kleine! Ich will Dich. Bist Du bereit? F.

Was soll das heißen? Ich bin noch nicht ganz wach. Mit zittrigen Fingern tippe ich die Gegenfrage.

ICH 19:24

Was meinst du, Frank?

ICH 19:27

Ich meine, dass Du Dich entspannen solltest. Ich werde Dir dabei helfen. Gleich rufe ich an.

Der Meister der Spannung will mich entspannen. Und ich ahne schon, wie. Aber ich habe keinen Plan, wie ich ihm das austreiben könnte. Der Typ ist gewiss eine Sünde wert, aber doch nicht heute, nicht ausgerechnet heute.

Als das Telefon klingelt, habe ich immer noch keine Ausrede. »Na?« Sein Timbre geht mir durch und durch. Aber nicht in den Schoß, der ist verschlossen. »Mach' die Augen zu, Kleine. Und spür' meinen Griff in deinem Nacken, warm und sanft und fest.« Das hat durchaus Wirkung. »Ja.« Meine Stimme ist belegt, fast tonlos. Er verführt mich, zieht mich in seinen Bann. »Ich drücke deinen Kopf an meine Schulter, dein Gesicht in meine Achsel.« Frank spricht langsam, seine Worte formen sich zu Bildern, seine Kunstpausen beflügeln meine Fantasie. »Du musst dich fallen lassen, mein Spatz.«

Und genau das kann ich heute nicht. Frank hört mich atmen, hört mein Seufzen. Und ist sensibel genug, es nicht als lustvoll zu deuten. Sondern als lautlosen Hilfeschrei. »Was ist passiert, Kleine?« Er spürt meine Blockade, seine Tonart verändert sich. Er ist immer noch ganz bei mir, aber jetzt nicht mehr als Jäger, jetzt habe ich ganz unbewusst seinen Beschützerinstinkt aktiviert.

Meine Dämme brechen. Ich schluchze auf. »Ich weiß nicht. Ich weiß gar nichts mehr.« Frank kann es auch nicht wissen. Und doch gibt er mir sofort das Gefühl, am Ende des verdammten Tunnels sei Licht, und er kennt den Weg. Tränen laufen mir die Wangen runter. »Lass sie laufen, die müssen jetzt raus.« Es ist, als halte er mich tröstend im Arm. Er streicht mir übers Haar, putzt mir die Nase wie einem weinenden Kind. Zwischen uns liegen fünfhundert Kilometer und keine Schranken mehr.

In diesem Moment ist mir Frank Bechthold näher als jeder Mann in meinem Leben. Und ich bin ihm dankbar, unendlich dankbar. Weil er mir beisteht, meine Schwäche nicht ausnutzt. Weil er mich als Mensch annimmt, nicht zur leichten Beute. Ich glaube, das ist es, was Männlichkeit ausmacht, wonach sich alle sehnen, auch die Karrierefrauen. Geborgen zu sein wie an Vaters Brust, umfangen von seinen starken Armen, die dir die Gewissheit vermitteln: Alles wird gut.

Nach einer gefühlten Ewigkeit beruhige ich mich. Er ist immer noch in der Leitung, echt besorgt und darum bemüht, mich aus meiner Traurigkeit zu befreien. »Mach dir erst mal einen Tee. Ich bleibe dran.« Ich gehorche, gehe in die Küche, nehme ihn mit. Er gibt Halt, und den brauche ich jetzt.

Der heiße Pfefferminztee tut mir gut. Ich trinke in kleinen Schlucken. Und ich erzähle Frank die lange Geschichte in noch längeren Sätzen, ab und zu unterbrochen von einem hilflosen Schniefer. Ich berichte von Müllers Fundamentalkritik, von den Fakten so neutral wie möglich, und dann querbeet von meinen Online-Abenteuern, immer ein bisschen ehrlicher, weil ich vollkommen vergessen habe, dass auch Frank nicht mehr ist als ein Kandidat. Bis ich zu meinem ganz persönlichen Fazit komme: »Ich hatte ein paar Fehlversuche, weißt du, die mich wohl mehr gerädert haben, als ich mir eingestehen mag. Aber einen wahnsinnig befreienden Orgasmus hatte ich auch. Das ist doch schon was.« Ich lache bitter.

»Nun mal gemach, Katrin.« Ich mag Franks altmodische Sprache, die hat so was Beruhigendes, so was Zuverlässiges. Und ich mag seine bedächtige Art, die Worte abhängen zu lassen. »Du hast die Kirschen zu hoch gehängt, und jetzt bist du verzweifelt, weil du sie nicht erreichen kannst.« Das habe ich nicht auf Anhieb verstanden. Geduldig übersetzt er es mir. »Ich meine, das Online-Dating ist eine junge Disziplin und folgt eigenen Gesetzen. Die musst du kennen, und an die musst du dich halten. Wenn du stattdessen deine romantischen Jungmädchenträume zum Maßstab nimmst, wirst du scheitern.«

Noch so eine Binsenweisheit mit erhobenem Zeigefinger, und ich reagiere, wie ich das bei meinem Stiefvater immer gemacht habe, mit hochgerollten Augen: »Ja, Papa.« Doch die Ironie kann ich mir sparen. Frank kriegt die Kurve, als er mir erklärt, warum die Anonymität Männer wie Frauen dazu verleitet, sich im Netz geschönt zu präsentieren, anders als im Alltag, halt so, wie sie sich selbst gern sehen würden. Hinter jedem Flirt verberge sich ein Mann, der vermutlich ganz anders ist, als ich ihn mir vorstelle. Und der sich mich ganz anders vorstellt, als ich bin. Wenn ich unter hundert einen finde, meint Frank, dessen Visionen zu meinen passen, dann sei ich gut bedient: »Wer den Prinzen sucht, muss viele Frösche küssen.«

Aber das ist doch gerade mein Problem. Wieder übermannt mich Selbstmitleid. »Weißt du, ich habe 'ne Menge Hemmungen verloren, und ich habe Routine bekommen. Aber ich blicke nicht mehr durch. Meine Beobachtungen vermischen sich, meine Gefühle auch. Was ist richtig und was ist falsch?« Ich höre Frank verständnisvoll nicken.

»Ja, klar, du weißt nicht mehr, wer du bist.« Das trifft es ins Schwarze. Die Partnersuche war immer ein spannender Prozess, doch durch die scheinbar unbegrenzten Möglichkeiten im Nirwana des Internet kommen Zweifel auf am Sinn der Selbstbeschränkung. Oder, anders ausgedrückt: Lauert an der nächsten Ecke, im nächsten Profil, nicht noch ein viel besserer Bursche? Jünger, schöner, reicher? Oder gar die allseits ersehnte verwandte Seele?

Erst wenn ich weiß, was ich will, darf ich darauf hoffen, dass Mr. Right mich will. »Und du ihn«, ergänzt Frank. Der wird mir langsam unheimlich. »Du bist doch nicht etwa ein Frauenversteher?« Mein bissiger Humor kehrt zurück. Und er wiehert mir ins Ohr: »Gott bewahre! Ich bin kein Frauenversteher. Ich verstehe nur ihre Probleme.«

Nämlich? »Die liegen im Zeitgeist«, doziert Frank. »Erst haben die Frauen ihre Männer zu Männchen degradiert, jetzt mangelt es ihnen an Wölfen, vor denen sie Respekt haben können.« Aha, daher weht der Wind. »Das müsste dir die Mädels doch scharenweise in die Arme treiben«, scherze ich. »Deshalb telefonieren wir beide«, kommentiert er trocken.

»Die letzten Machos stehen unter Artenschutz.« Es folgt die Bechthold'sche Kunstpause. »Und sind wieder sehr gefragt.« Wo er recht hat, hat er recht. Und will er auch behalten. Ein bisschen Volkshochschule muss auch noch sein. »Macho kommt aus dem Spanischen und bedeutet Mann, nicht mehr und nicht weniger.« Wieder was gelernt.

Unsere angeregte Diskussion holt mich aus dem tiefen Loch. »Was macht denn für dich eine richtige Frau aus?«, will ich von Frank wissen. »Welcher Typ zieht dich an?«

Da muss er nicht lange überlegen. »Eine richtige Frau geizt nicht mit weiblichen Attributen: Sie trägt Kleider statt Hosen, Pumps statt Turnschuhe, Strümpfe statt Strumpfhosen. Sie rasiert sich die Zähne und alles andere auch. Hinzu kommen weibliche Instinkte von Fürsorge bis Hingabe. Schließlich die Fähigkeit zu locken, zu verlocken. Und die Erkenntnis von Yin und Yang, dass nur aus Schwäche Stärke erwachsen kann, aus jeder Niederlage ein Sieg. Eine Frau muss und sollte nicht all das können, was ein Mann kann. Genauso wenig umgekehrt. Ich will das Weib in der Frau.«

Hammerhart! Diese wuchtige Ansage macht mir Angst. »Das meinst du so, oder?« Ich kann Franks Grinsen durch den Hörer sehen. Und dabei belässt er es auch. Der Vorhang fällt, und alle Fragen bleiben offen.

Ich bin leer geweint. Und ich habe Glück gehabt, dass ein unbekannter Held mich vor dem Absturz gerettet hat. Alles auf Anfang. Jetzt muss ich schlafen. Morgen ist auch noch ein Tag.

Kapitel 7

Auch Männer sind nur Menschen

Warum Arroganz der Auslese dient

Der Schock sitzt tief, und das befördert meine Arbeitsmoral. Im Büro mache ich mich Montagfrüh gleich an die Ablage, die ich schon wochenlang vernachlässigt habe. Als um zehn Uhr der Chef gut gelaunt das Sekretariat betritt, stehe ich schon knöcheltief in den Aktendeckeln. »Respekt, Frau Kropf, das lobe ich mir.« Wenn der um die Hintergründe meiner Arbeitswut wüsste.

Die Sache mit Bernie geht mir nach. War es nun ein Sieg oder eine Niederlage? Sicher haben wir beide verloren, bevor es überhaupt losging. Er die Chance auf eine Frau, die ihn bewundert. Und ich die Chance auf ein sorgenfreies Leben. Oberflächlich betrachtet. Denn dass ich auf Dauer zu ihm aufgeschaut hätte, ist doch höchst unwahrscheinlich. Beim Blick hinter die glitzernde Fassade wäre Herr Müller doch unweigerlich zum Müllerchen geschrumpft. Regional statt international.

In der Langzeitperspektive spricht das für einen Sieg. Auch der Sack voll schmerzhafter Selbsterkenntnisse, zu denen mir das missglückte Wochenende verholfen hat. Korrektur: Zu denen mir Bernhard verholfen hat. Er hat ausgesprochen, was überfällig war. Aber soll mal bloß keiner glauben, dass ich es nicht als üble Niederlage empfinde, wenn ein Mann mich nicht begehrt. Dieser Großfürst aus dem Frankenland hat nicht mal versucht, mir ans Knie zu langen. Dem reichte, dass ich seinen Heldentaten lauschte. Und irgendwann reichte ihm auch, was er sah. Nicht mal im Bett hat er mir die Gelegenheit gegeben, ihn abzuweisen. Das nagt.

Keine Frau auf der Welt wird verschmäht, ohne dass es ihr was ausmacht. Das sieht sie immer als tiefe Schmach. Und dabei spielt es überhaupt keine Rolle, ob sie den Typ begehrt oder nicht. Entscheidend ist einzig, dass er sie zu begehren hat. Und wenn er das nicht tut, dann kann mit ihr was nicht stimmen. Dann ist sie kein richtiges Weib. Und dann kann sie sich tausendmal sagen, dass es für den Mann gute Gründe gab. Vielleicht weil er zu betrunken war wie Sir Bernie. Oder geblendet von überirdischer Schönheit. Oder überfordert von herausragender Intelligenz.

Das hilft dann alles nichts. Dann hilft nur noch eine Erklärung, mit der wir uns selbst belügen können. Der Kerl kriegt doch sowieso nie einen hoch, der ist doch impotent. Oder schwul. Oder beides. Auch wenn es dafür nicht das geringste Indiz gibt, eine Theorie kann gar nicht abwegig genug sein, dass sie uns Frauen nicht als Totschlagargument zur Verteidigung der Illusion von der eigenen Attraktivität diente. Davon lebt die Modebranche. Und die Kosmetikindustrie. Und davon leben neuerdings auch die Schönheitschirurgen. Dieser ganze Zirkus hat doch nur einen Zweck: Uns all die Fummel, all die Cremes und all die Titten zu liefern, mit denen wir Männer locken können. Um uns in ihrer Reaktion zu drehen wie vor dem Spiegel. Ich hab die

Haare schön, ich hab das Röckchen kurz, ich hab die Lippen voll.

Reaktion ist übrigens gut gesagt. Ich erwarte, nein: ich verlange, dass ein Mann erigiert, wenn ich mich vor ihm ausziehe. Und ich bin enttäuscht, wenn diese Reaktion ausbleibt. Dann kommen sofort die Selbstzweifel, siehe oben. Ein Witz, über den Rüdiger Zwo sich wegschmeißen konnte, bringt das auf den Punkt, weil ein paar Machos diese krude Frauenlogik durchschaut haben. Liegt ein Kerl auf dem Sofa, lässt sich von einer bildschönen Blondine einen blasen, kriegt aber keinen Steifen. Nach einer Viertelstunde wird ihm das zu bunt, und er raunzt das Mädel an: Hey, passiert dir das öfters?

Am Nachmittag habe ich das Chaos gelichtet: viel gelocht und abgeheftet, noch mehr weggeworfen, einiges neu beschriftet, anderes umgelagert. Und mit dem Leitz-Ordner in der Hand überfällt mich die Einsicht. Ich brauche ein System. Ein System, mit dem ich mein Leben ordnen kann, was konkret bedeutet: Ich brauche ein System, um die Männer zu sortieren. Gut, Schlecht, Vielleicht, Ungeklärt. Und ich brauche eine Rangliste, die ich bei Bedarf aktualisieren kann, sozusagen eine Hitparade der Volksgenossen.

Die Idee fasziniert mich. Und wenn mich etwas fasziniert, dann komme ich ganz schnell aus dem Quark. Eine Datenbank muss her. Wozu habe ich mich damit rumgequält, Excel zu lernen? Okay, natürlich hatte das dienstliche Gründe. Wir benutzen das Programm für die Personalführung. Doch jetzt kommt es mir auch für meine privaten Zwecke sehr zupass. Ich muss Zellen und Zeilen formatieren, Makros und Filter einrichten. Vor allem aber muss ich Kriterien für die Kandidaten definieren: Alter, Größe, Gewicht, Name und Nickname, schon klar. Dazu das Datum des Erstkontakts und alle weiteren Kontakte, schriftlich, telefonisch oder in der persönlichen Begegnung.

Puh, das wird ganz schön komplex, ich komme richtig ins Wirbeln. Dabei fehlt noch das Eingemachte: all die Merkmale, nach denen ich meine eigene Favoritenliste gewichten könnte. Welche Bedeutung hat es, ob ein Mann raucht oder nicht? Wie er sich zu meinem Laster stellt? Mit welcher Stimme er was sagt? Wann er mich berührt, wo und wie? Fragen über Fragen. Und lauter Stellschrauben, die ich in die eine Richtung drehen kann oder andersrum. Und plötzlich begreife ich, dass vor diesem Problem Hunderte, Tausende, vielleicht Hunderttausende anderer Menschen stehen, die nach dem passenden Partner suchen.

Eine solche Muster-Datenbank hat kommerzielles Potenzial. Die sollte ich *Friendscout* anbieten und den anderen Internet-Plattformen. Mit der Rasterfahndung lässt sich vielleicht nicht das große Geld machen, aber eigentlich braucht so ein Tool doch jede, die nicht den besten Typ vergraulen will, weil sie die Vornamen durcheinanderbringt oder nicht mehr weiß, was sie ihm beim vorigen Chat anvertraut hat.

Ich bin ganz euphorisch, dabei habe ich schon längst Feierabend. Und bin noch auf ein Bier mit Margit verabredet, einer unserer Kellnerinnen, mit der ich mich etwas angefreundet habe. Die wird unten schon auf mich warten, um fünf war ihre Schicht zu Ende.

Margit stammt von einem Bauernhof. Sie hat einen Soldaten-Freund, den sie heiraten möchte, sobald er aus seinem Afghanistan-Einsatz zurückkehrt. Die beiden wollen Kinder und sparen auf ein Haus. Wenn diese Frau von ihren Plänen erzählt, dann kommt mir das vor wie eine Geschichte aus längst vergangener Zeit. Es klingt so entschlossen, so richtig und so einfach. Ich höre ihr staunend zu, wie jemand, der als Erwachsener seine alten Eltern besucht. Mir wird ganz warm ums Herz.

Als ich abends kaum zu Hause bin, ruft Bechthold an. »Da will ich mich doch mal nach deinem Seelenheil erkundigen.« Das hatte ich nun wirklich nicht erwartet. Dieser Mann ist ein echter Kümmerer, einer, der lieber Eier legt, als lange zu gackern. Schon an meiner Stimme merkt er, dass ich gut drauf bin, nicht nur, weil aus einem Bier drei oder vier geworden sind. »Du, Frank, ich muss dir unbedingt was erzählen.« Mit meiner genialen Datenbank-Idee kann ich natürlich nicht hinterm Berg halten.

Er hört zu, er fragt nach, er stimmt zu. »Sehr gut, das klingt vernünftig.« Auch Frank geht davon aus, dass nicht nur wir beide unsere Flirts irgendwie verwalten müssen. »Wenn du so eine Vorlage wirklich marktfertig machen willst, kann ich dir bei einem richtig guten Programmierer die Tür öffnen.« Danke, aber ganz so schnell schießen die Preußen nicht. »Ich will nicht reich werden, ich will einen Mann, den einen Mann, nur für mich. Schon vergessen?«

Bechthold sagt, er sei froh, dass ich wieder fröhlich bin. Und ich antworte ihm, dass ich darüber froh bin. Das meine ich ernst. Überhaupt bin ich froh darüber, dass ich bei ihm nicht ständig sinnfrei rumblödeln muss. Eben das, was ich bei anderen so gern tue, wenn das Date noch bevorsteht. Mit ihm geht das nicht, und den ersten Anlauf zum Telefonsex habe ich ja auch vermasselt.

»Heute war ich nicht online«, verkünde ich Frank so stolz, als hätte ich vierundzwanzig Stunden keine Zigarette angerührt. »Vielleicht sollte ich mich abmelden. Und lieber öfter mal S-Bahn fahren. Was meinst du?« Mein Ratgeber kann sich einen gut gemeinten Rat nicht verkneifen: »Du solltest das Kind nicht mit dem Bade ausschütten.« Denn eine Singlebörse sei nichts weiter als eine Plattform für zielgerichtete Kommunikation. »Ich kann es nicht mehr hören, wenn alle Welt klagt, dass dort nur lauter Irre unterwegs sind. In Wahrheit ist es ein Spiegel der Gesellschaft. Die meisten Mitglieder dort sind so irre wie du und ich.«

Da sagt er was. Und der ganz normale Wahnsinn will organisiert sein. Am nächsten Tag habe ich meine Excel-Tabelle so weit, dass ich die Felder füllen kann, aus dem Gedächtnis und den gespeicherten Nachrichten. Vorn der Nick, dann das Datum des ersten Kontakts, der Vorname, dazu der Nachname, wenn ich den schon kenne, das Alter und so weiter. An Augen- und Haarfarbe erinnere ich mich meist gut, die Körpergröße kann ich dem *Friendscout*-Profil entnehmen. Am meisten Spaß macht mir die Gewichtung der einzelnen Attribute. Größe ist ganz wichtig, dann die Figur, dann die Hände. Ungepflegt geht gar nicht. Wo er wohnt und wie, rangiert weiter hinten. Das ließe sich ja notfalls ändern. Dann kommen seine Klamotten, das Auto noch dahinter. Obwohl, älter und kleiner als meines sollte es ja nun auch nicht sein.

Ich merke schon, die Sache wird kompliziert. Einsteins Relativitätstheorie kommt mir immer wieder in die Quere. Sind ausgelatschte Schuhe genauso wichtig wie abgekaute Fingernägel? Oder wichtiger als ein voller Aschenbecher? Und wie viel Trinkgeld er gegeben hat, wenn wir essen waren? Der Teufel steckt im Detail. Aber rauskommen soll das große Ganze, eine ganz eindeutige Favoritenliste. Das gleicht der Quadratur des Kreises. Und darüber sollte ich noch mal schlafen. Mindestens einmal.

Abends zappe ich durchs Fernsehprogramm, unkonzentriert wie selten. Ich ertappe mich dabei, dass ich auf Bechtholds Anruf warte. Seine Ansprache fehlt mir. Das ist natürlich albern, aber Fakt. Ich bin doch nicht etwa dabei, mich in ein Phantom zu verlieben? Davor hat doch gerade er mich gewarnt, wenn ich das richtig verstanden habe. Ich klappe den Laptop auf und schreibe Doro eine Mail.

ICH 21:39

Mein Dorolein, ich muss dir noch unbedingt von Bechthold erzählen, Frank Bechthold, meinem Retter in düsterer Stunde … Das ist ein Architekt aus dem Kohlenpott, mit dem ich schon 'ne ganze Weile schreibe. Der hat bei FS so 'n hammerhartes Macho-Profil. Am Sonntag hat er mich am Telefon angemacht. Aber da war ich ja nun gar nicht in Stimmung wegen Bernie, du erinnerst dich. Na, was soll ich dir sagen? Frank hat sofort rausgehört, dass was nicht in Ordnung sein kann. Stell dir vor, der hat sich meinen ganzen Schmus angehört und mich dann aufgebaut. Es war ein richtig gutes Gespräch. Und gestern noch mal. Seine

Stimme geht mir ja eh durch und durch. Ich hätte nicht übel Lust, nach Dortmund zu düsen. Aber der hat mich schon mal abblitzen lassen, als ich ihn besuchen wollte. Jetzt ist er dran. Was meinst du, soll ich ihm verschärft nachsteigen?
Deine Katrin

Dass diese Frage mir den Schlaf raubt, kann ich nicht behaupten. Ich schlafe wie ein Murmeltier. Am nächsten Morgen finde ich Doros Antwort.

SIE 07:20
Hey, da haste doch nicht etwa den Joker gezogen??? Einen ganz lieben Macho, davon träumen doch alle. So männlich wie Rambo und trotzdem wie wir, einfühlsam, verständnisvoll, immer hilfsbereit. Hahahahaha ... Im Ernst, du Süße, das klingt viel zu schön, um wahr zu sein. Vorsicht!! Der Typ hat bestimmt 'nen Mega-Haken, das kannst du erst merken, wenn er vor dir steht. Bau dir den bloß nicht zum Halbgott auf. Das ist auch nur ein Mann, einer von vielen. Du hast doch jetzt die große Auswahl. Ich beneide dich übrigens nicht ... bloß ein klitzekleines bisschen.
Bin in Eile, muss Paulchen in den KG bringen.
Kussi!!!

Halbgott ist gut. Ich muss laut lachen. »Was amüsiert Sie denn so, Frau Kropf?« Der Chef steckt den Kopf zur Tür rein. »Meine Freundin hat sich in den Lehrer ihres Sohnes verliebt.« Was Besseres ist mir auf Anhieb nicht eingefallen. Dass Paulchen gerade erst in den Kindergarten marschiert, kann er ja nicht wissen. »Wem's genügt«, murmelt er sich in den Bart und verschwindet runter in die Brauerei. Heute kann ich mich wieder meiner privaten Datenbank widmen.

Gut ein Dutzend Kandidaten sind schon eingetragen. Fakten, Fakten, Fakten. Und dazu meine Bewertungen, manchmal ätzend, manchmal milde, immer subjektiv. Hier kann ich mich mal so richtig austoben, es sieht ja keiner. Im ersten Durchlauf gewinnt Gerd Lambert, der Mann vom Radio, und das gibt mir mal wieder einen kleinen Stich ins Herz. Dieser elende Feigling! Warum ist der bloß nicht zu fassen? Ich darf gar nicht drüber nachdenken.

Dann folgt Bechthold, das ist keine Überraschung, denn den habe ich auch ziemlich durchgängig positiv bewertet. Nur sind bei ihm noch ein paar Felder offen geblieben, weil ich keine Ahnung habe, wie er riecht, wie er sich anfühlt. Platz drei belegt vorläufig Jürgen vom anderen Ufer mit der Geschichte meines O. Und am Ende der Tabelle, längst abgestiegen, rangieren der schöne Urs und Dirk, der flotte Testfahrer.

Nachdem ich meine Datei ein paar Mal hin und her sortiert habe, liegt der Gedanke nahe, dass meine Database zu klein sein könnte. Zum Glück weiß ich ja, wo es Nachschub gibt. Es juckt mir in den Fingern, und nicht nur da. Nach vier Tagen Enthaltsamkeit bin ich wieder drin, zapple im Netz wie all die anderen, auf der Suche nach dem kleinen Kick oder dem großen Griff. Ob ich schon ein Online-

Junkie bin? Schon möglich, die Grenzen sind ja fließend. Aber Nikotin ist bestimmt schädlicher.

Die Jungs sind auch schon alle da, alte Bekannte und neue Verehrer. Nur Frank Bechthold macht sich rar, war schon zwei Tage nicht eingeloggt, wie mir in meiner Favoritenliste angezeigt wird. Aber das ist noch kein Grund zur Beunruhigung, der hatte was von einem Geschäftstermin in Stockholm erwähnt, fällt mir ein.

Ein bisschen Geplänkel mit einem Münchner Tierarzt, ein paar Unverbindlichkeiten in die alte Heimat, nur so zum warm werden. Nach ein paar Minuten hat mich Martin am Wickel, der Biedermann mit dem Schuhfetisch. »Hallo, Katrin, ich habe gesehen, dass du online bist. Wie gehts denn so?«

Zu einer Antwort kann ich mich eine Viertelstunde nicht durchdringen. Dann doch, weil mir was eingefallen ist.

ICH 11:12

Ich friere an den Füßen.

ER 11:13

☺ willste deine schönen Schuhe wiederhaben? Die leisten mir aber gute Dienste …

ICH 11:16

Dann behalt sie erst mal … ich habe noch ein Paar. Und jetzt leider keine Zeit mehr, ich muss arbeiten.

ER 11:17

Oh, wie schade. Aber ich hoffe, wir sehen uns bald mal wieder???? ich möchte so gern an deinen Zehen lutschen!

Kommt Zeit, kommt Rat. Jetzt ist mir nach neuen Abenteuern. Das Wochenende naht, und ich bin noch ohne Date. Das geht nun wirklich nicht, was sollen denn die Leute denken.

Auf Martin folgt nach der Mittagspause Ingo, laut Profil ein Jahr jünger als ich und mit einem Foto, das ein sensationell ansteckendes Lachen aus einem Allerweltsgesicht transportiert. Aber mit Brille, immerhin. Sein Nickname ist auch vielversprechend: *Standup*.

ER 13:58
mach dir einfach mal ein kompliment, bist sicher eine der interessantesten frauen, die hier bei fs sind, denke, du weißt es auch
ICH 14:00
Ja, ich weiß, aber trotzdem danke …
ER 14:00
deine arroganz gefällt mir
ICH 14:01
mir auch
ER 14:02
biste immer so oder ist das nur selbstschutz?
ICH 14:03
Durchgängig, mein Lieber. Meine Arroganz dient der Auslese. Ich weiß, wer ich bin und was ich kann …
ER 14:04
dann kannste mir bestimmt mal deinen VIP aufmachen
ICH 14:05
Gern, der Herr, wenn's weiter nichts ist …

ER 14:08

du hast ja super beine, auf die kannste echt stolz sein

ICH 14:10

bin ich auch

ER 14:11

und was sonst noch?

ICH 14:11

jetzt bin ich mal dran mit fragen ... Was ist dir wichtig in ner Beziehung?

ER 14:13

nicht eingeengt zu sein, trotzdem die liebe zu leben, gemeinsamkeiten entdecken, und sex ist mir auch wichtig

ICH 14:15

Wie oft würde ich in der Woche einen Anruf bekommen, ohne dass es Dich einengt ...?

ER 14:15

wenn es dir nicht zu viel wäre, mindestens einen am tag ... ich telefoniere gern

ICH 14:16

Nur mit mir oder auch mit anderen? ... klammere ich jetzt schon?

ER 14:18

lach ... nein, erst kurz davor

ICH 14:18

Dann kann ich ja weitermachen: wie lebst du die Liebe?

ER 14:19

ich verwöhne meine partnerin mit kleinen überraschungen und lasse meine arbeit im laden. zu hause bin ich nur für sie da.

ICH 14:19

Das finde ich ziemlich toll. Und noch?

ER 14:20

wir schlafen gemeinsam ein und wachen gemeinsam auf.

ICH 14:20

träumt ihr auch dasselbe?

ER 14:21

verarscht du mich gerade, Katrin? …

ICH 14:22

Hör zu, Hasi, ich erklärs dir gern ausführlicher. Das, was Du da beschreibst, wollen wir alle. Ein Leben auf dem Ponyhof. Ich frage mich nur, wo kommen bloß all die zerbrochenen Beziehungen und Seitenspringer her?

ICH 14:23

Und jetzt kommt meine große Offenbarung. Ich schenke sie dir, nach nur ner halben Stunde Chat: so wie du dich beschreibst, sehe ich mich auch. Liebenswert und perfekt. Also mach Dir nix vor und mir bitte auch nicht.

ICH 14:25

Und wenn du mich jetzt immer noch treffen möchtest: herzlich gern!

ICH 14:37

Hallo!!! Ist da noch wer???

Als ich abends zu Hause in den Rechner schaue, ist *Standup* nicht mehr online. Macht nichts, wer nicht will, der hat schon. Dafür komme ich mit Gary Schuster ins Gespräch, einem Sohn deutscher Amerika-Auswanderer, der in Zürich lebt. Nicht schon wieder Schweiz, denke ich zuerst, aber unser schriftlicher Dialog lässt sich ganz gut an. Der Ami ist Europa-Manager bei einem Computerkonzern, seine Fotos zeigen ihn mit Strahlelächeln beim Skilaufen in den Rocky Mountains. »Bei Olympia ich betreue unsere alpin national team.« Nicht schlimm, das muss ja auch irgendwer tun. Und irgendwann muss er auch die Katze aus dem Sack lassen: »Sweety«, schreibt er, »tomorrow habe ich den ganzen Tag Meeting in Munich. Da könnten wir doch abends ein Date haben.« Warum nicht? Ich habe frei, und er hat bestimmt ein Spesenkonto. Außerdem finde ich sein deutsch-englisches Kauderwelsch ganz niedlich. »Okay, Honey«, antworte ich, »wo sollen wir uns treffen?« Er bittet mich, ihn um sieben im *Hilton am Tucherpark* abzuholen. Vornehm geht die Welt zugrunde.

Ich räume meinen Schreibtisch auf, trenne die Naht an der weißen Bluse mit den Stickereien auf, schaue dabei Fernsehen, klicke mich ein bisschen lustlos durch den Männershop. Nach den *Tagesthemen* meldet sich *Standup* doch noch. Ich nehme den Chat an.

ER 23:04

hallo katrin, bist du steinbock???

ICH 23:06

ganz leise: ja

ER 23:07

dezember oder januar?

ICH 23:07

januar

ER 23:07

ok, glück gehabt

ICH 23:08

ich glaube, da gibt es keinen Unterschied …

du hältst dich gerade an einem Strohhalm fest …

lach …

ER 23:08

doppel-lach

ICH 23:09

wer war Steinbock … deine Frau?

ER 23:09

yes

ICH 23:10

wie lange wart ihr zusammen …

ER 23:10

5 jahre

ICH 23:11

na, das ist doch nicht so schlecht … oder? wir müssens erst mal länger schaffen …

ICH 23:11

ach nee, Du bist ja noch verheiratet … na ja, ich habe jetzt die große Klappe, weil ich meinen scheidungstermin schon habe … 2. Mai. Hurra! Wir leben aber schon ewig getrennt.

ER 23:12

wir müssen noch warten, bei mir läuft die scheidung gerade erst an

ICH 23:14

Wovor hast Du Angst …

ICH 23:15

sicher davor, dass ich das mit dem Heiraten ernst gemeint habe … grins

ER 23:15

bring genügend wein mit kein problem

ER 23:15

vor schlangen und vor menschlichen enttäuschungen

ICH 23:16

du meinst, du musst mich schönsaufen???

ER 23:16

lach. Nein, bestimmt nicht. ich meinte doch, du musst keine angst haben, wenn ich 'ne flasche wein mitbringe.

Im Chat ergeben sich manchmal richtig komische Dialoge. Meist dann, wenn ich noch einen Gedanken nachtragen will, bevor er geantwortet hat, wenn wir also gleichzeitig tippen und sich seine Antwort auf meine vorige Aussage bezieht. Falls sich dann nicht beide sofort disziplinieren, lässt sich das Wortknäuel kaum noch entwirren. Aber hier hat das seinen Reiz. Die herrlich verdrehte Finte entspannt ihn, dann auch mich, weil ich selber nicht mehr durchsteige.

Ingo hat offenbar Humor, und das ist gut so. Ich denke, dass viele Männer dessen Bedeutung dramatisch unterschätzen. Ich will unterhalten werden. Und ich vermute, damit stehe ich nicht allein. Das würde auch erklären, warum viele tolle Frauen mit Typen zusammen sind, die längst nicht so attraktiv aussehen wie sie. Seit alters her gilt die Regel: Eine Frau wirkt auf den ersten Blick, ein Mann mit dem ersten Satz. Punkt. Daran haben auch Alice Schwarzer und Co. nichts ändern können. Mir ist einer, der mich regelmäßig zum Lachen bringt, allemal lieber als ein langer Schwanz. Bei dem könnten mir die Tränen kommen.

Was mir bei Ingo kommt, ist noch nicht absehbar. Ihm gehört ein Sportgeschäft in Starnberg, das er von seinem Vater übernommen hat. Er findet mich anziehend, ich finde ihn nicht abstoßend. Also verabreden wir uns für Samstagabend nach Ladenschluss, irgendwo auf halber Strecke, er will sich was überlegen.

Sein Anruf ereilt mich, als ich am Freitag auf dem Weg nach München bin, wie immer zu spät. »Kennst du Dietramszell?« Ich kenne mich noch gar nicht aus in der bayerischen Pampa, aber das sollte ja kein unlösbares Problem sein. »Nö, aber wozu gibt's das Navi?« Ingo lädt mich in die Klosterschänke ein, und er betont es ausdrücklich: »Ich lade dich ein, Katrin.« Ja, schon recht. »Also, morgen Abend gegen halb acht. Hast du noch Sonderwünsche?« Bei dieser harmlosen Frage bleibt ihm erstmal die Spucke weg. »Äh, äh«, stammelt er verlegen. »Ja, bitte?« »Was dürfte ich mir denn wünschen?«, möchte er wissen. »Vielleicht, dass ich dir 'nen Lutscher mitbringe. Oder mir für dich was Schönes anziehe. Worauf stehst du denn?« Nach einigem Hin und Her rückt er endlich damit raus: »Stiefel finde ich geil.« Na also, geht doch. Stiefel soll er kriegen.

Für den Ski-Ami habe ich mir auch was Hübsches ausgedacht: Leggings mit hohen Hacken und drüber ein schnuckeliges Kleidchen, nicht zu lang, aber auch nicht zu kurz.

Für mich hat es die perfekte Länge. Die ist individuell, aber nur wenige Frauen kennen sie. Es geht oft haarscharf daneben. Zwei, drei Zentimeterchen zu kurz wirken schon bitchy, zwei, drei zu lang sofort trutschig. Dabei ist es kriegsentscheidend, wo genau der Rock das Knie umspielt.

Ich weiß genau, wie mein Unterschenkel zur stärksten Waffe im Geschlechterkampf wird. Der Gang ist entscheidend, aufrecht, aber bloß nicht steif. Beim Hüftschwung auch nicht übertreiben, weniger ist mehr, das habe ich ja schmerzlich lernen müssen. Es hilft alles nichts. Gary Schuster ist ein großer Cowboy, neben ihm wirke ich wie ein Püppchen. Lachend schließt er mich in die Arme. »Hi, Sweety, you're looking marvelous.« Mein Englisch ist nicht so doll, daran müsste ich dringend was tun. In der Schule hatten wir drüben alle Russisch. Aber dass es ein Kompliment war, habe ich schon mitgekriegt.

Gary hatte einen anstrengenden Tag, und jetzt hat er keine Lust mehr, außer Haus zu gehen. Außerdem ist er ja fremd in der Stadt. Deshalb hat er im Hotelrestaurant schon einen Tisch reservieren lassen. Er begleitet mich zu meinem Platz, formvollendet rückt er mir den Stuhl zurecht. Der Bursche hat Manieren. Natürlich bestellt er sich ein T-Bone-Steak, *medium rare*, das macht ein Texaner überall auf der Welt, dazu ein *Bavarian beer*. Dass ich nur einen Salat mit Putenbruststreifen möchte, quittiert er mit hochgezogener Augenbraue.

Kaum sind die Getränke serviert, beginnt Gary zu erzählen. Von seinen Eltern, die in den Fünfzigerjahren in die Staaten ausgewandert sind, von den US-Skiboys und von seinem Job. Vor allem von seinem Job. Er ist *CFO,* verantwortlich für das gesamte Europageschäft, *you know?* Nein, weiß ich nicht, das muss er mir übersetzen. Er ist also der *Chief Financial Officer,* zu deutsch: Der Herr der Zahlen, so eine Art Oberbuchhalter von dem Laden. »Wie viele Computer verkauft ihr denn in Deutschland?«, erkundige ich mich beflissen. Sofort zückt er sein Blackberry, tippt sein Passwort ein, zapft online den Firmenrechner an und verkündet Sekunden später: »9.722 units last month.« Das sei ein Zuwachs um 4,37 Prozent gegenüber dem Vorjahresmonat.

Ich bin beeindruckt. Und kapiere schnell: CFO zu sein in einem amerikanischen Konzern bedeutet viel Arbeit, sehr viel Arbeit. Und selbst über den Atlantik ist man nicht weg vom Schuss, die Bosse führen ihn an der kurzen Leine. Jeden Tag muss er reporten, und eigentlich ist er immer im Dienst. Der Deal, den er heute mit einer deutschen Handelskette eingefädelt hat, könnte jederzeit noch an den Konditionen platzen, die er sich vom *Headquarter* genehmigen lassen muss.

Gary erzählt nur von sich, nein: Eigentlich erzählt er ununterbrochen von seinem Job, ohne eine einzige Frage an mich zu richten. Ich interessiere ihn überhaupt nicht, er braucht nur Gesellschaft, eine Zuhörerin, einen Bewunderer. Geschlagene drei Stunden textet er mich zu. Ich verstehe nur Bahnhof. Und grübele, ob ich zu blöde bin oder er zu blöde ist, weil er gar nicht merkt, dass ich Zacken in meine Serviette falte, geistesabwesend in der Dessertkarte blättere, dass mein Blick in die Ferne schweift.

So kann das nicht weitergehen. Aus dieser Falle muss ich raus. Ich bitte, mich zu entschuldigen, und schicke von der Toilette aus einen Hilferuf an Dorothea: »Rette mich! Schreib mir 'ne SMS, es ist was mit Toni, und ich soll sofort nach Hause kommen.« Der Trick funktioniert. Kaum bin ich wieder oben, piepst mein Handy. Ich lese die Nachricht und tue ganz erschrocken. Nur gut, dass ich Gary noch nicht erzählt hatte, dass mein Sohn gar nicht bei mir wohnt. Aber auch von dessen hohem Fieber lässt er sich nicht erweichen. »Well, let's have a night cup.« Er packt mich am Arm und will mich in die Bar ziehen. Ich muss mich ziemlich energisch loseisen.

Wieder nichts mit einem sorgenfreien Leben in der Schweiz. Zum Teufel auch, so viel Schmerzensgeld kann mir keiner zahlen. Ich sitze in meinem kleinen Fiat und denke so bei mir: *My home is my castle.*

Samstag kann ich ausschlafen. Und mache mir so meine Gedanken über den neuerlichen Schlag ins Wasser. Im Tagesbericht an meine Freundin Doro kann ich sie sortieren.

ICH 11.32
Hallo mein Doroschatz,
danke, danke, dass Du mich gerettet hast, hatte in München ein Date mit Ami-Gary. Das ging ja gar nicht. Ich habe noch nie einen Menschen kennengelernt, der so in seine Arbeit und in sich selbst verliebt ist. Es kam mir so vor, als ob man ihm versprochen hat, diesen Milliarden-Weltkonzern nächstes Jahr übernehmen zu können, so stellt der sich an. Drei Stunden habe ich mir das

Geleier anhören müssen, und dabei habe ich kein einziges Wort von seinem Wirtschaftsgefasel verstanden. Gestern stand ich an der Grenze meiner Intelligenz. Und da ich mich für überdurchschnittlich intelligent halte J, ist das doch schon der Hammer, oder? Eigentlich achte ich schon beim Kennenlernen drauf, wem ich nicht gewachsen sein könnte. Wenn ich im Profil lese, dass einer hochtrabende Literatur liest, die auch noch versteht und dann mit Fremdwörtern um sich schmeißt, werfe ich schon das Handtuch. Bei Gary habe ich das irgendwo verpennt oder total übersehen. Heutiges Fazit: Besser ein Mann, der nen bisschen blöder ist als man selbst.

Doro antwortet nicht. *Desperate housewife!* Die hat ganz andere Sorgen als meine. Die hat ihre Kinder, die hat ihren Freund, und der hat auch Kinder und eine Ex. Patchwork allerorten. Ich habe meine Freiheit, und ich habe meine Freizeit, aber keinen, der sie mit mir teilt. Es gibt schon sehr viele verschiedene Lebensentwürfe, dabei werden die Schnittmengen immer kleiner, habe ich den Eindruck. Das meiste hängt von Zufälligkeiten ab, wer wo auf wen trifft, in welcher Stimmung, unter welchen Umständen. Womit wir wieder bei John Lennon und seiner bahnbrechenden Erkenntnis wären: Das Leben lässt sich nicht planen. Und doch versuchen es die meisten immer wieder. Ich auch. Von buddhistischem Gleichmut bin ich noch meilenweit entfernt.

Dietramszell liegt mir näher. Von meiner Haustür bis zur besagten Klosterschänke sind es laut Routenplaner nur

29,8 Kilometer. Da reicht es, wenn ich um halb sieben losfahre. Am Nachmittag ruft Ingo noch mal an, um sich zu vergewissern, dass es bei unserer Verabredung bleibt. »Du, ich stelle mir schon deine Stiefel vor. Sind sie rot oder schwarz?« Rot, ich glaub's wohl. Da könnte ich mir ja gleich »Fick mich!« auf die Stirn schreiben. Und das werde ich nicht tun, obwohl mir jetzt durchaus nach aktiver Entspannung wäre. Auf meiner Couch spiele ich mir gedankenverloren zwischen den Beinen, während er mich am Telefon heiß macht. »Du kannst sie ja anbehalten, deine Stiefel. Das sieht bestimmt geil aus, wenn ich dich von hinten nehme.« Mir scheint, der Typ ist auch ganz schön ausgehungert. Wir müssen miteinander schlafen, am besten gleich heute. Vielleicht sind es 29,8 Kilometer zu weit bis zum nächsten Bett. »Gehen wir zu dir oder zu mir?«

Wir werden unsanft gestört. Kundschaft! Eine seiner Verkäuferinnen ruft ihn in den Laden. Ich stimuliere mich derweil vor der Schublade mit den Dessous. Die gute Vorbereitung ist schon das halbe Vorspiel. Ein schwarzer String, mal kurz am Schambein lang gezogen, das kitzelt so schön. Dazu Stay-ups aus Satin, und meine beiden besten Argumente in einen Push-up mit Spitzen gehoben. Uns Ingo soll Augen machen.

Meine Stiefel werden auch bei Beate Uhse angeboten: Zwölf Zentimeter Absatz, der Schaft aus sandfarbenem Stoff, mit lauter Ösen von oben bis unten, durch die ich die Schnürsenkel einfädeln muss. Und den Reißverschluss des weißen Etuikleids bekomme ich auch kaum zu. Ohne Fleiß kein Preis!

Diesmal bin ich exakt neunzehn Minuten zu spät, als ich ins Restaurant stöckele. Dafür sehe ich megasexy aus. Zu sexy für Ingo. Ihm gehen die Augen über. Doch dann geht gar nichts mehr. Er ist glatt überfahren von meinem Auftritt. »Hallo, Katrin, da bist du ja.« Es klingt wie: »Du machst ja wirklich ernst.« Mein Galan ist verlegen. Beim Aperitif sind wir uns schnell einig, dass heute Abend nichts laufen wird. Wir fühlen uns wie zwei Teenager, die sich zur Entjungferung verabredet und auf einmal Angst vor den Schmerzen haben.

Der Rest ist schnell erzählt. Über Schweinsbraten mit Knödeln behelfen wir uns mit Small Talk, auf den Nachtisch verzichten wir beide. Mal wieder bin ich an meinen Erwartungen gescheitert. Ich dachte, wir wollen beide Sex, und der Rest ergibt sich. Aber die meisten Männer sind längst nicht so stark, wie sie immer tun. Wenn ihre heile Fickordnung durcheinandergerät, halten sie dem Druck nicht stand. Ich könnte auch sagen: Große Schnauze, kleiner Pimmel. Aber das wäre ungerecht. Es liegt daran, dass sie jagen wollen, nicht einfach nur einsammeln. Und schon gar nicht wollen sie gejagt werden. Das schlägt ihnen aufs zarte Gemüt.

Wäre ich nicht aufgetreten wie ein männermordendes Insekt, sondern hätte eine normale Jeans angezogen und an der Bluse nur einen Knopf mehr geöffnet, wäre es bestimmt ein spannender Abend geworden. Das hätte Ingo als Verlockung empfunden, nicht als Bedrohung. Hinterher ist man immer klüger. Frau auch.

Kapitel 8

Die Gnade der zweiten Nacht

Halbbitter ist besser als ganz bitter

Eigentlich können die mich alle mal. Die Sonne scheint, ich bin ausgeschlafen, ich habe Kaffee, ich habe Zigaretten. Und ich habe frei. Den ganzen lieben Sonntag lang. Ich könnte um den See spazieren, ich könnte in die Berge fahren, vielleicht sogar rüber nach Österreich. Ich könnte ins Kino gehen oder endlich mal wieder ins Museum. Aber so ganz allein? Ich könnte es auch lassen.

Den Vormittag vertrödele ich konsequent. Ich räume die Spülmaschine aus, ich feile mir die Fingernägel, ich hefte Kontoauszüge ab, ich blättere in einer alten *Gala* und frage mich, warum alle so verrückt sind nach Julia Roberts. An der Aldi-Kasse würde diese Frau doch auch nicht weiter auffallen. Dann suche ich nach der Police für meine Hausratversicherung, weil ich denen endlich mal den Umzug anzeigen müsste. Nach einer Viertelstunde gebe ich auf und sinke erschöpft auf mein geliebtes Sofa.

Der vertraute Dreiklang signalisiert den Empfang einer Kurznachricht. Soll mir noch einer sagen, die Leute wollten nicht mehr schreiben. Unsinn, privat wagt doch kaum noch jemand, ohne Vorankündigung anzurufen. »Hallo, Katrin, dein Geruch verblasst. Können wir ihn auffrischen? Bitte! Sehnsüchtig wartend, Martin.« Ach so, der Erfinder des gleichnamigen Prinzips vom angewandten Egoismus. Was soll ich mit dem jetzt? Ihm noch ein paar Schuhe an die Krawatte hängen? Oder meine ungewaschenen Zauberfüßchen ins Gesicht? Das muss doch nicht sein. »Irgendwann machen wir das, Martin. Halte durch.«

Gerade bin ich eingedöst, da geht es weiter. Selbst Bechthold greift nicht mehr einfach zum Telefon. »Bist Du ansprechbar, Kleine? F.« Eigentlich nicht. Aber auch Frau muss Prioritäten setzen. »Für dich doch immer, mein Schatz. Komm!« Na, das war vielleicht etwas zu dick aufgetragen. Er lässt sich Zeit, das hat ja schon Tradition.

Bei Frank bin ich mir nie sicher, ob er wirklich mich meint. Oder ob ich ihm nur als Muse diene für soziologische Studien. »Echt, Kleine, immer?« Dass ich den Anschluss noch finde, setzt er voraus. »Ja.« Damit kann ich schon mal nichts falsch machen, denn Ja ist doch die erotischste Vokabel von allen, hat er mir beigebracht. Aus dem Kontext bekomme ich mit, was er gemeint hat. Ob ich für ihn wirklich immer ansprechbar sei. Ich kann mir Situationen vorstellen, in denen ich anderweitig engagiert bin. Ich finde ihn schon sehr anziehend, aber noch nicht so sehr, dass ich mich jetzt schon für ihn aufspare. Lieber nehme ich mir von jedem, was ich brauche und wann ich es brauche. Aber das sollte ich jetzt nicht vertiefen.

Eingehend erkundigt sich Bechthold nach meinem Wohlergehen. Unser Gespräch ist herrlich alltäglich, so, als würden wir uns schon eine Ewigkeit kennen und immer sonntags miteinander telefonieren, um die Höhepunkte der

Woche abzuhandeln. Unweigerlich kommen wir auch auf *Friendscout* zu sprechen. Und natürlich stimme ich mein Klagelied an, dass Männer immer nur das Eine wollten. »Freu dich doch«, kombiniert Frank, »du hast es doch.« Das ist mir mal wieder zu hoch. Er meint, dass nach den Gesetzen der Marktwirtschaft immer der im Vorteil ist, der über das verfügt, was viele andere haben wollen. »Egal, ob das nun Erdöl ist oder die Quelle zwischen deinen Beinen.«

Was für ein Vergleich. Aber nüchtern betrachtet, hat er recht. Wenn kein Hahn nach meinem Körper krähen würde, hätte ich ein massives Defizit. Ich sollte wahrlich froh sein, dass die Kerle mir nachstellen. Solange sie es noch tun. Ich darf gar nicht drüber nachdenken, wie es sich anfühlen wird, wenn die Nachfrage sinkt. Aber muss es immer so direkt sein? Wir Frauen brauchen es romantisch, mit vielen Girlanden, die uns den Glauben an die große Liebe lassen. Wenigstens theoretisch. Das sollte sich doch mittlerweile rumgesprochen haben.

»Glaub' doch bloß nicht, dass es weniger notgeile Weiber gibt«, stoppt Bechthold meine männlich-weibliche Differenzbetrachtung. »Aber die gehen doch wohl nicht so plump zur Sache, oder?« Ich kann sein breites Grinsen förmlich spüren: »Da lache ich bloß glockenhell, Liebchen.« Gerade gestern erst habe er mal wieder erlebt, wozu auch bedürftige Frauen fähig sind. Ich glaube ihm nicht. »Hast du deinen Rechner an?« Er will mir den Original-Dialog schicken, den er noch gespeichert hat.

Während ich meinen Laptop anwerfe, klärt Frank mich

über die Hintergründe auf. Eine Bauingenieurin aus dem Westerwald, so in meinem Alter und selbst Premium-Mitglied, hat ihn angechattet und sich ellenlang über Männer ausgelassen, die *Friendscout* als Sexclub missbrauchten. »Tja, das mag's geben. Ich habe ihr geschrieben, dass ich es nicht beurteilen kann. Ein Wort gab das andere, nicht sehr spannend. Und da habe ich mich dann ausgeklinkt.«

Ein paar Minuten später hat ihm die Dummtusse eine *Instant Message* hinterhergeschickt.

SIE 19:22

Ich bin trotzdem scharf auf Dich, Macho!

ER 19:24

Das ehrt mich. Aber wenn Sie mich verführen möchten, sollten Sie sich erst mal vorstellen.

SIE 19:27

Inwiefern vorstellen, geboren warum, weshalb. Oder Größe, Oberweite, Vorlieben?

ER 19:28

Wie's beliebt.

SIE 19:29

Groß, blond, scharf, nass. Und verführen lasse ich mich von einem richtigen Mann.

ER 19:33

Und wie heißt das läufige Weib?

SIE 19:35

Cornelia. Was ist nun, wirst du mich ficken?

ER 19:40

Vielleicht, Süße, wenn Sie artig bitte sagen.

SIE 19:42
Meine Spalte ist schon nass. Ich brauche mal wieder einen harten Ritt. Was ist mit morgen? Ich komme zu dir.
ER 19:45
Morgen geht leider nicht. Da muss ich mich um meine Familie kümmern.

Mir bleibt die Spucke weg. »Was musst du dich auch mit der letzten Schabracke abgeben?« Frank widerspricht. »Täusch' dich nicht, dem Foto nach ist das ein durchaus attraktives Exemplar.« Das kann ich kaum glauben. »Und wie ging's weiter?«, will ich wissen. »Gar nicht«, sagt er. »Sie hat mich noch ein paar Mal angeschrieben, aber ich habe nicht mehr geantwortet.« Eins ist mal sicher: Wenn mir ein Mann auf diese Tour gekommen wäre, dem hätte ich doch sofort die Schaufel gegeben. »Das ist ja unterste Schublade.« Ich kann mich gar nicht beruhigen. Bechthold sieht es nicht so eng. »Die Frauen haben sich so einiges abgeguckt. Da ist viel doppelte Moral im Spiel. Nach außen hui und heimlich pfui.«

Mich kann er damit nicht meinen. Ich folge doch meist dem uralten Brauch weiblicher Kommunikation: »Wenn ich Nein sage, meine ich vielleicht, wenn ich vielleicht sage, dann meine ich ja. Und falls ich mal Ja sage, dann stehe ich schon am Altar.« Frank lacht sich scheckig. »Na, ganz so schlimm ist es dann doch nicht«, beschwichtige ich, »Ausnahmen bestätigen die Regel.« Nur, dass der gemeine Mann die Ausnahme gemeinhin nicht von der Regel zu unterscheiden weiß. Das ist ja mein Problem.

»Ihr Frauen habt noch ein ganz anderes Problem.« Bechthold macht das nächste Fass auf. »Ihr habt euch der veränderten Marktlage noch nicht angepasst.« Mit wachsender Unruhe höre ich seine nüchterne Analyse. Dass Männer immer können und immer wollen, sei eine Legende, die nur dem Mangel geschuldet war. Aus Angst vor einer Schwangerschaft, dazu in Schach gehalten von Kirche und Gesellschaft, haben Frauen immer die Knie geschlossen, sozusagen notgedrungen. Erst seit es die Pille gibt, also gerade mal ein halbes Jahrhundert, leben wir unsere eigene Sexualität. »Du bist doch das beste Beispiel«, sagt Frank. So weit, so richtig.

Weil aber viel mehr Frauen als früher die Beine breit machen, freiwillig und durchaus selbstbestimmt, müssen die Männer uns nicht mehr nachhecheln, ist Franks Theorie. Die eigenen Ansprüche können mit dem wachsenden Konkurrenzdruck nicht Schritt halten. »Wenn einer nicht gerade aussieht wie Quasimodo, wenn er nach Geld riecht und nicht aus dem Mund, hat er doch gute Karten, an jedem Abend eine passable Braut fürs Bett zu finden.« Allemal im Internet. Da will ich nicht voreilig zustimmen, darüber muss ich nachdenken. Auch über die Konsequenzen für mich, Bechthold hin oder her.

Obwohl gegen diesen Tag objektiv nichts einzuwenden ist, gehe ich nur einmal kurz vor die Tür – als ich den Mülleimer runtertrage. Ich bin irgendwie antriebsschwach. Aber durchaus triebstark. Auch für mich ist es mal wieder an der Zeit. Jonny hat versagt, ein richtiger Mann muss her. Den ganzen Nachmittag über schleiche ich um den Rechner, widerstehe aber der Versuchung, mich einzuloggen. Dabei werde ich immer unruhiger. Warum in die Ferne schweifen, liegt der Gute doch so nah? Jürgen, mein Super-Lover von gegenüber.

Jetzt stehe ich selbst vor dem Dilemma: Direkt oder doch lieber weiblich? Nach dem Reinfall vom Vorabend wähle ich die sanfte Gangart. »Na, Jürgen, was machst du so am heiligen Sonntag? Ich denke viel an dich. LG, Katrin.« Das kann er so oder anders auslegen. Eigentlich meine ich ja: Ich habe Lust, hast du Zeit? Doch ich will ihn nicht verschrecken, er soll sich recken. Glücklicherweise versteht der Herr Raiffeisen auch meine versteckte Botschaft. Umgehend schickt er mir die Antwort aufs Handy. »Gut geht's mir, Katrin. Aber in deinen Armen würde es mir noch viel besser gehen. Stets dein Jürgen.«

Nun brauche ich wohl nicht mehr durch die Blume zu texten. »Gut, dann komm rüber. Max-Josef-Str. [redacted]. So gegen acht? K.« Das sind noch gut drei Stunden. Zeit genug, um mich zu salben und zu pudern. Die Haare sollte ich mir wohl auch noch waschen.

Das Objekt meiner Begierde sülzt noch ein bisschen nach: »Ich freue mich total auf dich, Katrin. Du bist eine tolle Frau. Soll ich was mitbringen?« Klar, mein Freund, aber das trägst du am Mann. Ich antworte nicht mehr.

Auch er nimmt es mit dem Minutenzeiger nicht so genau. Sein Klingeln geht in der *Tatort*-Erkennungsmelodie unter. Jürgen muss schon ein paar Minuten vor der Tür gestanden habe, bis ich es endlich realisiere. Mit federndem Schritt stürmt er die Treppe hoch, nimmt zwei Stufen auf einmal, voller Tatendrang. Mir ist das recht, ich verspreche mir auch einiges. Er küsst mich wild, schiebt mir seine Zunge hinter die Lippen. Er tastet mit einer Hand unter meinen Pulli, mit der anderen packt er mich fordernd an den Pobacken. Ich schlinge meine Arme um seinen Nacken, dränge mich ihm entgegen und stelle fest: Er ist schon einsatzbereit.

Mit dem Korken der Weinflasche hätte ich mich gar nicht abzumühen brauchen. Nach dieser stürmischen Ouvertüre ziehe ich den handfesten Schwaben sofort auf mein Bett. Wir wissen beide, wozu ich ihn eingeladen habe. James Bond hätte an uns seine helle Freude: Kommen und kommen lassen.

Ich begreife die Menschen gar nicht, die sich immer wieder nur an Frischfleisch aufgeilen können, die es von vornherein beim One Night Stand belassen wollen. Man muss sich doch erst aufeinander einstellen, Geist und Körper synchronisieren, gegenseitig erkunden, was dem Partner gut tut, mechanisch wie mental. Welche Griffe, welche Stellungen, welche Worte. Man muss doch gemeinsam Fantasien entwickeln, sich geheime Wünsche anvertrauen. Und dazu bedarf es intimer Vertrautheit, der Gnade einer zweiten Nacht. Sex ist wie eine Reise zum Himalaya. Beim ersten Mal kann es gar nicht optimal laufen. Da lässt sich doch nur abschätzen, ob das Projekt Potenzial hat oder man besser gar nicht erst starten sollte.

Jürgen nimmt die Brille ab und legt sich auch diesmal mächtig ins Zeug. Er streichelt, er knetet, er macht und tut. Er gibt sich wirklich alle Mühe, mich zu befriedigen. Mit dem Mund in meinem Schoß gelingt ihm das auch, diesmal in Bauchlage. Ich schreie meinen Höhepunkt ins Kissen. Das letzte Mal habe ich mit zwanzig einem ins Ohr gebrüllt. Da war der Abend gelaufen. Ich habe den Knaben traumatisiert, von da an hatte er jedes Mal Angst, ich könnte es wieder tun. Wie einer, dem der Friseur mal ins Ohr geschnitten hat.

Aber das war wenigstens ein starkes Gefühl. Hier in meinem Bett ist die Leidenschaft weg, jedenfalls meine. Ich merke es, als ich mich für Jürgens freundliche Bedienung revanchiere. Ich lasse ihn rein, aber ich öffne nur die Schenkel, nicht mehr. Ein paar kurze Stöße, keuchender Atem in meinem Gesicht, ein letztes Aufbäumen, dann hat auch er es hinter sich. Mir scheint, als habe er sich nicht über Gebühr lange aufhalten wollen. Und mich auch nicht.

Wir kuscheln noch ein bisschen, ich in seiner Kuhle, er reibt mir mit den Fingernägeln zart über den nackten Oberarm. Das ist angenehm, aber mehr auch nicht. Der Lack ist ab. Und weil wir nicht recht wissen, was wir miteinander noch anstellen sollten, ziehen wir um ins Wohnzimmer. Vor dem Fernseher rauchen wir noch eine. Ich biete ihm von dem Rotwein an, er lehnt dankend ab. »Ich brauche meinen Führerschein noch.«

Damit ist alles gesagt. Der *Tatort* ist auch zu Ende. Jürgen zieht sich an, fast so schnell, wie er sich ausgezogen hatte. Im Bademantel begleite ich ihn hinaus. Schon beim Abschiedsküsschen muss ich mich überwinden. Er will mehr Verbindlichkeit, aber mir ist jetzt jeder Körperkontakt zu viel. »Tschüss. Und: Danke!« Er verspricht, sich in der nächsten Woche zu melden. Ich werde ihn nicht dran hindern können.

Montagmorgen wartet mein Chef mit einer Überraschung auf: »Frau Kropf, Sie müssen mich vertreten!« Er strahlt mich an wie ein Honigkuchenpferd. »Sie fahren mit nach Essen.« Ich? Wieso ich? »Meine Frau muss ins Krankenhaus.« Pflichtschuldig erkundige ich mich, ob Grund zur Sorge bestehe. »Eine Frauengeschichte«, wiegelt er ab. Und kommt gleich wieder zum Thema zurück: »Also, Sie fahren am Donnerstag mit dem Lkw hoch, damit Sie am Freitag den Aufbau überwachen können. Und Sie müssen auch die Aushilfen einweisen. Auf Sie kann ich mich verlassen, das weiß ich doch.«

Schön, wenn er das weiß. Ich selbst bin mir da nicht so sicher. In Essen läuft am kommenden Wochenende ein Catering-Event, irgend so ein bayerisches Trallala mit echten Schmankerln und unserem Bier. Die vom Vertrieb haben die Veranstaltung organisiert, wie jedes Jahr, nur immer woanders. Voriges Jahr war es in Bremen. Diesmal also Essen. Und Essen liegt bei Dortmund gleich um die Ecke. Das ist doch die Chance. Ich schreibe Bechthold gleich eine SMS: »Frank, ich habe gute Neuigkeiten!!!«

Er lässt mich mal wieder abtropfen. »Ich bin im Meeting. Erzähl es mir heute Abend. F.« Dieser Mann erzieht mich noch zu Geduld und Langmut. Und das mir, die ich doch schon als Kind kein Geheimnis länger als eine Minute für mich behalten konnte. Aber gewiss hat es Vorteile, sich beherrschen zu können. Ich stelle mir das vor wie beim Pokern: Es gewinnt nicht der mit den besten Karten, sondern der mit den besten Nerven. Und der kann sich dann den Jackpot greifen. *And the winner takes it all.*

Auf Bechthold ist immerhin Verlass. Kaum bin ich zu Hause, ruft er an. »Frank, ich komme!«, schmettere ich ihm entgegen. Er muss natürlich erst mal ein Witzchen reißen: »Bin ich zu spät?« Ich berichte von meiner Dienstreise in den Ruhrpott, vom Zeitplan meiner Verpflichtungen und dass ich die Gelegenheit gern nutzen möchte, um ihn endlich zu sehen, Freitagabend. Er reagiert ohne Überschwang. »Das ist doch schön. Hast du Ausgang bis zum Wecken?« Klar, wer sollte mich hindern. »Prima«, meint er, »ich kenne ein Landhotel am Baldeneysee. Dann sag mir noch Bescheid, wo ich dich abholen kann und wann.«

Die Aussicht auf den Mann meiner Träume beflügelt mich. Die restlichen beiden Tage im Büro bin ich gut beschäftigt, meine Reise vorzubereiten. Alles will ich wissen: Wer den Laster fährt, wo wir unterkommen werden, ob die Aushilfskellner ihren Lohn an Ort und Stelle bekommen et cetera. Die Vertriebler lachen schon. »Mei, Madl, dös is doch net die Wies'n. Dös is fei goar nix.« Die Burschen haben die Ruhe weg, weil sie so was schon x-mal hinter sich haben. Für mich aber ist es eine Premiere. Und ich will meinem Chef mal zeigen, was eine Harke ist. Ende des Monats läuft meine Probezeit aus.

Am Donnerstag früh fahren wir punkt sieben vom Hof. Ich zwischen zwei bayerischen Bierkutschern vorn auf dem Bock. Das ist doch mal ein Abenteuer der ganz anderen Art. Gut, dass ich die Hosen anhabe. Wenn die Burschen mit mir reden, dann hochdeutsch, untereinander nur Dialekt. Da geht mir einiges durch. Die meiste Zeit dreht sich das Gespräch um Fußball. Der Fahrer ist eingefleischter Sechziger-Fan, sein Kumpel mehr für die Bayern. Da gibt es reichlich was zu frozzeln. Zu meinem Glück rauchen beide, jede Stunde machen wir Pause.

Am Rasthof Medenbach-Ost ereilt mich das Schicksal: »Katrin, ich muss leider absagen, weil ich morgen früh an den Golf fliege. Es tut mir wahnsinnig leid. Wir sind wohl wie die Königskinder. Gruß, Frank.« Verdammte Scheiße, das darf doch nicht wahr sein! Mir ist, als ob mir jemand den Teppich unter den Füßen wegzieht. Bei der nächsten Raucherpause rufe ich Bechthold auf dem Handy an. Er sagt mir, dass ihm sein Partner aus Abu Dhabi einen dringenden Hilferuf geschickt hat, von der Petrochemieanlage, deren Bau sie dort betreuen. »In zwei Wochen soll die Raffinerie in Betrieb gehen, mit allem Tamtam. Aber im Probelauf hatten wir Schwankungen beim Druckausgleich, das müssen wir in den Griff kriegen, sonst können wir dichtmachen.« Weil seine Auftraggeber dann viele Millionen Dollar Schadenersatz fordern können. »Ich muss hin, da beißt die Maus keinen Faden ab.«

Die Netto-Botschaft lautet: Frank Bechthold wird mir morgen nicht in die Augen sehen, weil er vor irgendwelchen Scheichs zittert. Und ich zittere vor Wut. Immer, wenn ich mir etwas ganz dringend wünsche, dann kommt irgendwas dazwischen. Immer. Ich fühle mich ungerecht behandelt. »Das ist ungerecht, Frank«, sage ich mit leiser Stimme. »Ja, Katrin, das finde ich auch, aber das ist höhere Gewalt, da kann man gar nichts machen. Du weißt doch, Dienst ist

Dienst, und Schnaps ist Schnaps.« Den Spruch kenne ich noch von meinem Opa. Und auf wohlfeile Volksweisheiten kann ich gerade gut verzichten.

Bechthold ist in Eile, ich bin frustriert bis auf die Knochen. Meine beiden Reisebegleiter haben mitbekommen, dass mir irgendwas die Laune verhagelt hat. Beide sind diskret genug, nicht nachzufragen. Sie schweigen jetzt und halten alle halbe Stunde an, damit ich mir eine Zigarette reinziehen kann.

Kurz vor dem Ziel piepst mein Handy in der Handtasche. Sofort schöpfe ich wieder Hoffnung. Aber es ist nicht die Nachricht, die mich wieder fröhlich gestimmt hätte: »Ich muss dauernd an dich denken, Katrin-Liebling. Du fehlst mir. Dein Jürgen.« Na, wenigstens einem fehle ich. Nur dass es leider nicht der Richtige ist.

Bloß gut, dass ich am nächsten Tag keine Zeit zum Grübeln habe. Während Bechthold in die Wüste düst, um großes Unglück zu verhindern, muss ich lauter kleine Katastrophen meistern. Erst wollen uns die Pförtner nicht aufs Messegelände lassen, weil unser Parkschein nicht die passende Farbe hat. Dann blockieren andere Laster die Laderampe hinter der Halle. Bei der Dekoration fehlen die weiß-blauen Fahnen, von den Kartons mit den Weißwürsten ist einer schon geklaut worden. Der Schankkellner will einen Vorschuss aus der Handkasse, da muss ich erst mal in der Buchhaltung nachfragen. Und zu allem Überfluss hat die Agentur nur zwei Serviererinnen mit Erfahrung geschickt. Die anderen sind Studentinnen, die noch nie zuvor bedient haben. Da werde ich wohl selbst mit anpacken müssen. Aber man wächst ja an seinen Aufgaben.

Am Nachmittag kommt endlich mal der Disponent von der Zeitarbeit angetrabt, dem ich schon ewig hinterhertelefoniere. »Jetzt brauche ich Sie auch nicht mehr«, fauche ich ihn an, »jetzt habe ich schon alles geregelt.« Er zuckt mit den Schultern und lächelt: »Dann kann ich Sie ja nur noch beglückwünschen.« Das nenne ich Chuzpe. Der Typ hat was. Nicht nur breite Schultern und einen dunkelblonden Pferdeschwanz, auch reichlich Charme. Und dafür bin ich doch immer empfänglich, heute ganz besonders.

Er heißt Boris, ist höchstens dreißig und stammt aus Thüringen. Ich lade ihn auf ein Weißbier ein und zeige ihm, wie man mit diesen Gläsern richtig anstößt, nämlich unten. Schnell landen wir beim Du. Als der Aufbau fast fertig ist, bietet er an, mich ins Hotel zu bringen.

Auf der Fahrt in seinem engen Honda wird er zutraulich. An einer Ampel treffen sich unsere Blicke. Und treffen stillschweigend eine Verabredung. Er fasst mir ans Knie, beugt sich zu mir rüber und küsst mich, männlich wüst. Ohne zu zögern erwidere ich den Kuss. Seine Hand wandert meinen Oberschenkel hoch. Ich bin erregt und zu allem bereit, was mir Trost verspricht. Hinter uns hupen die Autos.

»Gibt's auf deinem Zimmer 'ne Minibar?«, erkundigt sich Boris vorausschauend. »Ja, gibt es, aber da geh ich nie dran.« Auch in heißen Zeiten bleibe ich eine kühle Rechnerin. Bei Kaiser's holen wir eine Flasche *Mumm Extra Dry.* Auf dass ich nicht austrockne. Meine Zufallsbekanntschaft wirkt der Gefahr auch aktiv entgegen. Mit einem Griff an meine Brust setzt er mich unter Strom.

An der Rezeption ist keiner. »Komme gleich zurück«, steht auf einem Pappschild. So lange können wir nicht warten. Ich angele mir meinen Zimmerschlüssel vom Brett. Oben sinken wir sofort aufs Bett. Boris weiß Bescheid, er hat offenbar eine bewegte Jugend hinter sich. Sein Angriff auf meine Libido erfolgt unmittelbar. Mit einem Arm drückt er mich aufs Laken, mit dem anderen zieht er mir die Jeans runter. Ich seufze und schließe die Augen. Es tut gut, mich männlicher Zielstrebigkeit auszuliefern. Noch besser wäre es, er würde mich vergewaltigen. Die Vorstellung bringt mich in Fahrt.

Aber gerade als Boris aufsteigen will, klopft es, zaghaft zunächst, dann energisch. Er flucht, ich stehe auf, gehe zur Tür und öffne sie einen Spalt. Vor mir steht der Hotelportier und bläst sich auf: »Verzeihung, aber wir sind ein anständiges Haus. Wir dulden keine Herrenbesuche auf dem Zimmer.«

So einen Stuss kannte ich bisher nur aus Heimatfilmen der Fünfzigerjahre. Hallo, ich bin aus dem Osten! Bei uns war vieles verboten, das aber gerade nicht. Wir durften zwar nicht alles sagen, wir konnten nicht alles kaufen, doch wir konnten es immer und überall treiben, da hat uns keiner reingeredet. Die Eltern nicht, Kollegen und Nachbarn nicht, die Stasi auch nicht. Rudelbumsen in der Datsche war ein beliebtes Wochenendvergnügen. Über bundesdeutsche Prüderie können wir uns nur wundern.

Boris hat sich ganz klein gemacht. Und kleinlaut verkündet er: »Ich verschwinde dann mal lieber.« Typisch, wenn es brenzlig wird, ziehen Kerle den Schwanz ein. Wörtlich und im übertragenen Sinn. Ich bleibe zurück mit einer Flasche lauwarmem Sekt und frage mich, ob er die peinliche Situation nicht hätte mannhaft lösen können, mit deutlichen Worten oder einem Geldschein. Schon wieder schiebe ich Frust ohne Ende.

Am Samstag kann ich mich mit Arbeit ablenken. Bei uns in der Hütte geht es ganz schön rund. Ich helfe hinter der Theke aus und beim Service. Insofern bin ich nützlicher als mein Chef. Der hätte die Verantwortung getragen, aber doch bestimmt keine Teller mit abgenagten Haxn. Aber ich sollte es auch nicht übertreiben. Das Aufräumen nach Feierabend überlasse ich meinen Leuten.

Auf der Taxifahrt muss ich an Frank Bechthold denken, wieder mal. Einem Impuls folgend wähle ich seine Handynummer. »Der Teilnehmer ist vorübergehend nicht erreichbar.« Trotzdem, mich beschleicht der Verdacht, dass er ganz in meiner Nähe ist, mit irgendeiner Braut. Aber hätte er sich dann eine so aufwendige Story einfallen lassen? Das passt eigentlich nicht zu ihm. Wie auch immer, Zweifel sind gesät. Und ich muss mir eingestehen, dass ich eifersüchtig bin auf eine Frau, von der ich nichts weiß, wegen eines Mannes, den ich nicht kenne.

Der eine flüchtet in den Nahen Osten, der andere vorm Portier. Und ich ertrage es nicht, den Abend allein mit Thomas Gottschalk vor dem Fernseher zu verbringen. Schade, dass ich Maulwurf Jürgen nichts mehr zu sagen habe. Es passt eben nie! Bevor die Depression meine Magengrube erreicht, krame ich im *Friendscout*-Fundus. Kai-Hermann fällt mir ein, der Unternehmensberater aus Köln mit dem Nickname *Winner08*. Seine Nummer habe ich gespeichert. »Hallo. Erinnerst du dich? Ich bin in Essen. LG, Katrin vom Tegernsee.«

Der Herr springt an, offenbar hat er auch noch nichts Besseres vor. Mit seiner Stimme macht er mich sofort zum Weibchen: Sie ist tief wie ein Brunnen, samtig wie ein frischer Pfirsich. »Darf ich zu dir kommen?« Wer könnte da widerstehen. Ich kann es nicht. »Ja, gern«, flöte ich, »in einer Stunde bin ich fertig.«

Gestiefelt und gespornt postiere ich mich vor dem Hotel, das an einer Hauptstraße liegt. Seltsam, alle Autos fahren langsamer, alle Fahrer glotzen mich an. Ich sehe gut aus, durchaus sexy, kein Zweifel. Aber das reicht nicht als Erklärung. Ich renne wieder rein und frage am Empfang: »Sagen Sie mal, ist das hier der Straßenstrich?« Heute hat ein anderer Portier Dienst. Doch auch der ist etwas verklemmt. Er wird rot bis in die Haarwurzeln und schüttelt den Kopf: »Nicht mehr.« Aha. Na, das scheint sich noch nicht rumgesprochen zu haben. Da warte ich wohl besser in der Lobby.

Kai-Hermann fährt im schwarzen Daimler vor, standesgemäß. Er ist ein ansehnlicher Mann, dunkelhaarig mit wachen Augen und einem spöttischen Lächeln um die Mundwinkel. Er umarmt mich herzhaft, aber nicht aufdringlich. Und er hält mir die Beifahrertür auf, hilft beim Einsteigen. Die nächsten Pluspunkte sammelt mein Neuer in dem kleinen Bistro, das uns beiden schon von außen so gut gefallen hat. Er bestellt eine Flasche Chardonnay, ohne ahnen zu können, dass dies mein liebster Weißwein ist. Nach drei Schluck begleitet er mich nach draußen und pafft eine Zigarette mit, obwohl er doch Nichtraucher ist.

Unsere Konversation ist niveauvoll, aber nicht hochtrabend. Wir sprechen übers Reisen, über Bayern und Rheinländer, natürlich auch über die Liebe in Zeiten des Internet. »Darf ich Ihnen noch eine zweite Flasche bringen?«, fragt der Wirt. »Nein, danke«, antwortet Kai-Hermann, »aber die Rechnung.« Er macht kein Hehl daraus, dass er mich als Nachtschmaus will. Aber ich will nicht noch mal an der unüberwindlichen Moralschwelle in meinem Drei-Sterne-Hotel scheitern. »Macht nichts«, sagt er, »dann werde ich uns im Sheraton ein Zimmer bestellen.« Er kennt sich in Essen aus, hier sitzt einer seiner größten Kunden.

Als er zum Handy greift, um sich mit der Reservierung verbinden zu lassen, stelle ich die Gretchenfrage: »Und dann, was kommt dann?« Er schaut irritiert auf. »Dann werden wir Spaß haben«, sagt er leichthin. Nein, das meine ich nicht. Ich meine: »Und was kommt nach dem Spaß?« Jetzt antwortet Kai-Hermann mit entwaffnender Präzision: »Nichts.«

Das Unwort des Tages schwebt eine Weile im Raum wie ein Rauchkringel. Dann habe ich kapiert. Ich bin sein Escort-Girl. Dieser Mann will keine Fortsetzung, keine Beziehung, keine Zukunft. Er will mich wirklich nur für eine Nacht. Und die lässt er sich was kosten. Aber er macht sich nicht mal die Mühe, mir was vorzumachen. Ich bin enttäuscht, geradezu entsetzt, verberge meine Gefühle aber hinter demonstrativer Sachlichkeit: »Da weichen unsere Interessen voneinander ab. Ich suche was für länger.« Und das ist noch dezent untertrieben. Eigentlich suche ich was für immer.

Auch Kai-Hermann bewahrt Haltung. Er nimmt meine Absage emotionslos zur Kenntnis wie ein Turmspringer die B-Note. Ohne zu maulen, kutschiert er mich zurück. In der Auffahrt knutschen wir noch ein bisschen, massiere ich ihn im Schritt. Und tschüss! Strafe muss sein.

Es ist noch vor Mitternacht, und ich bin viel zu aufgewühlt, um einschlafen zu können. Halbbitter ist ganz bitter. Da poche ich selbst immer auf Ehrlichkeit, wenn sie mir aber mal so unverbrämt entgegenschlägt, ist es auch nicht recht. Ich war eingestellt auf eine saftige Vögelei und darauf, dass er sich danach mit irgendeinem unverbindlichen Spruch verabschiedet: »Ich melde mich, wir bleiben in Verbindung.« Oder so ähnlich. Und wenn er dann abgetaucht wäre, hätte ich nach bewährtem Muster eindeutig ihm die Schuld zuweisen können. »Dieses blöde Schwein, lockt mich erst mit großen Versprechungen in die Kiste, und dann ist wieder nichts.«

Aber das wäre unehrlich, ein Reflex der Selbsttäuschung. Kai-Hermann hat nichts falsch gemacht. Es war alles geklärt. Wir hätten uns gegenseitig gebraucht und missbraucht. Ein sauberer Deal. Ich hätte nur zuzugreifen brauchen.

Am Sonntag haben wir bei uns am Stand reichlich Auftrieb. Alle wollen ein Stück bayerischer Lebensart. Am Grill dreht sich ein halber Ochse, das Bier fließt in Strömen. Und ich muss schuften wie ein Pony. Als ich abends den Zug Richtung Heimat besteige, glühen mir die Beine. Es braucht eine Weile, bis ich zur Ruhe komme.

Natürlich ist dann sofort wieder Bechthold in meinem Kopf. Ich male mir die wildesten Szenarien aus. Er mit den schönsten Frauen, jeden Tag eine andere. Und ich verliebt bis über beide Ohren, schon abgemeldet, bevor ich auch nur einmal mit ihm im Urlaub war. Aber vielleicht schwitzt er auch im ölverschmierten Overall unter einem Gewirr von Rohrleitungen. Ich weiß es nicht. Doch ich sollte es wissen, statt mich in eine aussichtslose Hoffnung hineinzusteigern.

Ich beruhige mich mit einer Theorie, die ich aus einer Frauenzeitschrift habe: Attraktive Männer, so stand da, seien die treuesten, denn die werden ständig mit einem Überangebot an Versuchungen konfrontiert. Nur Krücken müssten sofort zuschnappen, wenn sie mal die Chance zur Untreue geboten bekommen, weil sie nicht absehen können, ob ihnen das jemals wieder passiert. So weit die Theorie.

Am Frankfurter Hauptbahnhof muss ich umsteigen. Mein Anschlusszug hat Verspätung. In der Halle entdecke ich ein Internet-Terminal. Ich werfe einen Euro ein und wähle die *Friendscout*-Site. Fünf meiner Favoriten sind online angezeigt, darunter auch *1_MACHO.* Ich zögere einen Moment, ehe ich ihn anschreibe. »Frank, warum belügst du mich??? Du musst doch keine Wüstenstory erfinden, wenn du hier anderen Weibern nachsteigst.« Bechthold kontert kühl: »Meine liebe Katrin, ob du es glaubst oder nicht, auch in Abu Dhabi gibt es schon Computer.« Auf dem Monitor blinkt die Aufforderung »Bitte nachzahlen«. Aber dafür ist keine Zeit mehr, ich muss zum Bahnsteig.

Kapitel 9

Weibliche Lust, männlicher Frust

Datenbank der Gefühle

Mein Chef spannt mich auf die Folter. Bestimmt will er erst mal die Zahlen abwarten und was die anderen sagen. Erst am Dienstag kommt er mit seinem Kommentar aus der Kurve. »Sie haben sich ja gut gemacht, wie ich höre.« Ich nicke nur artig, so als sei es das Selbstverständlichste von der Welt, dass ich in Essen den Laden geschmissen habe. War es das schon? Er verschwindet in seinem Zimmer, guckt aber ein paar Sekunden später wieder um die Ecke: »Äh, Frau Kropf, was ich noch fragen wollte.« Mir rutscht das Herz in die Hose. »Könnten Sie sich vorstellen, im Service zu arbeiten?« Er meint als Bedienung unten im Bräustüberl. »Wissen's, jetzt, da die Biergarten-Saison beginnt, können die gute Leute zur Verstärkung brauchen.« Ich bin von den Socken. Ein Wechsel in die Gastronomie war zwar mal angedacht, aber nicht so konkret. Ich zögere. »Das kommt jetzt etwas überraschend. Kann ich mir das noch überlegen?« Er gibt mir Bedenkzeit bis Ende der Woche.

Ich traue mir das schon zu. Und ich käme dann endlich wieder unter Leute. Hier oben allein im Büro bin ich nicht ausgelastet. Müßiggang ist aller Laster Anfang, das sieht man ja an meinen Online-Abenteuern. Aber den Job, den ich da angeboten bekomme, kenne ich bislang nur aus der Außenperspektive: den Schichtdienst, den Grundlohn und obendrauf zehn Prozent Umsatzbeteiligung. Wie sich das von innen anfühlt, weiß ich nicht. Ganz aufgeregt verabrede ich mich mit Margit, meiner Kellner-Freundin. Um sieben kann sie raus.

Die Aussicht, dass wir bald Kolleginnen sein könnten, begeistert Margit. Sie schildert mir ihren Job in rosigen Farben. »Es gibt wirklich nette Stammgäste«, sagt sie, »keine Stinkstiefel. Und dann denk mal an das Trinkgeld, das hast du steuerfrei in der Tasche.« Da kämen im Monat locker 400, 500 Euro zusammen, manchmal sogar noch mehr. Ein freies Wochenende ist im Sommer selten. Aber sie sieht es als Vorteil, dafür unter der Woche in die Stadt fahren zu können oder einen Ausflug zu machen, wenn nicht alles so überlaufen ist. Nach dem zweiten Bier hat sie mich überzeugt, mit dem dritten stoßen wir schon auf gute Zusammenarbeit an.

»Ich sehe das mit einem lachenden und einem weinenden Auge«, kommentiert der Boss am nächsten Morgen meine schnelle Zusage. Natürlich, denn: »Jetzt muss ich mich schon wieder an ein anderes Gesicht gewöhnen.« Und ich kann nicht mehr fernflirten, schießt mir durch den Kopf, jedenfalls nicht mehr während der Arbeitszeit. Ich soll noch bei den Vorstellungsgesprächen für meine Nachfolge helfen und dann so schnell wie möglich unten antreten, spätestens am Monatsende.

Nachdem ich die Stellenanzeige in der *Tegernseer Zeitung* aufgegeben habe und im *Münchner Merkur*, kann ich mich mal wieder verschärft der eigenen Suche zuwenden. In meinem *Friendscout*-Postfach haben sich über ein Dutzend Zuschriften angesammelt. Ich lese noch, da chattet mich *Sonnyboy65* an: »Hallo, schöne Lady, wie wär's denn mit uns beiden?« Ich prüfe sein Profil und erteile ihm umgehend eine Absage: »Danke, nein, verheiratet brauche ich nun wirklich nicht.« Er gibt noch ein paar Widerworte, aber ich bleibe hart, und dann gibt er es dran.

Den Vortritt hat Uli, ein Fahrdienstleiter bei der Bahn in Pforzheim, ledig und kinderlos. Sein Nickname *Rezeptfrei* hat es mir angetan. Auf seine originelle Anmache schreibe ich zurück.

ICH 13:30
Früher war ich ein Pflegefall. Da habe ich Männer nur auf Rezept bekommen. Heute bin ich fast kuriert.
ER 13:32
Mich kannste rezeptfrei bekommen und ohne Zuzahlung. Nimm mich dreimal täglich nach den Mahlzeiten, unverdünnt schlucken. Grins
ICH 13:33
Und was ist mit den nebenwirkungen???
ER 13:34
Da frag mal deinen arzt oder apotheker.

So geht es noch eine Weile weiter hin und her, bis er zum Dienst muss, sich meine Telefonnummer erbittet und verspricht, abends anzurufen.

ER 14:12
wie lange biste auf?
ICH 14:13
versuch einfach … wenn ich müde bin, gehe ich schlafen.

Aber jetzt bin ich wach, jetzt will ich schauen und flirten, lesen und schreiben, locken und mich verlocken lassen. Es gibt noch viel zu tun. Ich öffne meine Excel-Datei und bestücke sie mit den Daten aus meiner *Friendscout*-Favoritenliste und aus meinem Postfach, ergänzt mit all den Notizen, die ich mir irgendwo auf Zettel geschrieben habe, und mit den Nummern aus meinem Handy. Nicht, dass ich zum Feierabend den großen Durchblick hätte, aber ich habe immerhin alle Informationen zentral gesammelt. Nun brauche ich sie nur noch zu ordnen, einzuordnen. Nur noch ist gut. Das könnte die eigentliche Herausforderung sein. Aber meine Systematik funktioniert, so weit bin ich zufrieden.

Als ich auf dem Heimweg bin, klingelt mein Telefon. Es ist Jürgen, wieder mal. Ich lasse es klingeln. Was soll ich ihm auch sagen? Dass unser zweites Mal längst nicht so gut war, wie ich es mir beim ersten Mal erhofft habe? Wozu? Es würde ihn verletzten. Und mir womöglich ein paar Vorwürfe einbringen. Das kann ich ihm und mir ersparen.

Zu Hause am Laptop wähle ich mich gleich wieder ein und brauche nicht lange zu warten, bis mir ein neuer Fisch an die Angel geht: Heiko, 38 Jahre alt, ein echter Bulle von der Drogenfahndung in Passau. Der Bursche ist gut gebaut, und er ist gut drauf. Dass ausgerechnet er meine unendliche Geschichte werden soll, ahne ich natürlich nicht. Wir sind wie die beiden Königskinder, die zueinander nicht kommen konnten. An diesem Abend aber fängt es ganz harmlos an, mit ein bisschen Hallo hin und her, mit meinem Interesse an seinem Beruf und seiner Schweigepflicht. Das hätte die Neugier jeder Frau geweckt. Wollen wir doch mal sehen, wie lange der Mann dichthält. Als meine Fragen immer drängender werden, zieht er sich elegant aus der Affäre: »Wir haben heute Abend noch einen Einsatz, verstehst du?« Nein, eben nicht, aber ich würde es gern verstehen. Auch, wieso er auf der Wache surfen kann.

Shit, gehen mir denn heute alle von der Fahne, wenn es gerade spannend wird? Der Eisenbahner steht noch aus. Aber dessen Nummer habe ich nicht, nur er meine. Die Wartezeit vertreibe ich mir mit ein paar Absagen an allzu nichtssagende Kandidaten, deren hilflos-langweilige Anfragen mir das Postfach verstopfen. Dann endlich ruft Uli an. Er spricht mit unverkennbar schwäbischem Dialekt. Aber daran könnte ich mich gewöhnen. Er nuschelt wenigstens nicht, und seine Stimme ist angenehm.

Das ist mir wichtig. Die Stimme muss stimmen, sonst kann ich es gleich bleiben lassen. Ich bin zwar schon so manches Mal übel reingefallen, wenn später die mickrige Erscheinung nicht zu dem Bild passte, das ich mir von dem Mann mit der sonoren Stimme gemacht hatte. Aber ich hoffe jedes Mal wieder. Und von Uli kenne ich ja schon Fotos, die einen feschen Burschen mit jungenhaftem Grinsen zeigen. Sehr einladend.

Wir kommen schnell ins Ratschen. Er ist nicht auf den

Mund gefallen, und ich mag es ja, wenn einer meine Bälle schnell und sicher pariert. »Wie lange bist du eigentlich schon ohne Mann?« Ich beschließe, die Frage misszuverstehen: »Ewig schon, seit vielen Jahren.« Das mag er mir nicht abnehmen, ich spüre seine Verunsicherung. »Doch, wirklich. Aber übermorgen hat das Elend ein Ende.« Weil er das für eine Einladung hält, will er sofort seinen Dienstplan checken. Da muss ich ihn wohl aufklären. »Am Freitag um zehn werde ich geschieden.« Pause. Es dauert einen Moment, bis der Groschen fällt. Und mit einem Stoßseufzer poltert ein großer Stein gleich hinterher. »Ach so.« Der hatte doch wohl nicht angenommen, dass ich als Nonne lebe.

Der Irrglaube verfliegt schnell, als wir eindeutige Zweideutigkeiten austauschen. Und in unserer Fantasie werden sie bald zu Körperflüssigkeiten. Ich habe meine Lust an Telefonsex, aber das kann wahrlich nicht jeder. Wenn sich einer auf dröge Beschreibungen beschränkt, vergeht sie mir schnell. Das Spiel mit Worten, mit Betonungen, mit Geräuschen ist sehr subtil. Uli beherrscht es meisterhaft. Er bringt mich hoch und lässt mich fallen, fängt mich auf und stimuliert mich aufs Neue. Immer bis kurz davor. »Du quälst mich.« Das kann ich auch, und meine Rache ist süß.

»Wir liegen am Strand, aber nicht allein. Es ist heiß, und wir sind heiß.« Meine Reize setze ich sparsam, dann kann ich die Wirkung genießen. »Und dann, was passiert dann?«, drängelt er. »Es ist so wie jetzt. Du kannst dich nicht mehr beherrschen. Du reißt mir das Bikini-Oberteil runter. Ich halte dir meine Titten entgegen.« Und höre, wie Uli Hand anlegt. »Du beugst dich über mich, du saugst an meinen Nippeln. Ich stöhne auf. Die Leute im Strandkorb nebenan werden aufmerksam.« Uli japst schon. Die Vorstellung, dass wir beobachtet werden, macht ihn an. Und dann plötzlich: Aus die Maus. Die Verbindung ist unterbrochen. Ich halte den stummen Hörer noch am Ohr und kann es nicht glauben. Da hat mich schon wieder einer abgehängt, als es ihm kommt.

Fünf Minuten später klingelt Uli wieder durch und entschuldigt sich. Punkt Mitternacht stellt sich bei ihm im Haus automatisch die gesamte Stromversorgung ab. Damit will er Energie sparen. Er musste erst in den Keller laufen, um auf Manuell umzuschalten. Er will dort weitermachen, wo wir unterbrochen wurden. Aber das ist unmöglich. Meine Stimmung ist gekippt, und das merkt er. Wir müssen uns vertagen.

Beim Single-Frühstück zwischen Tür und Angel erwischt es mich kalt. »Guten Morgen, Katrin. Ich habe mich in dich verliebt. Lass uns was draus machen. Bitte! Dein Jürgen.« Das ist kein guter Morgen. Der optimale Fall, dass sich zwei Menschen zeitgleich ineinander verlieben, ist bei uns nicht eingetreten. Und die zweitbeste Lösung, dass beide nichts voneinander wollen, außer vielleicht ein bisschen Zeitvertreib, ist uns auch nicht vergönnt. Jetzt haben wir den Super-Gau: Einer ist verliebt, die andere nicht. Das passiert mir nicht zum ersten Mal in meinem Leben, und natürlich war ich auch schon mal das Opfer. Aber Täterin zu sein ist auch kein Vergnügen.

Ich muss mir eine Strategie überlegen, wie ich da ohne

Nervenkrieg rauskomme. Aber nicht jetzt. Jetzt muss ich los und vom Büro aus Doro schreiben, was ich mit dem Energiesparer erlebt habe und wann sie mich am Abend erwarten kann. Das ist auch so eine weibliche Eigenheit. Wir wissen, dass wir uns in ein paar Stunden sehen, und müssen trotzdem vorher noch stundenlang telefonieren. Oder ersatzweise eine E-Mail schicken. Rüdiger Zwo kriegte dabei immer den Föhn. Aber der ist ja nun Geschichte. Und Rüdiger Eins bald auch. Nur noch einmal aufwachen.

ICH 09:11

Guten Morgen, Dorolein, kann heute früher weg, das heißt, ich müsste dann so gegen acht bei dir sein. Aber heute Nacht ist ein Ding passiert, das muss ich dir noch schnell schreiben. Ich habe da so einen von der Deutschen Bahn am Rohr, den ich mir bei FS aufgegabelt habe. Und wie wir so am Quatschen sind, immer heißer, und ich hab das Höschen schon runter, da ist plötzlich die Leitung tot. Ein echter Rohrkrepierer ... Später rief er wieder an und hat mir erklärt, dass immer um Mitternacht sein Strom abschaltet, weil er damit sparen will. Jetzt stell dir mal vor, der Typ ist kurz davor, rast mit dem Schwanz in der Hand runter in den Keller, wirft seine Anlage wieder an und will dann mit mir weiterwichsen. Tse ... diese Schwaben! Heute Abend mehr aus diesem Theater. Freue mich wahnsinnig!!! Übrigens: Morgen mein Scheidungstermin ist erst um zehn, da können wir noch gemütlich frühstücken, wenn die Kids raus sind.

Katrin

Kaum bin ich online, tut sich wieder was in meinem Posteingang. *GEDULDIG_A* wird ungeduldig. Ivo, ein 37-jähriger Pharmareferent aus der Nähe von Augsburg, macht kurzen Prozess.

ER 09:45
Können wir uns heute noch sehen? Ich muss sowieso nach München.
ICH 09:48
Pech gehabt, ich fahre westwärts.

Aber das schreckt ihn nicht. Sein Nickname ist die reinste Tarnung. Das habe ich schon oft bemerkt. Die Großen sind meist klein, alle Dagoberts sind bettelarm, und die vielen selbsternannten Glücksbringer sind reine Pechvögel. Er jedenfalls will das Eisen schmieden, solange es heiß ist. Glaubt er.

ER 09:49
Macht nichts, wir können uns auch hier irgendwo treffen. Dann disponiere ich um.
ICH 09:52
Ok, dann treffen wir uns an der Autobahn, aber du musst dich nach mir richten. Gib mir deine Handynummer.
ER 09:53
Mache ich. In Augsburg-Ost gibts n Burger King. ruf mich an, wann du da sein kannst, 01577[redacted], wenn wir uns mögen, kannste hierbleiben.

Tja, wenn das Wörtchen wenn nicht wär', dann wär' mein Vater Millionär. Und ich längst glücklich verheiratet mit einem Mann, um den mich alle Frauen beneiden, ohne ihn anzugraben. Träum' weiter, Katrin, sage ich zu mir selbst.

Um meine neueste Eroberung würde mich keine beneiden. Das ist ein unscheinbares Lenormännchen mit schütterem Haar und Silberblick. Wie er da so mit eingezogenen Schultern neben seinem Firmenopel auf mich wartet, packt mich das Mitleid. Den kann ich doch nicht im Regen stehen lassen. Im Schnellrestaurant stellt sich schnell heraus, dass Ivo der Schreckliche zu denen gehört, die sich im Netz alles trauen und im Leben gar nichts. Er sitzt da und starrt mich an, dann abwechselnd in seinen Colabecher und auf die kalten Pommes.

Mir ist auch nicht nach Konversation. Ich kaue mürrisch an meinem Hamburger und schaue demonstrativ auf die Uhr. »Ich muss dann mal los, ich hab ja noch 'ne weite Tour.« Ivo widerspricht nicht. Es scheint, als sei er froh, dass es vorüber ist und er unverletzt. Zum Abschied reicht er mir sein schwabbelig-schwitziges Händchen. So kann ich nicht losfahren, ich brauche Wasser und Seife.

Nach hundert Kilometern ereilt mich das kotzende Elend. Aber das liegt nicht an Ivo, so zart besaitet bin ich nicht. Ich habe mir den Magen verdorben, und daran dürfte die Bulette schuld sein. In Gruibingen-Süd halte ich an. »Willkommen im ersten Feng-Shui-Rasthaus Europas.« Auch das noch. Ich muss mich übergeben.

Feng bedeutet Wind, Shui bedeutet Wasser, lese ich auf der Toilette. Zusammen ist es die chinesische Heilslehre vom Umgang mit den Energien. Aha. »Die Fünf-Elemente-Küche bildet die feinstoffliche Grundlage für ein harmonisches Ganzes.« Das ist ja hier das reinste Aha-Erlebnis. 7,95 Euro kostet das Tagesgericht. Aber ich will nichts essen, ich kann nichts essen. Vermutlich nie wieder.

An der Tanke kaufe ich mir einen Underberg. Und runter damit. Der Typ an der Kasse wird sich seinen Teil denken. Das ist mir egal. Heute sind mir sowieso alle Typen egal. Ich will nur noch zu Doro, auf den Arm.

Ab dem Kreuz Stuttgart wird es allmählich besser. Ich kann mal wieder links auf die Tube drücken. Zum Glück ist es noch hell, bei Dunkelheit sehe ich nicht so gut, schon gar nicht, wenn es regnet. Noch vor halb acht bin ich in Villingen. Marta und Paulchen sind noch wach, die beiden nehmen mich erst mal in Beschlag.

Später sitze ich mit ihrer Mutter in der Küche, bei Prosecco und Schnittchen. Wir haben uns so lange nicht gesehen, dass ich gar nicht weiß, wo ich anfangen soll. Besser hätte ich ihr vorab meine Datenbank schicken sollen, dann käme sie mit den Kandidaten nicht so durcheinander. »War Martin der schlaffe Testfahrer auf der Raststätte?« Nee, das war Dirk. Martin ist mein Schuhfetischist. »Findest du so was nicht irgendwie abartig?« Ich muss grinsen: »Ganz so artig bin ich ja auch nicht.«

Doro prustet über den Tisch und braucht eine ganze Weile, ehe sie wieder zu Atem kommt. Meinen Erzählungen hört sie fasziniert zu, fragt manchmal ungläubig nach und kann sich den einen oder anderen bissigen Kommentar nicht verkneifen. Ich habe es nicht besser verdient, auch dafür findet sich das passende Sprichwort: Wer den Schaden hat, braucht für den Spott nicht zu sorgen.

Jetzt aber haben wir beide Spaß, kichern wie die Teenager und sind uns bald darin einig, dass Männer unentbehrlich sind. Ohne sie wären wir aufgeschmissen. Ohne sie wüssten wir nicht, worüber wir lästern könnten. Und damit bestätigt sich meine alte Theorie: Wir wollen unterhalten werden. Dabei hat Realsatire unstrittig den höchsten Unterhaltungswert.

Erst kurz vor vier endet unser gelungener Mädelsabend, mit Schlagseite krabbele ich ins Gästebett. Und komme am Morgen schwer wieder raus. Für ein ausgedehntes Frühstück fehlen uns die Zeit und der Gesprächsstoff. In Doros Leben tut sich nicht so viel, und ich muss erst wieder nachfüllen.

Ich treffe meinen Mann auf den Stufen zum Amtsgericht. Wir begrüßen uns mit herzlicher Umarmung. Er soll mich von Toni grüßen, den wir nachher gemeinsam von der Schule abholen wollen. Auch in der Verhandlung sind wir beide ganz locker, geben uns Stichwort wie ein altes Ehepaar und lachen zwischendurch über verschrobenes Juristendeutsch. Der Familienrichterin ist das nicht geheuer. »Sie verstehen sich doch beide offenbar recht gut. Wollen Sie es nicht noch mal versuchen?«, fragt sie in der Tonlage, mit der in Filmkomödien immer die Irrenärzte mit ihren Patienten sprechen.

»Nein«, antworten Rüdiger und ich wie aus ein Mund. Und ich erläutere das Missverständnis: »Wissen Sie, wir verstehen uns nur deshalb so gut, weil wir schon seit neun

Jahren getrennt leben. Früher war das anders.« Die Frau Vorsitzende nickt resigniert und macht einen Haken unter die Akte. In weniger als einer halben Stunde ist unsere Ehe erledigt. Geheiratet habe ich in weiß, geschieden werde ich in Jeans. Mit einem profanen Verwaltungsakt endet, was üblicherweise mit viel Brimborium beginnt. Das finde ich doch sehr ernüchternd. Um jeden Bußgeldbescheid wird mehr Aufhebens gemacht.

Ich bin froh, aus dem düsteren Altbau an die frische Luft zu kommen. Seltsam, dass Gerichtsgebäude immer so abgestanden riechen. Das muss ja auf die Menschen abfärben, die dort arbeiten. Bei meinem Ex-Mann untergehakt, nehmen wir Kurs aufs nächste Bistro. Meine Gemütslage ist ambivalent. »Irgendwie bin ich erleichtert, aber andererseits auch ein bisschen traurig.« Ihm geht es genauso. »Ja«, sagt er, »wir sind gescheitert.«

Rüdiger Eins bestellt sich Rühreier, obwohl ich ihm zu Spiegeleiern rate, weil die nicht mit Pulver gepanscht werden können. Er grinst triumphierend und klärt die Bedienung auf: »Wir sind seit einer Viertelstunde geschieden. Jetzt muss ich mich nicht mehr bevormunden lassen.« Mein Lachen schallt durch die Fußgängerzone. Ich bin froh, dass er seinen Humor nicht verloren hat. »Das ist schon einen Asbach uralt wert.« Bah! Wir feiern lieber mit Sekt. Und hätten darüber beinahe unseren Sohn vergessen.

Toni freut sich, mich zu sehen. Er erzählt von der Englischklausur, die er gerade geschrieben hat. Und er bedankt sich verlegen für die hundert Euro, die ich ihm für einen neuen iPod zustecke. Aber dann muss er schon weiter zum

Sport. »Tut mir leid, Mama.« Ein Kuss, ein Klaps, die Kumpels warten schon. Das war ja ein kurzes Vergnügen.

Ich habe den Schlüssel zu Doros Wohnung, ich darf die Kaffeemaschine anwerfen und ich weiß, wie man ihren Rechner hochfährt. Es ist wie in alten Zeiten, nur der Adventskranz fehlt. Und eine Änderung in meinem *Friendscout*-Profil ist mir ein dringendes Anliegen: Aus dem *getrennt lebend* mache ich mit einem Klick *geschieden.* Wieder habe ich ein Stück Vergangenheit begraben. Und wieder beginnt die Zukunft im Hier und Jetzt. Die Katze lässt das Mausen nicht.

Ich räume meinen Postkasten auf und schicke jedem eine kopierte Nachricht mit der frohen Botschaft: »Ich bin frei.« Ganz prompt reagiert *TamTam,* über den ich mich mal geärgert habe, weil er keine einzige Frage ausgefüllt hat und wohl glaubt, sein schräges Grinsen sei Lockangebot genug. Seinerzeit hatte ich ihn abblitzen lassen, heute bin ich milde gestimmt.

ER 15:30

biste noch böse auf mich?

ICH 15:32

ich weiß ja nicht mal mehr, wie du heißt

ER 15:32

ich bin der Jan, wir hatten doch schon das vergnügen

ICH 15:33

war ich nicht grad noch böse auf dich???

ER 15:33

nur weil du mich nicht kennst. ich bin ein ganz lieber mann

ICH 15:35
so einen hatte ich schon mal, von dem bin ich heute geschieden worden

Davon lässt er sich nicht vertreiben. Er gibt mir eine Art Lebenslauf, und der kommt mir irgendwie bekannt vor. Jan ist studierter Kommunikationswirt, was immer der ausschenken mag. Wer nichts wird, wird Wirt. Aber das kann ich ihm natürlich nicht schreiben, zumal er seit ein paar Monaten arbeitslos ist. Das wäre unfair. Ich weiß selbst, wie blöd es ist, seinen Job zu verlieren. Der Mann ist dreiundvierzig Jahre alt und war noch nie verheiratet, hat aber einen Sohn gezeugt, den er nicht sehen darf, weil die Mutter das nicht wünscht. Auch so ein Schicksal, manche Frauen sind ganz schön krass egoistisch.

Jan wohnt in Konstanz. Das ist nicht so ewig weit weg. Ich könnte morgen ja unten rum zurückfahren, über den Bodensee und durchs Allgäu. Als ich ihm die Idee nahebringe, ist er gleich Feuer und Flamme.

ER 15:51
Ich kann nach Singen kommen, dann musst du keinen Umweg fahren. die Uhrzeit bestimmst du.
ICH 15:55
ok, nicht vor dem frühstück. ich melde mich, wenn ich hier losfahre

Es wird natürlich mittags, denn auch der Freitagabend endete spät. Erst war ich mit Doro und ihrem Freund beim

Chinesen, während Opa auf die Kurzen aufpasste. Und dann mussten wir beiden Frauen noch die Weltlage ausdiskutieren, konkret: Ob man mir den passenden Mann nur backen kann oder ich bloß lange genug im Trüben fischen muss, um ihn mir eines Tages an Land zu ziehen. Und vielleicht ist es auch wie bei der Samstagziehung im Lotto: Diese Woche ich. *TamTam* jedenfalls glaubt an mich.

ER 10:59

Bist du schon unterwegs Katrin??? Ich musste mir doch glatt noch mal deine Bilder anschauen, damit ich nachher die Richtige finde. Du siehst echt gut aus! Wie soll ich da noch was auf die Reihe bekommen? Ich bin schon sooo gespannt ...

Und ich erst. Ich erfreue mich an seiner Vorfreude, wie ein kleiner Junge vor der Bescherung am Heiligen Abend. Aus dem Auto rufe ich ihn an. Jans Stimme ist nicht gerade erotisch. Sie erinnert mich an einen Frosch, das könnte zu dem Mund passen, mit dem er breit in die Kamera gegrinst hat. Vorsicht vor dem Konjunktiv, ermahne ich mich selbst, positiv wie negativ. In weniger als einer Stunde sollte ich mehr wissen. Wir verabreden uns für halb zwei im Café am Kino in der Stadt. Das werde ich schon finden.

Ich bin nicht aufgeregt. Noch nicht. Aber mit jedem Kilometer, den ich mich ihm nähere, beginnt mein Herz etwas schneller zu schlagen. Erst unmerklich, dann spürbar. Erklären kann ich mir das nicht. Es mag wohl aus dem Unterbewusstsein kommen.

Als er vor mir steht, aufgetaucht aus dem Dunkel des Foyers, ist alles Froschige weg. Was für ein Mann! Groß, kurze, dunkle Haare und blaue Augen, dazu ein einladendes Lächeln im kantigen Gesicht. Ein Blick von ihm reicht, und mir ist klar, dass ich den Hauptgewinn gezogen habe. Bingo! Das ist der attraktivste, der charmanteste, der tollste Mann, dem ich je begegnet bin. Würde er mir einen Heiratsantrag machen, hier auf der Straße, ohne dass wir uns die Hand gegeben, noch bevor wir uns geküsst haben, ich würde keine Sekunde zögern, ich würde Ja sagen.

Ich bin total verrückt. Und keiner merkt es mir an. Meine Begeisterung bleibt Jan verborgen. Ich bin wie immer: cool, diszipliniert, freundlich, mehr nicht. Das Feuer, das in meinem Innern lodert, kann er in der Senkrechten nicht erkennen. Um mich brennen zu sehen, müsste er mich flachlegen. Oder belügen und betrügen. Dann werden meine Augen zu glühender Lava. Aber noch bin ich für ihn eine Frau, die sich absolut im Griff hat.

Jan schaut mich an, mustert mich von oben bis unten, dreht mich einmal im Kreis, ist offenbar zufrieden und zieht mich am Arm ins Lokal. Wir setzen uns an einen Tisch nah beim Fenster und schweigen, gefühlte drei Minuten, bis die Serviererin sich nach unseren Wünschen erkundigt. Ohne mich zu fragen bestellt er zwei Cappuccino, schenkt mir dafür sein umwerfendes Lächeln, fasst mich bei den Händen und sagt: »Endlich, Katrin. Schön, dass du da bist.« Das mag eine Floskel sein, aber bei mir kommt an, dass er sein Leben lang auf mich gewartet hat.

Wir reden und reden und reden. Und hätte mich einer

gefragt, worüber wir geredet haben, so hätte ich es schon eine Stunde später nicht mehr sagen können. Zwischendurch gehen wir ein paar Schritte um den Block, sprechen und schweigen, angeregt und durchaus vertraut.

Bisher hat mich Jans gesamte Erscheinung geblendet, erst jetzt achte ich auf ein paar Details. Zur beigen Cordhose trägt er ein braun-grün meliertes Jackett, das schon bessere Tage gesehen hat, mit Leder an den Ellbogen. Seine Budapester sind auch schon älter, aber tadellos geputzt, die Absätze nicht schief gelaufen. Schuhe verraten viel über einen Menschen, deshalb könnte ich auch nie mit einem Holländer zusammen sein; die latschen ein Paar runter, ehe sie sich das nächste kaufen.

Auf mich wirkt Jan wie ein gut erzogener Internatsschüler aus verarmtem Landadel. Und damit liege ich gar nicht so falsch. Er war auf einem katholischen Konvikt, er ist Winzersohn, sein älterer Bruder hat das Weingut drüben bei Meersburg in vierter Generation vom Vater übernommen. Studiert hat er in Hamburg und seinen Job bei einer Public-Relations-Agentur verloren, als deren Großkunde zur Konkurrenz wechselte. Das alles erzählt er so ganz nebenbei, in einem freundlichen Tonfall, der nicht vermuten lässt, dass ihn ein Misserfolg aus der Bahn werfen könnte.

Wir kehren wieder ein, diesmal in eine Weinstube mit Kerzen auf den rot karierten Tischdecken. Ich fühle mich wohl, ich bin am richtigen Platz, ich bin bei einem Mann, der mich fasziniert von Anfang an. Bitte, bitte, lieber Gott, lass diesen Tag nie zu Ende gehen. Das ist natürlich ein frommer Wunsch. Ich habe noch mindestens vier Stunden

Autofahrt vor mir, quer durchs Allgäu. Und Jan hat sich das Auto von seiner Mutter geliehen, die damit zum Bridgeabend fahren will. Unsere Spielzeit ist also begrenzt.

Zum Abschied küsst Jan mich auf den Mund, zart wie ein Versprechen, aber nicht fordernd. Ich inhaliere seinen männlichen Duft und ich taste seine starken Muskeln am Oberarm. Ich lasse ihn ungern los, aber auch das lasse ich mir nicht anmerken. Die Rückfahrt ist nervig, wegen des vielen Ausflugsverkehrs, aber auch, weil ich in die falsche Richtung fahre, gen Osten. Innerlich zieht es mich retour zu Jan. Ich habe mich verknallt, so schnell kann es gehen.

Bei Banker-Jürgen hat es immerhin erst eingeschlagen, nachdem wir zusammen im Bett waren. Für mich ist das schmeichelhaft, für ihn ist es schmerzhaft. Er dreht fast durch, seine Kurznachrichten kommen jetzt im Stundentakt. »Katrin, warum lässt du mich leiden?« Und: »Katrin, hast du mich verlassen?« Oder: »Ich kann nur noch an dich denken, Katrin.« Er tut mir leid, wirklich. Aber wenn nicht gerade das Handy fiepst, denke ich nicht an ihn. Dann denke ich an den anderen.

Kurz nach zehn bin ich endlich zu Hause. Wie verabredet schicke ich Jan eine SMS: »Vielen Dank für den schönen Nachmittag. Ich hoffe, wir sehen uns ganz bald wieder. LG Katrin.« Es kommt keine Antwort, kein Anruf, nichts. Mit allem hätte ich gerechnet, aber damit nicht. Ich bin nicht sauer oder wütend, ich verstehe die Welt nicht mehr. Mag dieser Mann mich nicht? Habe ich mir das alles nur eingebildet? Mein Bauch krampft sich zusammen, Tränen fließen. Ich falle in ein tiefes Loch.

Nach einer schlaflosen Nacht greife ich zum Telefon und tippe seine Handynummer. »Der Teilnehmer ist vorübergehend nicht erreichbar. Versuchen Sie es später noch einmal.« Ich versuche es drei Mal, fünf Mal, zehn Mal. Und immer höre ich nur dieselbe Ansage. Das kann nur eines bedeuten: Jan muss einen Unfall gehabt haben, er liegt im Krankenhaus. Und bestimmt fühlt er sich jetzt so einsam und verzweifelt wie ich.

In meiner Not fällt mir nur Gerd Lambert ein, der Radiomoderator, quasi Jans Vorgänger. Der hat bestimmt Drähte zur Polizei, der muss mir suchen helfen. Ich schicke ihm eine E-Mail mit der Bitte, alle Unfälle rund um den Bodensee in der Nacht von Samstag auf Sonntag zu recherchieren. Kurz nach Mittag kommt seine Antwort. »Sehr geehrte Frau Katrin Agatha Christie, wie vom BMI und dem BND gemeldet wird, enthalten die offiziellen Berichte aus der Region rund um Singen und Konstanz im fraglichen Zeitraum folgende Ereignisse …«

In dieser Hinsicht ist auf ihn Verlass, dafür könnte ich ihn glatt wieder lieben. Akribisch hat er mir alle besonderen Vorkommnisse aus den Polizeiberichten aufgelistet: eine Karambolage in Radolfzell, eine Unfallflucht in Konstanz, ein Betrunkener auf der Wache in Singen, Fenstersturz in Stockach, Schwelbrand in Allensbach. Aber weit und breit kein Unfall mit Muttis rotem Volkswagen. Mein Jan lebt also noch. Leider!

Kapitel 10

Verliebt, verrückt, verzweifelt
Jagst du schon oder lockst du noch?

Wie sich Liebeskummer anfühlt, hätte ich beinahe vergessen gehabt. Die Symptome aber sind so eindeutig wie bei einer schweren Grippe. Ich habe Magenschmerzen, ich habe Schweißausbrüche und ich habe nah am Wasser gebaut. Ich bin fahrig, unkonzentriert, geistesabwesend. »Was ist denn los mit Ihnen, Frau Kropf?«, fragt mein Chef, halb besorgt, halb vorwurfsvoll. Die ersten Bewerbungsmappen sind eingetroffen, und ich habe sie durcheinandergebracht.

Ich muss mich zusammenreißen. Ich muss diesen Traummann aus dem Kopf bekommen. Ich muss mir einreden, dass ich alles nur geträumt habe. Sein Lächeln, unsere Gespräche, seinen Geruch. Ich muss Jan verscheuchen wie einen Albtraum am Morgen. Aber das geht nicht, natürlich nicht. Alle meine Gedanken kreisen nur um die zentrale Frage: Warum? Oder besser: Warum nicht? Warum, zum Teufel, meldet er sich nicht? Was habe ich getan, was habe ich ihm angetan, dass er mich mit Missachtung straft?

In meiner Not schreibe ich an Doro, meine liebe Freundin, die mich noch nie im Stich gelassen hat. Nicht, dass ich von ihr einen Ausweg, eine Lösung oder auch nur Trost erwarte. Aber ich brauche ein Ventil, ich muss es mir von der Seele schreiben.

ICH 11:03
Liebste Doro, mir geht's nicht gut. Hilf mir! Ich kann nicht essen und nicht trinken. Bald nicht mehr stehen und nicht sitzen. Und jetzt bleibt Dir gleich die Spucke weg, ich habe nichts mit dem Magen, nein, ich habe mich verknallt. Auf meiner Heimfahrt von Dir habe ich mich doch mit Jan getroffen. Eigentlich so'n nichtssagendes Ding. Und stell Dir vor, ich stehe vor ihm, und das ist der megasüßeste Typ, den Du je gesehen hast. Und nicht nur, dass er nur so aussieht, er ist auch so. Zu Hause habe ich ihm dann eine SMS geschickt und später versucht anzurufen. NICHTS! Gerd wurde damit beauftragt, die Unfallberichte zwischen Singen und Konstanz zu prüfen. WIEDER NICHTS! Also der Schweinehund lebt noch und meldet sich nicht. Ist das nicht die absolute bodenloseste Frechheit? Und jetzt hänge ich hier total in den Seilen und muss dieses Janvirus wieder aus mir entfernen. Schick mal online bisschen Penicillin rüber.
Deine kranke Katrin

Gleich nach der Mittagspause antwortet Dorothea, für sie ungewöhnlich schnell. Und wie gewöhnlich im Klartext.

SIE 13:45
Arme kranke Maus, Penicillin wird da nicht helfen, befrage eher mal dein Herz, warum du dich einfach mal so bei einem nichtssagenden Dings verliebst. Wie außergewöhnlich muss ein Mann sein, wegen dem man nach 4 Stunden Kontakt keine feste Nahrung zu sich nehmen

kann? Bleib also ganz ruhig und warte ab, ob er sich nicht doch noch meldet. Falls nicht, hast Du Dich halt mal geirrt. Der liebe Gott hat einen großen Zoo – und Du hast freien Eintritt.
Deine Doro

Auch am nächsten Tag bin ich noch immer neben der Spur, mache Fehler, die mir sonst nie passieren. Ich rede Herrn Müller mit Meier an, ich schicke Abrechnungen an den Verband statt an den Steuerberater. Und fange mir zu guter Letzt noch einen Rüffel ein, der sich gewaschen hat. »Entschuldigung, ich weiß auch nicht, was mit mir los ist.« Das ist gelogen, natürlich weiß ich es.

Zur Ablenkung gehe ich mal wieder bei *Friendscout* rein. Und da trifft mich dann der nächste Schlag: Stalker-Jürgen macht mir eine öffentliche Liebeserklärung. Er hat ein eigenes Profil für mich eingerichtet und es sinnigerweise mit dem Nickname *Für_HALBBITTER* versehen. Im Motto betet er mich an: »Katrin, bitte gib uns eine Chance. Du bist mein Leben! Noch nie habe ich eine Frau so geliebt wie dich. Glaub an uns. Ich werde dir die Welt zu Füßen legen. Ich warte auf dich.«

Da kann er lange warten. Ich bin außer mir, als ich die Bilder von der glücklichen Rama-Familie entdecke, die er nur für mich im VIP-Bereich hinterlegt hat: Mama, Papa, Kind. Dazu noch die Berge und Alpenglühen, immer mehr, immer kitschiger. Schließlich Fotos irgendwelcher Immobilien aus dem Makler-Angebot: ein Bauernhof, ein Haus am Meer, eine Villa im Grünen. »Dort werden wir leben, mein

Schatz, such es dir aus.« Mich laust der Affe! Das geht nun eindeutig zu weit, nicht einen Schritt zu weit, sondern gleich einen Dreisprung. Dem Kerl werde ich den Marsch blasen. Mit zittrigen Fingern tippe ich meine Warnung: »Wenn du diesen Schwachsinn nicht sofort (!) löschst, Jürgen, werde ich dich anzeigen. Mit unfreundlichen Grüßen, Katrin Kropf«

Ich kann mich gar nicht beruhigen und schmiede schon wüste Rachepläne. Ich werde an seinen Bankvorstand schreiben, ich werde ihm die Reifen zerstechen, rund um den See werde ich seinen Steckbrief aushängen. Ich werde, ich werde – ihm das Leben zur Hölle machen! Der Kerl soll noch um Gnade winseln, nicht um Liebe, da kenne ich keine Verwandten.

Alle halbe Stunde schaue ich nach, ob das unsägliche Konterprofil noch online steht. Kurz vor Feierabend ist es verschwunden. Na, Gott sei Dank. So schnell wie ich hochkoche, so schnell komme ich meist auch wieder runter. Diesmal dauert es etwas länger. Das war ja auch ein starkes Stück. Was manchen Idioten so einfällt. Aber natürlich werde ich nicht zur Polizei gehen. Immerhin hat Hans-Jürgen mich von meinem eigenen Herzeleid abgelenkt. Dafür hätte er eigentlich einen Orden verdient.

Mein Konto bei der Raiffeisenkasse habe ich gekündigt und vom Herrn Filialleiter nie wieder was gehört. Aus meiner Erinnerung ist er spurlos getilgt, mit Namen, Adresse und allen Telefonnummern. Es ist, als ob es ihn nie gegeben hätte. Und ich wünschte, mit Jan, dem Spinner, könnte ich genauso verfahren.

Ich weiß auch nicht, warum ich immer noch an das Gute im Mann glaube. Die meisten geben sich doch reichlich Mühe, mir diesen Glauben auszutreiben. Aber es glimmt wohl immer noch ein Funke Hoffnung. Abends chatte ich mit Heiko, dem Spürhund von der Drogenfahndung. Das ist ein echter Franke, wortkarg und manchmal ungewollt komisch.

ER 20:39

da bist du ja, katrin

ICH 20:41

ja höchstpersönlich, nicht mein geist. und du bist ja auch da. hallo, Heiko!

ER 20:41

aber nicht mehr lange. wir müssen gleich wieder raus.

ICH 20:42

gehst du mit deinen kollegen schwere jungs jagen?

macht ihr so 'ne richtige razzia?

ER 20:42

lach ... und siehst zu viele krimis ...

ICH 20:43

machst du eigentlich noch was anderes außer arbeiten???

ER 20:43

doch schon ... sport mache ich auch *lächel* wollen wir morgen abend telefonieren?

ICH 20:44

ja, sehr gern. meine nummer 08022[redacted]

ER 20:44

ok melde mich ca. 22:00

Na, da bin ich mal gespannt. Einen, mit dem ich mich zum Telefonieren verabreden muss, hatte ich auch noch nicht. Uli, der sparsame Schwabe, greift direkt zum Hörer, rechtzeitig bevor bei ihm um Mitternacht wieder alles zusammenbricht. Vermutlich teilt er sich mit seinem Nachbarn eine Flatrate. Aber mit Worten geizt er nicht, die weiß er verschwenderisch einzusetzen. So wird aus dem Anruf ein Gespräch und aus dem Gespräch ein Flirt. Ganz nach meinem Gusto. Nur als es schlüpfrig wird, ziehe ich die Reißleine. »Ich will dich erst mal sehen und riechen, mein Lieber. Bei mir musst du erscheinen, bevor du kommst.«

Wir einigen uns auf Freitag, nicht zu spät, damit er auch wieder nach Hause kann. Uli hat sofort den Fahrplan parat, klar, der Typ ist ja bei der Bahn und darf kostenlos fahren. Hoffentlich nicht umsonst, das täte mir wirklich leid und nicht nur für ihn. Um 17:33 Uhr soll ich ihn in München am Gleis 15 abholen. Und für alle Fälle vereinbaren wir noch ein Erkennungszeichen in der Menschenmenge: Er trägt die *Stuttgarter Zeitung* unterm Arm, ganz klassisch.

Am nächsten Tag stehen die Vorstellungsgespräche an. Vier Damen sind eingeladen, allesamt frei ab sofort. Die Termine habe ich so gelegt, dass der Chef für jede eine Stunde Zeit hat. Nachdem er die letzte verabschiedet hat, telefoniert er mit der Buchhaltung, um sich die Lohnnebenkosten ausrechnen zu lassen. »Die Beste ist nicht immer die Teuerste, Frau Kropf«, wirft er mir zu. »Aber wem sage ich das.« Und vor allem, was will er mir damit sagen? Wieder mal ist meine besondere Stärke gefragt, ich werde mich gedulden müssen.

Sobald der Trubel im Büro nachlässt, fällt mir sofort Jan ein, mein Traummann, der mich verlassen hat, bevor wir zusammen waren. Und schlagartig verdüstert sich meine Stimmung. Auch mit Abstand kann ich mir keinen Reim drauf machen, was den geritten hat, mir erst den Hof zu machen und dann gar nichts mehr. Nichts! Vielleicht habe ich seine Avancen nicht deutlich genug erwidert, wieder mal zu unterkühlt gewirkt. Und vermutlich werde ich das nie erfahren.

Auf die Polizei ist hingegen Verlass. Eine Minute vor zehn meldet sich Bulle Heiko zur Stelle. Diesmal sitzt er im Auto, bei irgendeiner Observation, über die er mir nichts sagen darf. Natürlich nicht, Staatsgeheimnis! Er erzählt mir von seiner kleinen Tochter, die bei der Ex-Freundin irgendwo im Bayerischen Wald lebt und um die er sich intensiv kümmert. Auch das verbraucht seine knappe Freizeit. »Und was willst du dann mit einer Frau?« Ich könnte mir auf die Zunge beißen, kaum dass ich es ausgesprochen habe. Konkurrenz aufzubauen zu einem Kind ist nun wirklich nicht die feine Art.

Heiko reagiert gelassen: »Das wird sich alles finden. Ich suche eine Frau, die mich ertragen kann, mich und meinen Beruf.« Auf den habe er lange hingearbeitet, von dem werde er nicht lassen. Auch nicht für jemand, die ihn liebt. Das klingt sehr entschlossen. Und das gefällt mir. Ich frage ihn, ob er mir ein Foto machen kann mit seinem Handy, jetzt, da irgendwo in der Nacht. »Klar doch.« Ein paar Sekunden später landet das Bild in meinem Speicher. Gar nicht so schlecht. Der Mann, nicht das Foto. Das ist verrauscht und wird es nicht in mein Album schaffen.

Am Freitag fällt die Entscheidung über meine Nachfolgerin: Gerlinde Gastner, eine resolute Blondine in ihren Fünfzigern, bestimmt tüchtig, aber keine Versuchung für den Chef. Er ruft sie selbst an, um ihr als Schmankerl obendrauf noch Fahrgeld anzubieten. Die Dame wohnt drüben in Holzkirchen und soll gleich in der kommenden Woche anfangen, damit ich sie noch einarbeiten kann. Bei mir ist alles geregelt. Zum 1. Juni wechsele ich in den Service. Da werde ich auch noch viel lernen müssen, alle Abläufe an der Theke und in der Küche, die Speisekarte rauf und runter und wie man die Kasse bedient, davor habe ich ein bisschen Bammel.

Zu Hause trödele ich mal wieder so lange, bis es knapp wird. Dabei habe ich mich nicht mal umgezogen. Aber die Strecke nach München unterschätze ich immer noch, den Verkehr sowieso. Ich bin halt ein Mädel vom Lande. Auf den letzten Drücker hetzte ich die Stufen zum Hauptbahnhof hoch. Natürlich hat ausgerechnet Ulis Zug mal keine Verspätung. Wenigstens gerate ich nicht in Gefahr, den Falschen anzusprechen. Mein unbekannter Verehrer hat mich schon erkannt und stürmt mit fröhlichem Lachen auf mich zu. Küsschen rechts, Küsschen links.

Im Internet habe ich ein chinesisches Restaurant in Fußentfernung rausgesucht. Diesmal zahle ich, das sage ich ihm gleich vorweg, weil er doch den weiten Weg auf sich genommen hat. Er protestiert nicht einmal: »Das finde ich jetzt fair, Katrin.« Wir sprechen ein bisschen über seine Arbeit und über meine neue. Wir unterhalten uns über seinen bevorstehenden Amerikaurlaub, verständigen uns auf den

Traum von Freiheit und Abenteuer, und dann sprechen wir über Mode, dass schöne Schuhe schöne Beine noch schöner machen und warum die meisten Männer auf High Heels stehen.

Die Zeit wird mir nicht lang, ihm offensichtlich auch nicht. Aber unser Date könnte auch die Begegnung zweier Freunde sein, die sich lange nicht gesehen und viel zu erzählen haben. Uli ist ein attraktiver Mann, ein guter Typ, bestimmt ein prima Kumpel. Ein Mann für alle Fälle, aber bestimmt nicht für mich, das weiß ich von der ersten Sekunde an. Und ich bin mir sicher, dass auch er das spürt. Vielleicht wären wir zu einer anderen Zeit, unter anderen Umständen sogar ein Paar geworden. Heute passt es nicht, und morgen wird es auch nicht passen.

Uli will den Zug um 20:40 Uhr nehmen, mit dem nächsten müsste er dreimal umsteigen und wäre erst mitten in der Nacht daheim. Das leuchtet mir ein, ich will ihn nicht aufhalten. Es ist auch alles gesagt. Nur noch nichts zur Perspektive. »Komm mich doch mal besuchen, und wenn du magst, bringst du deinen Sohn mit.« Ich nicke. Und verabschiede ihn wieder mit zwei Küsschen, eins rechts, eins links.

Frohgemut fahre ich heim. Es war ein guter Abend, weil mir so langsam aufgeht, dass Männer nicht nur für das Eine taugen. Und dafür auch nicht nur der Eine. Sie sind vielfältig einsetzbar, genau wie wir. Aus dem Autoradio singt Madonna *Like A Virgin.* Ich muss schmunzeln. Nicht, dass das Programm wird.

Fürs Wochenende habe ich mir bewusst nichts vorgenommen. Ich muss mal runterkommen. Kein Date, keine

Telefonate, nur abhängen und aufräumen. Und noch ein bisschen Trauerarbeit zum treulosen Jan. Mit der Küche bin ich fertig, jetzt fahre ich mit dem Staubsauger durchs Wohnzimmer, deshalb habe ich auch den Handy-Piepston nicht hören können. Aber ich sehe die Leuchtdiode blinken und will wissen, wer mich stört.

Die Nachricht ist von ihm. Hilfe! Mein Herz rast, ich hyperventiliere. Es dauert gefühlte fünf Minuten, bis ich den Text aufrufen kann: »Sorry, liebe Katrin, dass ich mich nicht früher gemeldet habe. Ich hatte Besuch. Hast du morgen Zeit? Ich würde dich gern wiedersehen. Herzliche Grüße vom Bodensee, Jan.«

Das mit dem Besuch kann nur eine blöde Ausrede sein, blöder geht es ja kaum. Aber egal. Er lebt, er hat sich gemeldet und er will mich sehen. Alles andere zählt nicht mehr. Ich schaffe es gerade noch, nicht sofort jauchzend vor Glück zu senden: Ja, ja, ja. Stattdessen zwinge ich mich zur Ruhe. Ich brühe mir einen Kaffee auf, zünde mir eine Zigarette an und starre auf die Wanduhr. Eine Viertelstunde Karenz habe ich mir auferlegt. Der Minutenzeiger kriecht über das Ziffernblatt, mit aller Kraft muss ich mich beherrschen. Erst um Punkt halb zwei schreibe ich zurück: »Hallo, Jan. Schön, dass du noch lebst. Wo sollen wir uns denn treffen? K.«

Ich kann nur hoffen, dass sich das cool genug liest. Der Aufruhr in meinem Innern geht ihn nichts an, den hat er nur verursacht. Schon absurd, um nicht sagen: Schön blöd. Ich sollte ihm meinen ganzen Emotions-Kladderadatsch vor die Füße kippen. Aber das würde den Mann völlig überfordern, jeden Mann, aber ihn ganz bestimmt. Er hat ja selbst genug Probleme, mit seiner Arbeitslosigkeit und überhaupt.

Ich komme Jan entgegen, wir treffen uns Sonntagmittag in Oberstaufen, einem Kurort im Allgäu, berühmt-berüchtigt für das ungezügelte Halligalli älterer Semester. Jan geht es nicht gut, das kann ich ihm ansehen. »Was ist passiert?« Er hat sich bei einer Werbeagentur beworben und ist als zu alt abgelehnt worden. Dabei sieht er aus wie ein großer Junge, und so verhält er sich auch. Das passt alles nicht zusammen.

Ich begehre diesen Mann. Ich will ihn spüren, seinen Atem, seine Haut, sein Gewicht. Ein einziges Mal nur, das würde mir reichen. Das denke ich jetzt, um meine Hoffnung zu zügeln. Wir gehen in ein piefiges Café, wir sitzen zwischen spießigen Leuten und machen uns was vor. Er sagt mir, dass er heute nicht so viel Zeit habe, weil er am nächsten Morgen zu einem Bewerbungsgespräch nach Bremen muss und heute Abend noch seine Unterlagen richten will. Ich bin enttäuscht, ich bin traurig, dass er mich nicht fragt, ob ich mit ihm fahren will. Ich wäre nicht abkömmlich, aber ihm kommt ja nicht mal die Frage in den Sinn.

Jan ist sensibel genug, mir mein Stimmungstief anzumerken. Jetzt erkundigt er sich: »Was ist mit dir?« Ich schüttle den Kopf. Und er wird grundsätzlich: »Was willst du eigentlich von mir, Katrin?« Jetzt könnte ich ihm meine Liebe eingestehen. Jetzt könnte ich sagen: Ich will in deiner Nähe sein, Jan, dich berühren, mit dir lachen und weinen, weil du mein Traummann bist. Und ich deine Traumfrau sein möchte.

Und was macht Klein-Katrin? Ich grinse meinen Traummann an und sage lässig: »Es wäre nett, wenn wir uns öfter mal sehen könnten.« Nett? Nett ist der kleine Bruder von Scheiße. Ja, super, Frau Kropf, das wäre Ihre Chance gewesen. Für ihn muss sich meine Antwort anhören wie: Ruf doch wieder mal an. Und gerade so unverbindlich habe ich es nicht gemeint. Ich bin ein Kamel.

Jan ist genauso linkisch wie ich. »Was ich von dir will, weiß ich auch noch nicht. Aber wir könnten es ja mal bei einem gemeinsamen Wochenende rausfinden.« Feuerwerk! Jetzt bloß keinen Fehler machen. Ich fasse zart nach seiner Hand und sage ernsthaft:« Ja, das wäre schön, Jan.«

Zum Abschied umarmen wir uns lange, so, als wäre es ein Abschied für immer. Leidenschaftlich geküsst haben wir uns nicht. Mir ist das recht, ich bin nicht so die große Küsserin. Nur beim Sex überkommt es mich manchmal. Aber im Moment bin ich nicht geil auf Jan, ich bin verliebt und unsicher.

Auf der Rückfahrt schießen mir viele Gedanken durch den Kopf. Mir fällt auf, dass ich noch jeden Mann bekommen habe, in den ich verliebt war. Ich habe nur keinen behalten. Das scheint ein seltsames Gesetz zu sein. Aber vielleicht ist der Anspruch auf ewiges Glück auch wirklich unerfüllbar. *Bis dass der Tod uns scheidet* dauerte früher so lange wie meine Ehe, nicht mal zwanzig Jahre. Binnen weniger Generationen hat sich die durchschnittliche Lebenserwartung verdoppelt, ganz zu schweigen von den Gelegenheiten, einen gegen den anderen auszutauschen, und von den vielen Reizen. Die haben sich vervielfacht. Es reicht ein Klick, damit es Klick machen kann.

Als ich meinen Ex kennenlernte, war ich eine kleine Studentin, vom Zentralrat der Freien Deutschen Jugend als Tippse abgeordnet zu den Pionierfestspielen nach Chemnitz, das damals noch Karl-Marx-Stadt hieß. Rüdiger Eins hingegen war schon eine lokale Größe, als Sänger und als Macher hinter vielen Veranstaltungen der Partei. Und außerdem war er charmant, sah gut aus, konnte noch besser tanzen. Heute würde man sagen, er war ein *Womanizer*. Jede Frau zwischen achtzehn und fünfzig war hinter ihm her. Und alle lachten mich aus, als sie mitbekamen, wie ich für ihn schwärmte. Er lachte mich an, und wenig später hat er mich geheiratet. Warum ausgerechnet mich, ist mir bis heute ein Rätsel.

Ich zweifle aber, ob es auch bei Jan funktionieren wird. In zwanzig Jahren hat sich viel geändert, und damit meine ich nicht meinen Körper, der ist noch gut dabei. Nein, ich habe mich verändert. Wenn ich ehrlich sein will, dann muss ich zugeben, dass ich härter geworden bin, manchmal unnahbar. Auf Menschen, die mich nicht sehr gut kennen, muss ich kalt und berechnend wirken, vielleicht auch eingebildet.

Jedenfalls kann ich mich nur schwer öffnen, das lässt sich nicht leugnen. Damit stehe ich mir natürlich selbst im Weg. Denn jeder sehnt sich doch danach, erkannt zu werden. Und um erkannt zu werden, muss man sich zu erkennen geben. So einfach ist das. Jan wieder mit einem euphorischen Gute-Nacht-Gruß zu bedrängen spare ich mir diesmal trotzdem. Ich muss meine Enttäuschungen ja nicht provozieren. Soll er doch aktiv werden. Er wird es nicht, und ich kann trotzdem einschlafen.

Montagmorgen tritt Frau Gastner an, meine Nachfolgerin, ziemlich resolut und wissbegierig, so nach der Methode: Wo steht das Klavier? Ich muss sie eher bremsen als anschieben. Das ist auch weniger mühsam. Ich zeige, erkläre, mache vor. Sie hört zu, sie fragt und macht nach. Der Chef schaut uns wohlwollend über die Schulter. »Meine Damen, vertragen Sie sich«, mahnt er präventiv. Ein Zickenkrieg im Vorzimmer dürfte seine Horrorvision sein, selbst wenn er nur eine Woche dauert.

Jan meldet sich den ganzen Tag über nicht, sieht offenbar keine Veranlassung mir mitzuteilen, wie sein wichtiges Vorstellungsgespräch gelaufen ist. Mich überrascht das nicht mehr. Es passt in mein Gesamtbild, das mit Abstand immer klarer wird. Ich darf nicht mehr erwarten, als er leisten kann. Das ist ein Mann mit Problemen, jedes zusätzliche blockt er unterbewusst ab. Und ich bin ein Problem für ihn, ich will ihm an die Wäsche.

Tagsüber kann ich jetzt natürlich nicht mehr chatten, da ist der neue Bürodrache vor. Auch gut, das wirkt wie eine sanfte Entziehungskur und hilft mir, Beruf und Privatleben zu trennen. Das empfiehlt jeder Coach, jeder Trainer, jeder Therapeut. Männer können das, glaube ich, ohnehin sehr viel besser als wir. Nicht, dass sie grundsätzlich jedem Flirt in der Firma aus dem Weg gehen würden. Aber sie vermischen die Ebenen nicht so selbstverständlich. Der Verstand gehört zum Beruf, das Gefühl ist privat. Man könnte auch sagen: Frauen lieben ganzheitlich, Männer haben zwischendurch zu tun.

So wie Bechthold, von dem ich zu meiner großen Überraschung eine Ansichtskarte im Hausbriefkasten finde. Sie zeigt eine Araberin, deren dunkle Augen wie zwei glühende Kohlen unter dem schwarzen Schleier leuchten. »Das würde dir auch gut stehen, Katrin.« Frank hat eine schöne Handschrift, aber ich kann sie kaum entziffern. »Ich bin nur nicht sicher, ob er mir dann auch noch stehen würde.« Soll das nun er oder es heißen? Das macht schon einen Unterschied. Eine freche Anspielung ist es allemal. »Ich denke an Dich, wenn ich gerade mal nicht in der Wüste döse. Auf bald, F.« Ich kann nicht behaupten, dass er mich kaltlässt. Aber auch nicht, dass er mich heißmacht. Der Abstand ist noch zu groß, und damit meine ich nicht den Blick auf die Landkarte.

Dienstagnachmittag geht die neue Kollegin etwas früher, weil sie noch einen Arzttermin hat, der schon länger vereinbart war. Und ich gehe online. Gleich im zweiten Anlauf fange ich mir einen besonderen Vogel ein. Michael aus Dresden, 41 Jahre alter Doktor der Physik, verheiratet, Vater von zwei Kindern und mein erster Ossi.

ICH 16:59

verheiratet geht ja gar nicht

ER 17:02

gar nicht gibt's ja gar nicht. *gfg*

ICH 17:03

das wollen wir doch mal sehen!!!

ER 17:04

anbei mein VIP ... Ich jetzt auch.

Okay, gleiches Recht für alle. Ich schalte ihm meine versteckten Bilder frei und staune über seine. Der Typ sieht ja aus wie ein Hollywoodstar. Wenn die Fotos mal nicht irgendwoher kopiert sind, und in Wahrheit schreibe ich hier Frankensteins Neffen. Damit ich nicht so ganz im Schatten seines Titels verschwinde, stelle ich mich als Katharina von Meynburg vor. Wie simpel es doch ist, einen Menschen zu beeindrucken.

ER 17:10

Ich muss dich unbedingt treffen. Ich meine,
nicht nur sehen …

ICH 17:11

Ach ja?! Was suchst du denn?

ER 17:11

eine elegante, intelligente, attraktive Schlampe

Oha, der meint ja wirklich mich. Aber das kann ich natürlich nicht eingestehen, jedenfalls jetzt noch nicht.

ICH 17:13

Dann such mal schön weiter …

ER 17:14

halt, katharina, verlass mich nicht! ich bin doch schon
so scharf.

Er will Cybersex und legt gleich los, beschreibt mir seinen strammen Kumpel, der so schön gerade sei und sehr ausdauernd. Ich habe das noch nie gemacht, mich schriftlich aufheizen zu lassen. Aber ich muss sagen, es hat auch was. Wenn ich nicht weiterweiß, breche ich ab mit einer Ausrede: »Sorry, das Telefon klingelt« oder »Mein Chef kommt rein«. Aber Doktor Michael lässt nicht locker. Er will mehr, er will es auch real. Am nächsten Wochenende muss er zum Kongress nach München.

ER 17:33

Da kann ich doch mal eben rüberrutschen zum Tegernsee.

ICH 17:34

Und über mich???

ER 17:34

GRINNNNSSSS

ICH 17:34

Immer langsam mit den jungen Pferden. Versprich dir mal nicht zu viel.

Er nötigt mir noch seine Handynummer auf, und die notiere ich mal, man weiß ja nie, wozu der Herr mal dienlich sein kann. Vielleicht will Tony Physik studieren.

Abends zu Hause flimmert mir *Gut_Mann* auf den Monitor. Der Nickname gefällt mir, weil er auf Ironie hindeutet und ich Gutmenschen auch öde finde. Dahinter verbirgt sich Reiner, zwei Jahre jünger als ich und ebenso frisch geschieden, außerdem auch Vater eines Sohnes. Wir kommen ins Klönen, erst mit Buchstaben, dann am Telefon. Er verzaubert mich mit einem bezaubernden Vorschlag: »Wir treffen uns bei Sonnenuntergang auf einem Bootssteg am See. Du bringst die Kerzen mit und ich den Wein.« Da kann ich nicht widerstehen, damit fängt er selbst mich ein, die bekennende Unromantikerin. Am Donnerstag wollen wir es angehen, wenn das Wetter mitspielt.

Und wir haben Glück. Um halb neun sind es noch 22 Grad, das Abendrot beleuchtet Cirrostratuswolken, ein leichtes Lüftchen kräuselt die Wellen. Der perfekte Frühlingsabend für akute Frühlingsgefühle. Reiner sieht viel besser aus als auf dem Bild, das er in sein Profil gestellt hat. Er ist über 1,80, er hat volles, dunkles Haar. Und er hat einen richtig knackigen Hintern, den er mir in seinen engen Jeans präsentiert, als er eine weiße Tischdecke über das modrige Holz des verlassenen Anlegers breitet. Das ist ja großes Kino. Stilvoller geht es kaum. Und fürsorglich ist dieser Mann auch noch: Mir hat er eine Strickjacke mitgebracht, die er mir um die Schultern legt, auf dass ich nicht fröstele. Er hat wirklich an alles gedacht.

Nach einigem Fluchen gelingt es mir, zwei Kerzen zwischen den Planken festzuklemmen. Sie flackern geheimnisvoll in der Dämmerung. Der alte Barolo trägt zum Gelingen des Abends maßgeblich bei. Mein Gastgeber schenkt ein, er schenkt nach. Und mir schenkt er sein fröhliches Lausbubenlachen. Wir amüsieren uns über eine Ente, die ihrem Ganter ständig hinterherwatschelt, ihn so bedrängt, dass er sich schließlich unter eines der Ruderboote flüchtet, die am Ufer vertäut sind. Reiner scherzt: »Die haben sich bestimmt bei ente.de kennengelernt.«

Als es kühler wird, rücken wir näher zusammen. Er packt mich fest, aber nicht grob am Oberarm, rückt meinen Kopf in Position und küsst mich, sehr konzentriert, sehr intensiv.

Wow, daran könnte sogar ich noch Gefallen finden. In meiner Magengegend flattern die Schmetterlinge. Bei Reiner fühle ich mich geborgen. Jan und Gerd Lambert, auch Bechthold und all die anderen sind plötzlich weit weg.

Wir erzählen uns aus der Kindheit, wir machen Pläne für Fahrradtouren und Wanderungen, wir sprechen über die Ängste, uns nicht mehr so richtig verlieben zu können, so ganz bedingungslos wie früher. Und sind doch gerade dabei. Unbeabsichtigt und unausgesprochen. Das bevorstehende Wochenende wollen wir in München verbringen. Erst shoppen, dann poppen, aber das behalte ich besser für mich. Diesmal will ich es behutsam angehen.

Aber es hilft alles nichts. Am Freitag, kurz vor Mittag, sagt Reiner ab. »Du, Katrin, es tut mir furchtbar leid. Ich muss geschäftlich nach Salzburg. Das ist sehr wichtig. Bitte sei mir nicht böse.« Ich? Nein, warum sollte ich. »Ich bin doch nicht böse, Reiner. Wir werden es nachholen. Auf eine Woche kommt es nicht an. Bring mir was Schönes aus Salzburg mit. LG.«

Von dem guten Mann habe ich nie wieder gehört, auch nicht bei *Friendscout*. Am Vorabend ist noch große Harmonie, will er das, wovon ich träume, hat unsere Zukunft gerade erst begonnen, und am nächsten Tag verabschiedet er sich französisch. Soll mir eine die Männer verstehen. Mir kommt der Verdacht, dass viele sich selber nicht verstehen. Deshalb müssen sie auf die Couch.

Für mich kann das nur eines bedeuten: Ich darf das Spiel nicht ernst nehmen. Und so beschließe ich denn zu probieren, zu testen, zu genießen. Wenn's mal passt, auch nur für einen Tag oder eine Woche, ist es gut. Und wenn nicht, dann ist es auch keine Katastrophe. Was die können, das kannst du doch längst, Katrin. Ich muss mir Mut einreden, Mut zur Unverbindlichkeit.

Und ich bin mal wieder überfällig. In diesem Monat hatte ich zwar ein halbes Dutzend Dates, doch noch keinen einzigen Orgasmus. Schmetterlinge sind da kein Ersatz. Ich brauche einen Mann, nicht für immer, aber für gleich. Das Wochenende ist noch unbesetzt. Stalker-Jürgen kommt nicht mehr infrage, auch wenn er im Bett so schlecht nicht war. Aber sobald ich ihm einen kleinen Finger reiche, reißt er mir er die ganze Hand aus. Und wenn ich mich noch mal rühre, fängt der Zirkus von vorne an.

Nach verschärftem Grübeln fällt mir der geile Ossi-Doktor ein, der doch ab heute in Reichweite sein müsste. Und seine Handynummer krame ich aus den Tiefen meiner Handtasche. Gott sei Dank habe ich mir auch seinen Vornamen notiert, das hätte sonst echt peinlich werden können. »Hallo Michael, wenn du Zeit hast, können wir uns sehen. Aber du musst herkommen. LG vom Tegernsee, Katharina.« Und ein Glück, dass mir meine falsche Identität noch rechtzeitig eingefallen ist. Mit seiner Antwort lässt der Herr sich bis zum Abend Zeit, sodass ich schon fürchtete, mit meiner Kurznachricht könnte ich einem harmlosen Ehemann Stress gemacht haben. »Ok, ich nehme mir einen Leihwagen und komme zu dir raus. Details am Telefon. Vorfreudig erregt, Michael.«

Ich dirigiere ihn zum Café Seehaus. Er ist überpünktlich, er sieht blendend aus und lässt keinen Zweifel an seinen unkeuschen Absichten aufkommen. Dieser Mann weiß genau, was er will. Die kontrollierte Gier blitzt ihm aus den stahlblauen Augen. Herr Dr. Langner will mich, am besten sofort und dann immer wieder, Hauptsache unkompliziert.

Als ich auf der voll besetzten Terrasse im weißen Kleidchen vor ihm hergehe, blickt jeder Kerl von seinem Bierglas hoch auf meinen Po. »Das hat mich angemacht«, offenbart mir Michael, als wir uns an ein enges Tischchen gezwängt haben. Er ist sofort beim Thema. Er sucht eine erfahrene Geliebte, und dass ich nicht um die Ecke wohne, ist ihm nur zu recht. So kann ich nicht plötzlich bei seiner Gemahlsgattin vor der Tür stehen oder will mitten in der Woche fein ausgeführt werden.

Seine Vision von einer offenen Beziehung schildert Michael mir in den schillerndsten Farben. Er will mich sexuell verfügbar, wenn ihm danach ist. »Und es soll dein Schaden nicht sein«, verkündet er mit einem anzüglichen Lächeln. Er will mich ausstaffieren, mir Dessous kaufen, Kleider, Schuhe. Er will mich in einen edlen Swingerclub an die Ostsee einladen, in dem er Mitglied ist. Dort könne ich mir von all den wunderschönen Ostblock-Huren die schönste aussuchen, die mich dann vor seinen Augen verwöhnen müsse. »Du wirst einen Höhepunkt nach dem nächsten erleben.« Und das mir! Wo ich doch mit einem pro Monat schon zufrieden wäre. Aber bitte schön hier in Bayern, nicht oben an der Küste.

Michael hat fertig, er lauert auf meine Reaktion. Wenn ich sofort ablehne, muss das schon arg spießig rüberkommen. Deshalb verzögere ich: »Kann ich Bedenkzeit haben?« Der Herr ist enttäuscht. Und ich bin mir sicher, dass ich mich nie prostituieren möchte, auch nicht indirekt. Die Vorstellung, einen Swingerclub mal von innen zu sehen, hat durchaus was Abenteuerliches. Aber wie schnell driftet man ab. Sein unmoralisches Angebot kollidiert mit meinen Moralvorstellungen. Schau an, Frau Kropf, dann doch! Ich muss mir mal selbst auf die Schulter klopfen. Sonst macht das ja keiner.

Kapitel 11

Ungeschminkt und fern der Heimat

Er hat Ansehen, sie soll aussehen

Der Wollrock sitzt wie angegossen. Und auch die Schürze steht mir gut. Vielleicht sollte ich mich doch mit der traditionellen Frauenrolle anfreunden, denke ich in mich hinein. Nur die Schuhe drücken noch ein bisschen, in einer Zwölfstundenschicht könnte das unangenehm werden.

Auf die Anprobe folgt die Einweisung, kurz und schmerzlos. »Hier tippst du die Bestellungen ein«, erklärt mir Margit, »vorn an der Theke holst du die Getränke ab, immer erst die Getränke, dann die Speisen aus der Küche.« Sie rät mir, das große Tablett am Anfang nicht zu überladen. »Und wenn du rausträgst, dann achte auf die drei Stufen, da hat's mich auch schon mal bös hingehauen.« Ich nicke andächtig und hoffe, dass es mir erspart bleiben wird, wie ein Maikäfer auf dem Rücken zu liegen, die Beine hoch, den Rock auch, und über mir nur Leberknödelsuppe.

Mit der schönen Regelmäßigkeit ist es vorbei, jetzt habe ich Schichtdienst. Und meine Stimmung ist gespalten. Einerseits bin ich froh, dass meine Servicekarriere endlich startet. Andererseits habe ich Angst zu versagen. Von oben sah das alles leichter aus, als es hier unten ist. Aber probieren geht über studieren. Noch bin ich in meinem Leben mit jeder Herausforderung fertiggeworden, irgendwie. Und irgendwann. »Es ist noch kein Meister vom Himmel gefallen«, tröstet mich die Kollegin vom Nachbarrevier, als ich zwei Bestellungen durcheinanderbringe. Schon klar. »Und Rom wurde auch nicht in einem Tag erbaut.« Sie schaut mich an wie ein Auto.

Vorerst sollte ich besser keine so dicke Lippe riskieren. Auch den richtigen Ton bei der Kundschaft muss ich noch rausfinden, eine Mischung aus freundlich-lieb und fröhlich-forsch wäre wahrscheinlich optimal, eben so, wie ich selbst als Gast bedient werden möchte. Natürlich auch ohne Milchkaffee auf dem Hemd. Aber Kaffee ist hier sowieso die Ausnahme, dafür fließt das Bier in Strömen, und die Maßkrüge sind elend schwer zu schleppen.

Heute geht alles glatt. »Für den Anfang nicht schlecht, Katrin.« Das war ein Lob von der kleinen Chefin, das höchste der Gefühle, wie ich bald mitkriegen werde. Und dass sie uns alle duzt, sich das aber umgekehrt strikt verbittet. Nur den Umgang mit Geld muss ich noch lernen. Mein Umsatz liegt mit 722 Euro knapp unter Durchschnitt, und davon bekomme ich zehn Prozent. Bei der Abrechnung habe ich aber 5,28 Euro Minus, mir völlig unerklärlich. Das muss ich von meinem Trinkgeld ausgleichen und auf dem Lehrgeldkonto verbuchen.

Ich bin froh, als ich nach Hause darf. Heute bin ich richtig geschafft, körperlich geschafft. Heute brauche ich keinen Sex mehr, nur noch eine heiße Dusche. An Doro schreibe ich noch ein paar Zeilen.

ICH 21:11
Meine liebe Doro, heute war mein großer Tag. Ich habe im Service angefangen. Natürlich ist das alles noch neu für mich, aber dafür lief's nicht schlecht. Von der Chefin hab ich sogar ein Lob gekriegt. Aber jetzt habe ich runde Füße und bin völlig platt. Körperliche Arbeit war ich ja schon lange nicht mehr gewöhnt. Ich will mich nur noch lang machen, ohne Mann!!! J
Gute Nacht, deine Katrin

Am nächsten Tag strahlt die Sonne vom weiß-blauen Himmel. Und bei uns im Biergarten ist die Hölle los. Diesmal bin ich draußen eingeteilt, da sind die Wege noch weiter. Ich renne, ich schleppe, ich serviere, und zwischendurch versuche ich mal ein Lächeln. Das kommt genauso gut wie mein Brandenburger Dialekt, den alle automatisch für eine Berliner Schnauze halten. »Ach, Sie sind wohl aus der Hauptstadt?« Die Anteilnahme ist allgemein. »Nö. Icke doch nich. Ick komme von drüben.« Die feinen Unterschiede zu erklären bleibt keine Zeit. Ich renne, ich schleppe, ich serviere, und wieder von vorn.

An Männer zu denken ist in diesem Trubel nicht drin. Das sind alles nur Gäste. Selbst Barack Obama würde mir hier nicht auffallen, solange er nicht die Zeche prellt. Noch fehlt mir die Routine bei der Arbeit. Noch bin ich viel zu sehr mit mir selbst beschäftigt, nichts zu verschütten, nichts zu vergessen, nichts zu verwechseln. Diesmal mache ich über 900 Euro Umsatz an meinen fünf Tischen. Und diesmal habe ich auch keinen Fehlbetrag. So darf es weitergehen.

Abends finde ich unter meinen E-Mails eine von Frank Bechthold.

ER 19:00
Liebe Katrin, eines Abends melde ich mich aus dem Morgenland zurück. Es war eine wüste Aktion, aber letzten Endes erfolgreich. Die Anlage läuft, die Scheichs sind happy, und ich habe ein paar graue Haare mehr.
Du solltest mich sehen, schön braun gebrannt bin ich auch. Was spricht das Leben zu Dir? Hast Du Deinen Traummann mittlerweile gefunden oder vom Suchen die Nase voll?
Ich freue mich, von Dir zu hören.
Grüße aus dem Pott, F.

Und ich freue mich, von ihm zu hören, das muss ich zugeben. Aber der soll mal bloß nicht glauben, er könne dort wieder einsteigen, wo er ausgestiegen ist. Die Kerbe sitzt tief, ich bin doch kein Püppchen, das Mann in die Ecke stellen kann und bei Bedarf wieder rausholen. Auf meine Neugier kann er setzen, nach wie vor. Doch jetzt habe ich erst mal andere Sorgen. Wie hatte er es vor seinem Abflug so schön ausgedrückt: Dienst ist Dienst, und Schnaps ist Schnaps. Und den werde ich morgen wieder austragen.

Auch mein dritter Arbeitstag ist noch verdammt anstrengend, aber es wird immer besser. Jetzt kenne ich die Arbeitsabläufe und die kleinen Tricks für Abkürzungen. Wenn ich gleich hinter der Theke nach draußen abbiege und nicht durch den Haupteingang laufe, spare ich bis zum ersten

Tisch sechs Schritte, zurück noch mal so viel, das habe ich ausgezählt. In einer Doppelschicht, so steht es in einer Broschüre, laufen wir einmal rund um den See, fast zwanzig Kilometer.

Aber Hauptsache, ich habe Freude an meiner Arbeit. Im Service sind wir nur Mädels, in der Küche arbeiten überwiegend Männer. Unter den Kolleginnen gibt es natürlich so 'ne und solche. Ein paar echte Transusen und andere, die immer gut drauf sind. Wer das Revier rechts und links von mir hat, spielt schon auch eine Rolle, weil man sich gegenseitig unterstützen kann. Die Einteilung nimmt die kleine Chefin jeden Morgen selbst vor, unabhängig vom Dienstplan, nach einem rollierenden System, das ich noch nicht recht durchschaue, das aber eine ausgleichende Gerechtigkeit garantieren soll. Denn manche Tische werden von den Gästen bevorzugt, die am Fenster und hinten in der Stube, andere bleiben oftmals frei. Gut, dass ich Margit fragen kann, die hat schon den Durchblick, der mir noch fehlt.

In einer Zigarettenpause tippe ich meine Antwort an Bechthold ins Handy: »Schön, dass du wieder da bist, Frank. Wir telefonieren. Liebe Grüße, Katrin.« Er fragt prompt zurück: »Und wann konveniert es Dir?« Jetzt erst wird mir klar, was ich vermisst habe: seine kultivierte Sprache. Auch wenn ich nicht so genau weiß, was konvenieren heißt. Da muss ich wohl mal nachgoogeln, aber erst mal antworten. »Morgen habe ich frei.« Das lässt alles offen, nach dem Motto, das ich in so vielen männlichen Profilen bei *Friendscout* gelesen habe und das ich wirklich beherzigen sollte: Alles kann, nichts muss.

Abends hänge ich mal wieder vor dem Fernseher ab. Und im Ersten läuft ein Film, in dem es um Liebe aus dem Netz geht. Ausgerechnet! Es ist leichte Kost, so eine typische Komödie mit vielen unwahrscheinlichen Verwicklungen. Ein Mann hat zwei Kinder und sucht im Netz nach einer neuen Frau, die alte ist überfahren worden. Klar, einfach abhauen passt ja auch nicht zum Klischee von der liebevollen Mama. Also sucht er im Internet, trifft sich mit einem halben Dutzend Kandidatinnen, in durchaus witzigen Situationen, aber die richtige ist nicht dabei. Die findet er erst beim Blick über den Gartenzaun: die schöne Nachbarin, die sich zufällig auch schon mit den Kids angefreundet hat. Na, super! Da weiß ich ja, wo ich suchen muss.

Nur dass ich bei mir in der Nachbarschaft nicht auf meine Zielgruppe treffe. Unten wohnt der alte Wildgruber, der ist schon scheintot und zuverlässig grantig, wenn ich ihm mal im Treppenhaus begegne. Über mir wohnt eine Studentin, und ringsherum sehe ich immer nur komplette Familien, schön ordentlich, schön langweilig. Gar nicht schön. Jedenfalls für mich keine Alternative.

Als ich ausgeschlafen bin, gebadet und gesalbt, mit einem Kaffee am sonnigen Frühstückstisch, gehe ich Donnerstag zum ersten Mal seit Tagen wieder online. Die Nachfrage hat nachgelassen, hartnäckige Bewerber sind eher selten. Wenn ihnen angezeigt wird, dass ich meine elektronische Post schon seit geraumer Zeit nicht mehr abgeholt habe, verlieren viele schnell die Lust. Verständlich. Wer will schon eine Karteileiche reanimieren, da doch beim nächsten Klick schon frische Ware lockt. Ich mache es umgekehrt auch nicht anders.

Nach ein paar Minuten schleicht sich *Angekommen* ran, ein geschiedener Möbelverkäufer aus Fürstenfeldbruck. Sein Name ist Programm, er versucht es auf die höfliche Tour mit einem Kompliment.

ER 10:12
Einen wunderschönen Morgen aus dem Westen
von München. Geht es dir genauso wie mir?
ICH 10:13
Wie es dir geht, kann ich nicht wissen … mir gehts
heute richtig gut ich habe frei …
ER 10:13
dann können wir ja was zusammen unternehmen ich habe
auch frei. ich heiße übrigens Tilo. und du?
ICH 10:15
ich bin die Katrin. was machst du beruflich, weil du
heute frei hast?
ER 10:16
ich verkaufe Möbel. und da muss ich fast immer samstags
arbeiten. morgen habe ich auch noch frei … darf ich dich
kennenlernen, Katrin???

Tilo hat den rechten Moment abgepasst und zufällig die richtige Ansprache gewählt. Mir ist gerade so nach sanft und harmlos. Außerdem sollte ich doch mal einem Mann aus dem Volk eine Chance geben, nach all den Supertypen aus den Vorstandsetagen. Vom Alter her passt es ja, von der

Entfernung auch, nicht zu nah, nicht zu weit. Aber nicht heute, und Samstag/Sonntag muss ich schaffen, also frühestens in der nächsten Woche.

Nachmittags ruft dann noch Heiko an, mein Drogenjäger. Der ist natürlich wieder in Aktion, bei irgendeiner Observation, kurz vor dem Zugriff. Und ich stehe an der Kasse im Drogeriemarkt. Das sind keine optimalen Voraussetzungen für eine gepflegte Konversation. »Moment mal.« Hektisch krame ich in meinem Portemonnaie, stopfe die Tampons zwischen das Waschmittel und die Kastanienspülung, dann fällt mir zu allem Überfluss das Handy in die Plastiktüte. »Bist du noch dran?« Ist er, einen Bullen kann so leicht nichts erschüttern. Und damit wäre schon mal eine zentrale Facette aus meinem Wunschbild erfüllt. Hysterische Frauen sind schlimm genug, aber hysterische Männer sind das Letzte.

»Wir beide sollten ja endlich mal Nägel mit Köpfen machen«, meint Heiko. Eigentlich hat er recht. »Wie sieht's denn Anfang der Woche bei dir aus?« So weit kann er nicht im Voraus planen, gerade mal vierundzwanzig Stunden. Okay, dann also spontan: »Heute um acht?« Das geht auch nicht, er muss ja Verbrecher jagen, ich vergaß. Wir einigen uns auf Freitag, da habe ich Frühschicht. Um sieben kann ich bequem in der *Maxlmühle* sein, einem verwunschenen Gasthaus an der Mangfall, von dem Margit mal erzählt hat.

Ich bin vor ihm dort. Er hat Schwierigkeiten, die schmale Waldeinfahrt zu finden. Das ist mir ja eine Genugtuung. Wo doch die Kerle immer so angeben mit ihrem Orientierungssinn. Als er mir endlich gegenübersteht, im roten Baumwollhemd und Jeans, habe ich schon eine Weinschorle intus und zwei Zigaretten geraucht. Ich bin ganz entspannt, ihm ist seine Verspätung sichtlich peinlich. Heiko ist ein durchtrainierter Typ, das kann ich von einem Polizisten wohl auch erwarten. Aber sein Kopf ist zu klein für den großen Körper und die Brille zu fragil, das betont die falschen Proportionen. Er sollte sich mal ein anderes Gestell aus seiner Sammlung greifen.

Der Fluss rauscht, der Obatzda schmeckt, wir haben einen schönen Abend, durchaus anregend, durchaus erholsam, aber mehr auch nicht. Heiko zeigt mir Bilder von seiner kleinen Tochter, erzählt von ihrem Urlaub auf Borkum, voriges Jahr noch gemeinsam mit der Ex. »Für dieses Jahr ist noch nichts geplant.« Darunter scheint er zu leiden. Dieser Mann ist ein begeisterter Vater, das wird mit jedem Satz deutlicher, offenbar begeisterter, als ich Mutter bin. Das ist der typische Familienmensch, der sich alleine unvollständig fühlt, der auf der Seite der Guten kämpft und für eine heile Welt. Mit uns beiden wird es wohl maximal auf eine Freundschaft rauslaufen.

Bei gutem Wetter drängeln sich die Leute bei uns im Biergarten. Ich ackere das Wochenende durch, bis mir die Strümpfe qualmen. Samstagabend fragt Möbel-Tilo höflich nach, ob und wann er mich sehen darf.

ER 20:40

hallo Katrin. ich habe mir gerade noch mal deine bilder angesehen … wunderschön!!!

ICH 20:46

was gefällt dir denn an mir? ich bin doch auch nur eine frau

ER 20:47

deine beine

ER 20:48

so schöne beine sehe ich nicht oft. bei uns in der firma sind wir schon froh, wenn die Gertrud an der kantinenkasse sich mal die haare gewaschen hat.

Was für ein Kompliment! Damit hat sich dieser Mann jedes Date der Welt verdient.

ICH 20:50

dann muss ich dir meine beine ja wohl tatsächlich mal im original vorführen ... damit du die schöne Gertrud vergisst ☺

Tilo ist ganz aus dem Häuschen, bedankt sich tausendfach. Also nehmen wir Montag, meinen nächsten freien Tag. Ich will mal wieder nach München fahren. Wir verabreden uns in einem Gartenlokal an der Isar. Das kenne ich nicht, aber wenn ich es nicht finde, muss er mich halt lotsen.

Am Sonntag mache ich zu Hause Kassensturz. In zwei Tagen habe ich gut 280 Euro verdient, dazu fast 150 Euro Trinkgeld. Wenn das so bleibt, kriegen mich keine zehn Pferde mehr ins Büro. Ich bin an der frischen Luft, ich bin unter Menschen, und am Monatsende bleibt was übrig. Genial!

In dieser aufgeräumten Stimmung, die Füße hoch, die Schminke runter, erwischt mich Bechthold. »Na, schöne Frau, hier ist der Prinz aus dem Morgenland.« Das liefert mir doch ein Stichwort: »Und, schöner Prinz, hast du dir eine Prinzessin mitgebracht?« Nein, hat er nicht. Aber sein Ausflug an den Golf hat ihm ein paar Erkenntnisse beschert. Erstens: Abu Dhabi ist nicht Dubai, folglich auch nicht pleite. Zweitens: Dort können die Frauen noch mit den Hüften wackeln und den Kopf schief legen. Drittens: Unter dem Gewand verbergen sich reichlich überflüssige Pfunde. »Du hast doch nicht etwa nachgeguckt?« Frank muss lachen. »Nein, wo denkst du hin, das habe ich mich nicht getraut. Ich will doch nicht am Galgen enden. Da unten machen sie kurzen Prozess.« Der Prinz hat seine Prinzessin also noch nicht gefunden. Was mich zu der Frage verführt, wie er sich an der Heimatfront positioniert. »Willst du aufgeben?« Seine Antwort kommt provokant wie immer: »Nee, dich nehme ich noch mit.«

Ich erzähle ihm, dass es mich mit Jan zwischenzeitlich richtig erwischt hatte und dass aus dem Wunschtraum über Nacht ein Albtraum wurde. »Nach unserem ersten superschönen Date ist er tonlos abgetaucht. Ich dachte schon, er sei verunglückt, aber er war einfach nur mit sich selbst beschäftigt.« Bechthold kommentiert nur verhalten: »Oh.« Ja, das kann man wohl sagen. »Weißt du, er und sein Leben haben es nicht leicht miteinander. Der Mann braucht 23 Stunden am Tag, um darüber nachzudenken, warum alles gegen ihn läuft. Dann bleibt nur noch eine Stunde, um nach der großen Liebe zu suchen, an die er längst nicht mehr glaubt.«

Ich habe mich richtig in Rage geredet. Das gefällt ihm. »Hey, Kleine, so langsam stellst du dich ja richtig auf.« Damit meint er wohl, dass ich die Sache nicht mehr so verbissen sehe. Weit gefehlt. »Weißt du, was mich richtig ärgert?« So eine Vorlage lässt sich Frank Bechthold natürlich nicht entgehen. »Nein. Aber bestimmt werde ich's gleich wissen.« Ich muss schon wieder lachen. Dabei ist die Sache ernst genug. »In Wirklichkeit profitieren die Männer doch ohne Ende von der Emanzipation. Vielleicht haben sie es mit mehr Zicken zu tun, die den richtigen Hüftschwung verlernt haben, aber ...« Ich halte die Luft an, damit ich mir kein Eigentor schieße, und schiebe eilig nach: »Ich natürlich nicht, davon kannste dich gern überzeugen.« Will er auch, mich aber nicht in meiner Anklage unterbrechen. »Jedenfalls stemmen wir Finanzen und Kinder alles selbst. Ich habe noch Glück, dass mein Ex sich um Toni kümmert, aber glaub mal nicht, dass irgendeiner der Kandidaten sich auch nur einmal nach meinem Sohn erkundigt hätte.« Kaum, da es ausgesprochen ist, fällt mir auf, dass es so nicht stimmt. Uli, der Energiesparer, hat mich zusammen mit Toni ja sogar nach Pforzheim eingeladen. Egal, das war die berühmte Ausnahme von der Regel, an der sich nichts ändert: »Alle erwarten immer, dass ich ohne Altlasten anreise.« Alle, immer, nie. Eigentlich weiß ich ja, dass ich mich vor Pauschalurteilen hüten sollte.

Bechthold überhört über den Formfehler. Und wartet seinerseits mit einer interessanten Erfahrung auf. Im vorigen Jahr hat er sich von einer Frau getrennt, die ihn als Mutterschaftsassistenten beschäftigen wollte. Mit dem Sohn Fußball und Mathe, für die Tochter Shuttleservice zum Ballett. »Für meine Julia war der Deal glasklar: Nach dem dritten Beischlaf habe ich ihren Anhang zu adoptieren. Und dabei hat sie ihren Mann verlassen, nicht umgekehrt. Kannst du mir verraten, warum ich machen sollte, was ihr Mann nicht mehr machen darf?« Jetzt hat auch Frank Metall in der Stimme. »Und das Allerbeste war, dass meine Tochter bitte schön von ihrer Mama versorgt werden sollte. Nur alle zwei Wochen von Samstag auf Sonntag durfte sie mal bei uns aufkreuzen. Das war das höchste der Gefühle.«

Okay, eins zu eins. Bechthold ist auch ein gebranntes Kind. Jeder für sich und alle gegen jeden. Dass Macht einsam macht, hört man allenthalben. Aber Freiheit wohl auch. »Und wehe, die Freiheit ist nicht romantisch«, ergänzt er. »Ja, damit komme ich auch nicht klar. Mich hat kürzlich ein Typ echt wie ein Escortgirl behandelt. Der wollte nur einen gepflegt romantischen Abend mit allem Drum und Dran. Aber um Mitternacht war Schluss. Mich wollte er nicht.« Was Frank auf den Gedanken bringt, dass wir beide uns endlich sehen müssten. »Das hatten wir schon mal«, erinnere ich ihn. »Mann, was bist du nachtragend!« Im Juli kommt er zu einer Präsentation nach München, das geht zwei oder drei Tage. »Und bis dahin kannst du dir überlegen, was du anziehen willst.« Dafür könnte die Zeit reichen, wenn auch nur knapp.

Wenn man vom Teufel spricht, kommt er gerannt. An meinem freien Tag weckt mich eine SMS: »Liebe Katrin, ich kann dich nicht vergessen. Gib uns doch noch eine Chance. Die haben wir verdient. Ganz liebe Grüße, Jan.« Was soll ich jetzt davon halten? Mein Traummann meldet sich wochenlang nicht und tut dann so, als hätten wir gestern in einem dramatischen Streit eine langjährige Beziehung beendet. Da kann ich mir doch nur gegen die Stirn tippen. Stattdessen aber tippe ich in mein Handy: »Warum nicht, Jan? Jeder hat seine zweite Chance verdient. Und wie weiter? K.« Wie gehabt, nichts weiter.

Ich habe Mühe, mich zu beherrschen. Ich tigere durch die Wohnung, vom Bad in die Küche, vom Wohnzimmer auf den Balkon und zurück. Nur das Schlafzimmer lasse ich aus, vielleicht unterbewusst. Nach der dritten Tasse Kaffee und der fünften Zigarette ist es so weit: Mit Wut im Bauch klappe ich mein Laptop auf, logge mich bei *Friendscout* ein und werfe mein Netz aus. Die ersten drei Fischlein sind armselig, die schmeiße ich in den großen Teich zurück. Dann beißt *Zauberlehrling* an. Das liest sich zwar auch nicht prickelnd, aber das Profilfoto zeigt ein kräftiges Mannsbild im durchgeschwitzten T-Shirt, mit stattlichen Muskeln und einem kantigen Kinn. Den Schnäuzer kann er ja abrasieren.

Bodybuilder sind im schriftlichen Ausdruck bekanntlich nicht so stark, also bleibt nur das Telefon, wenn wir vorankommen wollen. Ich gebe ihm bloß meine mobile Nummer, aber die Kosten stören ihn nicht. Und wieder einer tappt in meine Stimmenfalle. Pit stammt aus Tirol, hat da eine Firma für Kabelverlegung, die meisten Kunden aber in Bayern, und deshalb ist er oft hier in der Gegend unterwegs. Jetzt sitzt er in seinem Büro in Innsbruck und behauptet, meine Stimme komme ihm wahnsinnig bekannt vor. Nach einer Viertelstunde harmlosem Flirt fällt es ihm wie Schuppen von den Ohren: »Du klingst genau wie die Navi-Frau bei uns in den Mercedes-Trucks.« Er will doch tatsächlich wissen, ob ich die Verkehrshinweise spreche. Wer weiß, vielleicht hat er sich auf den einsamen Fahrten durch die Berge in die unbekannte Stimme verliebt und sucht jetzt verzweifelt nach der zugehörigen Braut.

Pit ist hochgradig interessiert, ich weniger, aber er ist mein erster Ösi, und sein rauer Dialekt hat es mir angetan. Natürlich albern wir auch gleich mal über die Hassliebe zwischen unseren Völkern. Er sieht das nicht so eng mit den *Piefkes.* Die meisten seiner Auftraggeber sind deutsche Firmen. »Hier bei uns im Tal könnte ich gar nicht mein Auskommen finden«, verrät er. Und auch, dass er mit zwei Dutzend Mitarbeitern Millionenumsatz macht. »Zweistellig.« Da bin ich beruhigt, dann wird er mich auf Spesen ausführen können.

Mit dem Zahlen ist das so eine Sache, das kann ich ja auch bei uns im *Bräustüberl* gut beobachten. Manche Männer sind richtig geizig, die bestehen von vornherein aufgetrennter Kasse und entblöden sich nicht, ihr Kleingeld abgezählt neben den Teller zu legen. Das finde ich kleinkariert, nicht nur aus der Sicht der Bedienung. Wenn ich mit so einem ausgehe, hat der spätestens an dieser Stelle verloren. Dann gibt es Männer, für die ist es eine Frage der Ehre. Die können es nicht ertragen, sich von einer Frau einladen zu lassen, selbst wenn sie es nicht so dicke haben. Das finde ich natürlich auch übertrieben. Und ganz unangenehm sind die Angeber, die mit ihren goldenen

Kreditkarten protzen. Da kann ich dann schon mal ziemlich schnippisch werden.

Der möblierte Tilo schickt mir am Nachmittag noch ein aktuelles Bild aufs Handy. »Damit du mich heute Abend erkennst, Katrin.« Das tue ich jetzt schon. Er lehnt an einem Baum, so, als suche er Schutz. Die eingezogenen Schultern erinnern mich an das Bürschchen von der Autobahn, und der verschämte Blick sagt alles. Dieser Mann ist keiner, das ist eine Lusche. Aber da muss ich jetzt durch, jetzt noch abzusagen wäre feige. Auf der Fahrt in die Stadt vertraue ich der guten Fee drei Wünsche an: Ich will einen intelligenten Mann, dieser Mann soll mich von Herzen lieben und er soll wissen, wie er mir einen Orgasmus beschert. Ist das etwa unbescheiden? Die Fee antwortet nicht.

Es kommt, wie es kommen musste. Erst finde ich das Lokal nicht, dann keinen Parkplatz, und in Tilo finde ich nicht den Mann, nach dem ich suche. Dieses freundlich-verschüchterte Männchen ist voller Selbstzweifel. Er schätzt sich selbst als Versager ein. »Ich bin ja nicht der tollste Mann«, gesteht er unaufgefordert nach fünf Minuten, »und ich sag mal ...« Er ringt nach Worten. »Ich habe es ja auch nicht ganz so weit gebracht.« An dieser Stelle muss ich jetzt widersprechen: »Immerhin hast du es in Münchens größtes Möbelhaus geschafft.«

Damit habe ich was angerichtet. Um seinen Minderwertigkeitskomplex zu tarnen, spricht Tilo geschlagene zwei Stunden über das einzige Thema, bei dem er sich einigermaßen sicher fühlt: über Möbel hoch und runter. Wie andere von ihren Kindern schwärmen oder ihren Hunden oder ihren Oldtimern, so schwärmt er über Tische und Bänke. Und wie andere von ihrer Familie erzählen oder von ihren Freunden, so erzählt er von seinen Kunden. Und dabei grapscht er mich ständig an, fasst nach meiner Hand, packt mich am Arm, tätschelt mir den Rücken.

Ich stelle mir vor, wie eine Dame, sagen wir zweiundfünfzig Jahre alt, die Silberhochzeit schon hinter sich und ewig nicht mehr berührt, im Möbelhaus an Tilo gerät. Der beschreibt dann liebevoll die edlen Hölzer und die exquisite Verarbeitung, während er ihr pausenlos den Ellbogen streichelt. Und, rums, die Schrankwand ist verkauft. Ein neues Bett brauchen Sie doch auch, gnädige Frau. So wird das laufen. Aber nicht bei mir. Der Typ ist unter Niveau. Nicht, weil er ein Verkäufer ist, sondern weil er es ist, der Tilo.

Dann schon lieber ein Österreicher. Und das ist eine ganz naheliegende Option. Pit, der Kabelleger, wird zutraulich. Jeden Tag schickt er mir Kurznachrichten, die ich mit viel gutem Willen als unbeholfene Flirtversuche deuten kann. »Hallo Katrin, heute fahren wir nach Mittenwald.« Oder auch mal in die andere Richtung: »Heute geht es nach Bad Aibling, zu dir ummi sind's nur 38 km, sagt die Stimme vom Navi.« Ich bin immer auf dem Laufenden, wo er ist und wohin unterwegs. Ich habe die totale Kontrolle.

Und dann kommen auch noch Fotos: Pit am Lkw, im Lkw, unter dem Lkw, Pit beim Löcherbuddeln, beim Kabelverlegen, beim Feierabendbier. Nur gut, dass wir überwiegend männliche Gäste haben, sonst könnte ich mich vor lauter Pit an keinen anderen mehr erinnern. Mir wird das zu viel, ich brauche dringend einen Pitstopp: »Hilfe, mein Speicher läuft über! K.« Ihn ficht das nicht an, er macht immer weiter.

Seine Anhänglichkeit passt so überhaupt nicht zu seiner optischen Erscheinung vom coolen Typ. Aber das fasziniert mich umso mehr. Wir telefonieren fast jeden Abend. Er ist geradezu süchtig. Nicht nach mir, aber nach meinem Geplapper. Als ich ihn frage, warum er auf keinem der vielen Bilder mal lächelt, rückt er mit der Sprache raus: »I hoab amol a Unfall gehabt, woaßt, da is moane rechte Gesichtshälfte a bisserl gelähmt.« Und seitdem lässt er sich auch nur von links fotografieren.

Pits Arbeit ist das große Thema, nein: Es ist unser einziges Thema. Bald weiß ich alles über Kabellängen, Lochgrößen, Rollenmaße. Falls ich mich mal in seiner Branche bewerben wollte, wäre ich bestens gerüstet. Mir wird unser Kontakt bald zu intensiv. Meine innere Stimme sagt mir, dass ich diesen Mann treffen muss, bevor wir eine Teleliebschaft eingehen. An ihm soll es nicht liegen, er ist zu allem bereit. Wir müssen nur noch seine Aufträge und meinen Dienstplan synchronisieren.

Landlord kommt uns dazwischen. Pit wird von Gustav überholt, einem Mann aus Wangen im Allgäu, der im Profil sein Alter mit fünfundvierzig angegeben hat und als Beruf Zigarrenhändler. Im Kontakt mit mir altert er zusehends, bei jedem Telefonat um zwei, drei Jahre. Irgendwann habe ich ihn kurz vor dem sechzigsten Geburtstag, das dürfte dann übereinstimmen mit den Daten auf seinem Personalausweis. Und erst als ich in einer E-Mail seinen Nachnamen lese, geht mir ein Licht auf. Der steht auch auf den Lebensmitteln, die ich schon Dutzende Male aus dem Kühlregal im Supermarkt gegriffen habe.

Es fängt ganz harmlos an, für meinen Geschmack etwas zu harmlos.

ER 20:45

Von deinen Beinen kann ein Mann ja nur begeistert sein. Enden sie im Himmel?

ICH 20:48

wer will das wissen?

ER 20:49

Der Gustav, dein heimlicher Verehrer.

ICH 20:50

ich habe so unheimlich viele verehrer ...

Er nimmt es als Aufforderung für einen Strauß zusätzlicher Komplimente. Keines davon ist wirklich originell, alle habe ich schon mal gelesen, in irgendeiner Kombination von irgendwem anders. Aber für die Männer ist es auch verdammt schwer, sich von den Mitbewerbern abzusetzen. Keiner erfindet das Rad neu. Und die meisten werden wissen, dass Frauen, die sich mit ihren Fotos ins Netz wagen, mit Angeboten überschüttet werden, von seriös bis unverschämt. Um auf sich aufmerksam zu machen, bleibt den Bewerbern also nur ein besonders schleimiger Einstieg oder ein besonders frecher. Dazwischen liegt nur besonders witzig, und die, denen das gelingt, kann man mit der Lupe suchen.

Gustav macht auf einfühlsam, das ist auch keine schlechte Masche, verfängt bei mir aber nicht immer. Jedenfalls telefonieren wir fast eine Stunde. Seine Stimme zieht mich nicht an, wohl aber gefällt mir, wie er das R rollt. Und mehr noch gefällt mir, dass er ein Kavalier der alten Schule zu sein scheint. Er erzählt mir, dass er auf einem Bauernhof mit Blick auf die Berge lebt, allein mit einem faulen Knecht und einer vergesslichen Haushälterin, deren Kochkünste sich zwischen Käsespätzle und Zwiebelbraten erschöpfen. »Deshalb esse ich jeden zweiten Tag auswärts, immer im selben Restaurant.« Aus diesen Informationen schließe ich, dass es ihm gut gehen muss, zumindest finanziell. Damit hat er bei mir seinen Spitznamen weg: Gustav Gans, wie dieser glücklich-vergnügte Vogel bei Donald Duck.

»Darf ich dich Sonntag zu einer Spritztour einladen?« Das wird Gustav nicht anzüglich gemeint haben, so viel Doppeldeutigkeit traue ich ihm nicht zu. Und wie es der Zufall will, muss ich am nächsten Wochenende nur samstags arbeiten. »Ja, gern.« Abends will er mich fein ausführen. »Du hast doch bestimmt eine Idee, wo wir hingehen könnten?« Und ob, auf der Terrasse des Hotel *Bayern* hoch über dem See wollte ich immer schon mal speisen. Nur nicht auf eigene Kosten und bestimmt nicht allein.

In den nächsten Tagen bin ich parallel gefordert. Tagsüber kommen vom Tiroler Pit Kurznachrichten mit Ortsangaben und zwischendurch mal wieder ein Arbeitsfoto aufs Handy, notgedrungen antworte ich kurz. Und abends telefoniere ich mit Gustav, unsere Gespräche werden länger und vertrauter. Ich äußere die Sorge, dass er alle seine Wünsche auf mich projizieren könnte und ihm damit unausweichlich eine herbe Enttäuschung bevorsteht. Davon will er nichts wissen. Weil er am Donnerstag zu einer Aufsichtsratssitzung muss, schickt er mir eine E-Mail.

ER 19:13
Hallo, meine Muse (und Gebieterin)
Du sollst doch dein Licht nicht unter den Scheffel stellen;
ich habe von dir Fotos gesehen, das Auge, die Beine,
die Schultern, einen Teil des Gesichts, und was ich gesehen
habe, hat mir seeehr gefallen. Eine vollkommene Schönheit,
das will ich doch gar nicht, so eine wäre mir viel zu
anstrengend. Außerdem kommt es auf Äußerlichkeiten gar
nicht so sehr an. Bei unseren Telefonaten ist schon ein
kleines Fünklein übergesprungen. Eine Enttäuschung??
Niemals!! Bei unserem Treffen bleibt es doch hoffentlich.
Ich werde mir in Deinem Lieblingshotel ein Zimmer
nehmen, damit ich nicht zurückfahren muss in der Nacht.
Ich denk an Dich und freu mich sehr auf Dich!
Dein Poet (und Sklave)

Das deutet in eine ganz bestimmte Richtung. Was einen Mann zum Sklaven macht und was er dieser Rolle abgewinnen kann, habe ich mich schon oft gefragt. Bei Gustav werde ich es rausfinden.

ICH 19:41
Hallo mein Poet …
ich wollte schon immer mal Muse sein … DANKE,

dass Du mich erwählt hast. Ich fühle mich natürlich geschmeichelt über Deine Aussagen, was mich betrifft … aber es ist nicht so … ich bin keine vollkommene Schönheit … das weißt Du ja … möchte Dich nur vor einer Enttäuschung schützen, falls Deine Fantasie die Oberhand gewinnt …
Und auf unseren Sonntag freue ich mich auch.
Katrin

Und das ist nicht gelogen. Die Arbeit im *Bräustüberl* wird allmählich zur Plackerei, im Sommer geht es da zu wie im Bienenstock. Und die Plackerei wird zur Routine, da freue ich mich auf Abwechslung, mit wem auch immer.

Kurz vor dem Einschlafen erreicht mich noch eine SMS von Martin, dem Füßling. Den hätte ich fast vergessen. Was er will, kann ich mir denken. »Hallo Katrin. Ich halte deine Schuhe in der Hand und denke an deine schönen Füße. Wann darf ich sie endlich küssen? Ungeduldig, dein Martin.« Die Geister, die ich rief, werd ich nun nicht mehr los. Vielleicht sollte ich mit dem mal in einen exklusiven Schuhladen gehen, dann könnte sich meine Leidenschaft mit seiner fügen.

Ich verwerfe die Idee, das wird mir alles zu viel. »Lass mal gut sein, Martin. Und such dir 'ne andere, die drauf steht. Sorry. K.« Es muss auch mal Schluss sein, ich sollte viel früher Nein sagen, wenn mein Bauch mir signalisiert, dass es nicht passt. Die Jungs hinzuhalten ist eigentlich nur unfair. Ob ich Gustav Gans und Pit nicht auch gleich von ihren Hoffnungen erlösen sollte? Ich komme ins Grübeln, ein Gedanke killt den vorigen. Wer bin ich? Wie sehe ich aus? Was ziehe ich an? So kann es nicht weitergehen, beim besten Willen nicht, da hilft mir auch keine Datenbank. Ich kann nicht endlos ausprobieren, ich muss mich endlich selbst finden, bevor ich den richtigen Mann finden kann.

Erst als der Morgen dämmert, erlöst der Schlaf mich aus der Sinnkrise.

Kapitel 12

Gustav Gans und andere Verirrungen

Das Märchen von der lieben Frau

Ich kann mich mal wieder nicht entscheiden. Schon eine geschlagene Stunde stehe ich vor dem Kleiderschrank, probiere ein Teil nach dem anderen, betrachte mich im Spiegel, zupfe hier und glätte da. Eine Landpartie im offenen Wagen ist eine Herausforderung, für jede Frau. Jetzt scheint die Sonne, aber für den Nachmittag haben sie Gewitter vorhergesagt. Ich weiß auch nicht, ob Gustav ein gemütlicher Autofahrer ist oder so schneidig, dass mir die Haare wegfliegen. Und nach dem Ausflug werden wir in ein feines Restaurant gehen. Ich will schick auftreten, aber nicht aufgebrezelt. Und natürlich will ich bei unserem ersten Date den Aha-Effekt. Das will ich eigentlich immer.

Um halb zwölf bin ich nur mit den Nerven fertig. Jetzt aber hurtig. Ich nehme die helle Caprihose, oben eine langärmelige Bluse, drüber einen Pullunder mit Zopfmuster. Warum nicht gleich so, das sieht doch gut aus. Dazu kann ich meine braune Lederjacke tragen und die hellen Sneakers, einen Schal kann ich mir um die Ohren binden, wie Doris Day in ihren besten Filmen. Als es hupt, suche ich nur noch nach meiner Sonnenbrille.

Gustav Gans sitzt im neuesten Mercedes-Cabrio. Wenigstens kein Audi, schießt es mir durch den Kopf. Welche

Nebensächlichkeiten im Hirn ihren Platz finden. Er springt auf und mir entgegen, begrüßt mich mit großer Geste und einem angedeuteten Handkuss, ich sag's ja: Alte Schule. Da will ich ihm die Manipulation seines Jahrgangs mal nachsehen. Alles hat seine Vor- und Nachteile. Und ich bin ja auch nicht immer ganz ehrlich.

Der Mann hat wirklich Stil. Bevor er losfährt, streift er sich safranfarbene Lederhandschuhe über, farblich abgestimmt auf Lenkrad und Sitze. Und er setzt sich auch noch eine Kappe auf, wie sie die Rennfahrer vor dem Krieg getragen haben. Das erschwert zwar unsere Verständigung, aber der Sound aus der Stereoanlage dringt durch: Harry Belafonte, Frank Sinatra und ein bisschen Manu Chao als Referenz an die Neuzeit.

Über kleine Landstraßen erreichen wir den Starnberger See, über Seeshaupt und Tutzing bummeln wir hoch zum Kloster Andechs. Natürlich sind reichlich Touristen unterwegs, aber das stört nicht. Ich habe ja auch frei und kann mich heute mal bedienen lassen. Gustav ist sehr bemüht, liest mir jeden Wunsch von den Augen ab, macht mir formvollendet den Hof. »In deiner Gesellschaft, Katrin, fühle ich mich wohl wie lange nicht.« Und ich fühle mich wie eine Königin.

Herr Gans erzählt mir, dass er zum dritten Mal verheiratet ist und ganz viele Kinder hat. Einen Sohn mit seiner verstorbenen ersten Frau, eine auch schon erwachsene Tochter mit seiner sehr bescheidenen zweiten Frau und fünf Schulkinder mit seiner sehr unbescheidenen dritten Frau, die aus der Ukraine stammt und jetzt in Stuttgart lebt, mit der Brut und ihrem Liebhaber, von seinem Geld. »Jedes Mal muss ich betteln, wenn ich sie sehen will.« Er meint die Kinder, nicht seine Frau. Auf die würde er gern verzichten, und deshalb ist er schon eine Weile bei *Friendscout* aktiv. Von wegen Glück, es ist wohl doch nicht alles Gold, was glänzt.

Ich genieße unseren Ausflug, auch wenn mir längst klar ist, dass ich nicht Gustavs Nummer vier werde. Irgendwann im Lauf des Abends muss ich ihm das schonend beibringen. Zum Umziehen setzt er mich zu Hause ab und fährt weiter zum Hotel, um einzuchecken. Ich soll mit dem Taxi nachkommen. Diesmal weiß ich genau, was ich anziehe: ein schwarzes Kleid mit tiefem Ausschnitt und einer großen Silberschnalle, die den Bauchansatz diskret kaschiert.

Beim Aperitif sagt mir Gustav, dass er zwei Zimmer reserviert hat, eines für mich, eines für ihn, gleich nebeneinander. Ich bringe es nicht übers Herz, ihm die Hoffnung zu nehmen. Wir haben den schönsten Tisch mit der schönsten Aussicht, wir genießen den atemberaubenden Blick über das Tegernseer Tal und lassen uns ein Vier-Gänge-Menü schmecken. Unser Gespräch kreist um die Kindheit, meine und seine, die verschiedener kaum sein könnte. Ich habe unter den alltäglichen Beschränkungen des Systems gelitten, er unter einem dominanten Vater. Der ist zwar schon lange tot, aber in seinen Gedanken immer noch präsent. »Wenn ich in der Firma was Wichtiges entscheide, frage ich mich insgeheim immer noch, ob er mit dieser Entscheidung einverstanden wäre.«

Seine Biografie mag erklären, warum er immer wieder

starke Frauen sucht und sie geradezu anbetet. »Willst du dich unterwerfen?« Gustav lächelt vieldeutig und schlägt vor, dass wir an die Bar wechseln. Er bestellt Champagner, wir stoßen an, auf das Leben, auf die Zukunft. Ich kann nur hoffen, dass er damit nicht unsere gemeinsame meint. Um von diesem Thema abzulenken, erfinde ich eine Freundin und erzähle von deren Erlebnissen im Netz, die eigentlich meine sind. Und während ich so erzähle und erzähle, merke ich, dass er mir gar nicht zuhört. Ich folge seinem Blick und lande auf meinen übergeschlagenen Beinen. »Du hast wunderschöne Knie, Katrin, so rund, so weich.« Er tätschelt erst das linke, dann das rechte, mehr unbeholfen als zielstrebig.

Bisher waren es doch immer meine Beine, meine Brüste, mein Po. Oder meine Füße. Diesmal also die Knie, bitte sehr, immer mal was Neues. Gustav zieht seine Hand zurück und ruft nach der Rechnung. Vor meiner Zimmertür verabschiedet er sich von mir mit einem unaufdringlichen Kuss auf die Stirn. »Träum' schön, meine Liebe. Ich erwarte dich um neun zum Frühstück.« Ganz Gentleman.

Auf dem Balkon rauche ich noch eine, dann schlafe ich in meinem Himmelbett wie ein Baby. Am nächsten Morgen äußert Gustav eine Bitte: »Wenn du mich nicht als Mann begehrst, dann möchte ich dein Freund werden. Überleg es dir in Ruhe, Katrin, und dann sag mir Bescheid.« Ich nicke, bedanke mich artig für den schönen Tag und die entspannte Nacht, auch dafür, dass er mich noch nach Hause fährt.

Es gibt schon sehr freundliche Männer, die sich mit dem zufrieden geben, was Frau ihnen gibt. Eigentlich brauche ich nicht lange zu überlegen, sein Angebot ist großzügig. Soweit ich das bisher zu beurteilen vermag, kann ich mir keinen besseren Freund wünschen als Gustav Gans. Er ist gebildet, reif, vermögend und er ist hinter mir her, aber beherrscht genug, dass ich keine Übergriffe fürchten muss. Noch am Vormittag schicke ich ihm eine Kurznachricht: »Ja, gern möchte ich deine Freundschaft. Ganz liebe Grüße, Katrin.« Ich würde lügen, wenn ich behaupten wollte, bei einem armen Schlucker hätte ich genauso reagiert.

Während der Schicht fiepst mehrfach mein Handy. Kabel-Pit drängt auf ein Treffen, am liebsten heute noch, am liebsten sofort. Da muss ich ihn enttäuschen, ganz so eilig habe ich es nicht mehr. »Wie schaut's dann mit Donnerstag, da san mir wieder in Rosenheim?« Okay, vorher gibt er ja doch keine Ruhe. »Ja, da habe ich ab sechs Uhr frei. Am besten holst du mich im Bräustüberl ab. LG Katrin.«

Das war keine gute Idee. Pit kommt auch direkt von der Arbeit, im 30-Tonner, hinten drauf eine riesige Kabeltrommel. Und unser Parkplatz ist nicht für Lastwagen ausgelegt. Fluchende Autofahrer um ihn herum kümmern ihn aber nicht, das ist er wohl gewohnt. Er winkt mir fröhlich zu, bei ihm aufzusteigen. »Da bist du ja, Madel. Und i bin der Pit.« Er reicht mir seine schwielige Pranke und zieht mich hoch auf den Bock.

Unsere Blicke treffen sich, und jeder Zeuge hätte uns beiden die Enttäuschung sofort angesehen. Träume sind Schäume. Eigentlich müssten wir uns sofort wieder verabschieden, aber dazu fehlt mir der Schneid, und ihm wohl auch. So fahren wir an den Ortsrand, wo er sein Ungetüm abstellen kann, und gehen die Straße entlang zurück zum nächsten Lokal, an das ich jetzt ebenso wenig Ansprüche stelle wie an unsere Unterhaltung.

Die leichte Lähmung von Pits rechter Gesichtshälfte erweist sich als eine mittelschwere Untertreibung. Da bewegt sich nichts mehr, da hört er auch nichts mehr. Wir müssen die Plätze tauschen, damit ich in sein linkes Ohr sprechen kann. Hinzu kommt, dass er undeutlich artikuliert, vermutlich auch eine Unfallfolge. Am Telefon ist mir das nicht so aufgefallen, weil ich nur auf ihn konzentriert war. Hier reicht schon ein bisschen Geschirrgeklapper, und ich muss schon wieder nachfragen: »Wie bitte?«

Das ist mühsam. Sein Handicap wird zu unserem. Es zu formulieren aber traue ich mich nicht. Um aus der Nummer rauszukommen muss ich ihn davon überzeugen, dass ich völlig durchgeknallt bin. Ich weiß ja genau, was Männer auf den Tod nicht leiden können, und all das zu kombinieren ist meine leichteste Übung, wenn mich jemand so gar nicht interessiert. Also stochere ich lustlos im Salat und meckere über die Küche: »Das muss ich mir nicht noch mal antun.« Ich schmatze bei jedem Bissen und schlürfe jeden Schluck aus dem Weinglas. Ich ziehe geräuschvoll die Nase hoch und spare mir die Hand vor dem Mund, als ich husten muss.

Das wirkt. Nach anderthalb Stunden hat Pit genug von meinem Anti-Hygiene-Konzert. Und trotzdem will er mich zum Abschied noch küssen. Schade, dass ich keine Knoblauchzehe gekaut habe. »Mach's gut und grüß mir Tirol.«

Auf dem Heimweg rufe ich mir das Grundgesetz des Online-Dating in Erinnerung: Egal, was man einander schreibt, egal, welche Fotos man betrachtet, und auch egal, wie nah man am Telefon zusammenrückt, entscheidend sind die ersten Minuten, vielleicht nur Sekunden der ersten Begegnung. Der reale Live-Eindruck ist durch nichts zu ersetzen, über kein Medium, weder durch Status noch Charme, auch nicht mit geschliffenen Texten oder einer sexy Stimme.

Das gilt natürlich auch für mich. Pit und ich hatten uns ein völlig anderes Bild voneinander gemacht und waren maximal enttäuscht, weil dieses Bild dem Tageslicht nicht standhalten konnte. Hinter jeder inszenierten Begegnung steht immer eine Absicht, das lässt sich gar nicht vermeiden. Und damit entfällt der Vorteil beiläufiger Beobachtung. Beide sind gezwungen, sich im Eilverfahren zu scannen. Es gibt keine zweite Chance auf den ersten Eindruck.

Inzwischen habe ich auch genug Erfahrung, um drei Arten von Dates zu unterscheiden. Entweder treffe ich mich mit einem Mann, weil ich aus unserem intensiven Kontakt den Eindruck habe, dass er der Mann fürs Leben sein könnte. Da ist dann die Erwartung so groß wie die Wahrscheinlichkeit gering.

Oder ich verabrede mich mit dem Hintergedanken an eine Affäre. Da ist der erste Moment nicht ganz so wichtig, da kann sich was entwickeln, wenn der Typ nur schon mal sympathisch rüberkommt. In diesem Fall können er und ich die Sache relativ gelassen angehen, zielorientiert, aber mit offenem Ergebnis.

Dann gibt es noch die Möglichkeit, dass ich mich mit einem schriftlich und mündlich auf Anhieb verstehe, wir gleiche Interessen haben und zusammen lachen können, nur eben die Optik nicht so prickelnd ist. Daraus kann sich eine gute Freundschaft entwickeln, und die hält meist länger als die ewige Liebe.

So weit die Theorie, aber an die halte ich mich selbst genauso wenig konsequent wie die meisten anderen auf dem großen Markt der Eitelkeiten. Letztendlich zählt nur die Praxis, und was dabei rauskommen kann, durfte ich heute wieder lernen.

ICH 22:48
Liebste Doro, was ich heute erlebt habe, traut sich keiner zu erfinden. Die wildesten Geschichten schreibt wirklich das Leben. Also, da gabs 'nen Österreicher, ein Unternehmer aus Tirol, der für deutsche Firmen schafft, Kabel verlegen und so. Mit dem habe ich mich heute getroffen. Der kam mit seinem Lkw bei uns auf den Hof gefahren, beladen mit 'ner riesigen Kabeltrommel. Dein Paulchen hätte gejubelt vor Freude. Aber bei uns auf dem kleinen Parkplatz brach Chaos aus. Wir mussten seinen Laster noch hinterm Schwimmbad parken und dann die ganze Strecke zurücklaufen. Der Typ hat das halbe Gesicht gelähmt und ist auch noch schwerhörig. Um den loszuwerden, musste ich mal die Dame verstecken. Schmatzen, schlürfen, Nase hochziehen, du weißt schon, das volle Programm. Und der wollte mich noch küssen, bah, dem bin ich nur knapp entgangen. Der helle Wahnsinn, was ich so erlebe. Ich könnte Bücher schreiben.
Gutes Nächtle, Deine Katrin

Sonntag ist der Tag des Herrn. In der Kirche und bei Herrn Bechthold wohl auch. Mir fällt auf, dass Frank immer sonntags Kontakt zu mir aufnimmt, meist am frühen Abend, diesmal erst später. Seit er wieder im Lande ist, hat sich ein Ritual entwickelt. Er schickt mir immer dieselbe Nachricht aufs Handy: »Kleine, ich wünsche Dich zu sprechen. Bist Du bereit? F.« Und ich antworte entweder mit dem schlichten »Ja«, das er doch so schätzt, oder »Bitte gib mir noch ein paar Minuten«, wenn ich gerade beschäftigt bin. Dann ruft er an, und ich bin zwar nicht mehr so verstört wie beim ersten Mal, aber immer noch ein bisschen aufgeregt.

»Katrin, glaubst du, dass für schlechten Sex nur wir Männer verantwortlich sind?« Wie immer kommt Frank gleich zur Sache. Darüber habe ich noch nie nachgedacht. Aber Angriff ist die beste Verteidigung: »Wer denn sonst«? Ihm ist es ernst, offenbar liegt ihm das Thema schwer im Magen. Es ärgert ihn, dass ihm schon öfters Frauen ihr Leid geklagt haben, wie schlecht ein Liebhaber im Bett sei, aber nicht auf die Idee kamen, sich selbst verantwortlich zu fühlen. »Und glaub' mir mal bloß, einige davon wären gut beraten, sich mal an die eigene Nase zu fassen.« Was den Schluss nahelegt, dass diese Damen mit ihm sehr zufrieden waren, er aber nicht mit ihnen.

Ich könnte jetzt im Urschlamm wühlen mit der Frage, was denn guten Sex von schlechtem unterscheidet. Aber irgendwie muss ich Bechthold schon recht geben: Natürlich ist sexuelle Qualität die Synthese von Talent und Erfahrung bei beiden Geschlechtern. Und natürlich gibt es auch weibliche Nieten, wäre es also ungerecht, ein schlechtes

Spiel nur den Männern anzulasten. Vermutlich nutzen wir ganz unterbewusst den Umstand, dass es keine objektiven Kriterien gibt und auch keinen Schiedsrichter.

Sex ohne Liebe ist eine Mischung aus Bettenreise und Fitnessreport, aber oftmals unentbehrlich. Jedenfalls für mich. Wie oft schon habe ich einem Mann vorgemacht, dass es mit ihm so richtig klasse war. Um ihm eine Freunde zu bereiten oder aus Bequemlichkeit. Aber ich habe noch nie einen Gedanken darauf verschwendet, dass ich mit gelangweiltem Gesicht oder einer schnippischen Bemerkung womöglich einen Dilettanten in den Schuldkomplex getrieben habe.

»Genau das meine ich«, ereifert sich Frank. »Die Verantwortung für den Sonntagsbraten habt ihr längst abgelegt, aber für eure Befriedigung sind immer noch wir zuständig.« Den Vergleich finde ich schief, kann das aber nicht auf Anhieb begründen und spare mir deshalb den Protest. Ihn ärgert, wie sorglos und unbedacht Frauen mit Männern umgehen, von denen sie ihrerseits ständig mehr Einfühlungsvermögen einfordern. »Weißt du, Kleine, entweder haben wir in euren Augen ein Gemüt wie Fleischerhunde, dann solltet ihr euch damit abfinden. Oder wir sollen schön sensibel sein, dann müsst ihr aber auch Rücksicht nehmen auf unsere Gefühle.«

Ich hasse entweder/oder. Wenn ich ehrlich bin, mag ich eigentlich gar keine Entscheidungen treffen, jedenfalls keine grundsätzlichen. Wofür gibt es Männer, wenn wir ihnen nicht mal das überlassen können? Es ist doch viel klüger abzuwarten, was daraus wird. Erweist sich eine Entscheidung als falsch, kann ich sie immer noch kritisieren, aber nur, wenn es nicht meine war. Und hat einer mal unzweifelhaft die richtige Entscheidung getroffen, kann ich ihn loben oder ganz selbstverständlich darüber hinweggehen, je nachdem. Das nennt sich weibliche Raffinesse. Aber das kann ich Frank unmöglich sagen.

Zumal er heute Abend nicht streitbar ist, sondern redselig, deutlich weicher als sonst. Nach einer Stunde allgemeiner Debatte rückt er mit der Sprache raus. Es gibt einen konkreten Anlass für seinen Zorn auf die Weiber, der eigentlich tiefgreifender Frust ist. Eine Frau hat meinen Helden verwundet, ihm die Lanze zwischen die Schulterblätter gestoßen oder besser: seine zarte Seele geritzt. Sie heißt Sonja, sie ist Mitte dreißig, sie managt ein Düsseldorfer Hotel und ist von ihrem Ehemann wegen einer Jüngeren mit zwei kleinen Kindern sitzengelassen worden. »Beschreib' sie mir mal«, fasse ich nach. »Sie ist groß und schlank, hat riesige braune Augen.« Danke, das genügt. Ich sehe sie vor mir, und mir ist auch sofort klar, wie diese Frau mit dieser Geschichte auf Bechthold gewirkt hat. Es dürfte subito seinen Beschützerinstinkt aktiviert haben.

Alles verrät Frank mir nicht. Nur, dass diese Frau ihn sehr direkt in ihr Haus, in ihre kleine Familie und wohl auch in ihr Herz eingeladen hat. »Sie war sexuell ziemlich blockiert, weil ihr Mann sie während der Schwangerschaft nicht angerührt hat. Er fand sie abstoßend, und das hat er ihr auch so gesagt, dieser Idiot!«

Bechthold ergreift Partei für die Frau. »Mir hat sie sich geöffnet.« Aus seinen Formulierungen entnehme ich, dass

Sonja ihm nicht gleichgültig war, gewiss auch noch nicht gleichgültig ist. Ich spüre Eifersucht in mir aufsteigen. »Und von einem Tag auf den anderen war sie völlig verändert, nur noch unverbindlich. So, als sei ich ein altbekannter Hotelgast, mehr nicht.« Und was ist passiert? »Ich weiß es nicht.« Frank ist ratlos.

Teufel auch! »Deine Sonja wird gespürt haben, dass du nicht der neue Ernährer sein willst.« Aber davon sei doch noch nie die Rede gewesen, wendet er ein, sie noch nicht mal geschieden. Kein Aber, die Sache ist doch klar wie Kloßbrühe. »Wenn du einer Frau keine Perspektive bietest, kannst du sie tausendmal von ihren Altlasten befreien, für sie zählt nur die gemeinsame Zukunft.« Dahinter steckt ein archaischer Reflex. Jede Frau ist erst mal Mutter, und wenn sie kleine Kinder zu versorgen hat, dann sucht sie einen Mann, der sie dabei unterstützt. Ganz gleich, wie etabliert sie in ihrem Beruf sein mag, ganz gleich, wie selbstbestimmt sie ihren Alltag bewältigt. Und ganz gleich auch, welche Ziele sie als ihre ausgibt. Das ist alles nur Gerede. In Wahrheit geht es ihr um Mama, Papa, Kind. Sonst fühlt sie sich nicht vollständig, nicht anerkannt. »Tja, mein lieber Frank, vor Rehen wird gewarnt.«

Ach ja, das hätte er fast vergessen vor lauter Schwermut: Der Termin, an dem er mit seinem Partner bei Siemens in München präsentieren muss, steht jetzt fest. Es ist der 24. Juli, und abends will er mich sehen. »Streich dir das im Kalender an.« Wird gemacht, mein Herr.

Ich liege noch eine Weile wach. Es tut mir gut, dass ich mal was besser wusste als er. Dabei war das keine große

Kunst. Das Verhalten dieser Sonja ist doch vollkommen logisch, jedenfalls weiblich. Merkwürdig, dass Bechthold nicht selbst drauf gekommen ist. Aber es ist wie im Museum: Wenn du zu dicht davor stehst, kannst du zwar die Farbe riechen und die Risse in der Leinwand zählen, das ganze Bild aber kannst du erst mit Abstand erkennen.

Verliebte Männer rücken zu dicht auf. Und ab von allen anderen. Das ist gewiss konsequent, aber oft auch maßlos übertrieben. Das perfekte Beispiel liefert mein Heiko, als er mich eines Abends anruft. Und wie üblich macht er es oberspannend. »Katrin, ich muss dir was anvertrauen.« Er holt tief Atem. »Du sollst es von mir erfahren.« Nach dieser Vorrede muss ich mit einem Ereignis von nationaler Dimension rechnen. Dass die Mauer wieder aufgebaut werden soll, fällt mir seltsamerweise zuerst ein. Länger als zehn Sekunden aber kann der Herr Kommissar die Spannung nicht halten, dann bricht es aus ihm heraus: »Katrin, ob du es glaubst oder nicht, ich habe mich unsterblich verliebt.«

Nun, so was kann vorkommen. Einzig unglaublich erscheint mir die Unsterblichkeit. Deshalb kann Heiko mich mit seiner Euphorie nicht anstecken, doch höflich, wie ich bin, erkundige ich mich nach den Einzelheiten des Sündenfalls. Eine Kollegin aus dem Raubdezernat ist die Glückliche. »Nächsten Monat wollen wir zusammenziehen. Drei Wohnungen haben wir uns schon angeschaut«. Sie weiß nur noch nicht, ob sie die mit Balkon lieber will als die mit Waschküche oder doch lieber die teure Altbauetage, die beides hat und obendrein Stuck an der Decke. »Das will genau überlegt sein, sagt sie.« Ich kann die Frau verstehen.

Im Überschwang seiner Gefühle will Heiko auch mich von der Straße holen. »Du, Katrin, zum Trost schenke ich dir einen Monat Premium.« Wie lieb! Er glaubt tatsächlich, dass ich untröstlich sein könnte, weil eine andere Frau ihn eingefangen hat. In dem Glauben sollte ich ihn lassen und dankbar den geldwerten Vorteil kassieren. Ein Monat bezahlte Mitgliedschaft kostet bei *Friendscout* 29,95 Euro. Wenn er das löhnt, kann ich aktiv flirten, von mir aus jeden Mann anschreiben, ohne warten zu müssen, ob der sich aufrafft. »Das ist aber lieb von dir«, flöte ich zuckersüß. Ich kann ja, wenn ich will.

Das Weibchen gebe ich auch bei Gustav Gans, zumal dann, wenn wir zum Shopping verabredet sind. Ich will ihm eine neue Brille verpassen; er trägt noch ein Modell aus den Zeiten der Terrorfahndung, aufdringlich, klobig, hässlich ohne Ende. »Die ist doch schon fast so alt wie du.« Damit habe ich ihn, das ist sein wunder Punkt. Wir verbringen geschlagene drei Stunden bei Münchens teuerstem Optiker.

Danach bin ich dran. Ein rotes Etuikleid, wie ich es schon immer wollte: mit Stummelflügelarmen und gerade so viel Stretch, dass es figurbetont sitzt, mich aber nicht einengt. Dazu zwei Paar Schuhe, zu einem noch die passende Handtasche. Gustav ist ebenso geduldig wie spendabel. Mir wird das fast schon peinlich. »Aber es macht mir doch Freude, dir eine Freude zu machen«, lacht er mich an. Das ist ein Argument. Und ich muss zugeben, dass ich den Einkaufsbummel an seiner Seite genieße. Nicht nur, weil er seine Kreditkarte zückt. Aber auch. Ich mag es, verwöhnt zu werden, und ich weiß, dass ich ihm nicht wehtue. Geld hat er genug, aber offenbar keine Freunde.

Und ich gewinne immer neue. Mein Gratisflirten im Netz bleibt natürlich nicht ohne Folgen. Ich mache die ganz neue Erfahrung, dass es gar nicht so leicht ist, die Initiative zu ergreifen, das zu tun, was ich ganz selbstverständlich bei den Männern voraussetze: mit einem flotten Spruch einen niveauvollen Dialog zu eröffnen. Starte ich zu flockig, besteht die Gefahr, dass es sich im albernen Wettstreit um den nächsten Gag erschöpft. Wenn ich aber auf Seriös mache, fange ich mir eine Antwort ein wie diese hier: »Hey, Lady, mach dich mal locker.«

Ohne Mimik und Gestik, ohne Betonung in den Sätzen die richtigen Zwischentöne zu treffen, lässt sich nicht mal eben aus dem Ärmel schütteln. Jedenfalls nicht aus meinem. So lerne ich eine Kehrseite der Emanzipation kennen. Ich kann nicht einfach abwarten, wer mit was auf mich zukommt, und in aller Ruhe den Daumen heben oder senken. Jetzt muss ich mich aus dem Fenster lehnen, muss rufen und werben. Ich muss natürlich nicht, ich kann es auch bleiben lassen, weil das weniger anstrengend ist. Gut die Hälfte meiner Wunschkandidaten reagiert ohnehin nicht. Warum das so ist, presst Bechthold in die simple Formel: »Richtige Männer wollen jagen, nicht sammeln.«

Bei einem echten Gebirgsjäger darf ich den Jagdinstinkt wohl voraussetzen. Henning Franjok ist neununddreißig Jahre alt, Berufssoldat, stationiert in Berchtesgaden und lebt getrennt, sein Sohn bei der Mutter. Weil er bei *Friendscout* kein Bild eingestellt hat, gebe ich ihm meine Mobilnummer, damit er mir eins aufs Handy schicken kann. Und ich bin angenehm überrascht. Der Bursche sieht richtig kernig aus, und seinem Profil nach hat er Gardemaß: 1,98.

Wir telefonieren, ich mag seinen bayerischen Dialekt und er meine Schlagfertigkeit. Wir sprechen über unsere Arbeit, über die Berge, über Mann und Frau. »Was sollen wir drumrum reden, Katrin. Wann hast du das nächste Mal frei?« Dass er sich nicht mit langatmigen Konjunktiv-Debatten aufhalten mag, gefällt mir gut. »Nächsten Donnerstag.« Wir verabreden uns an der Raststätte Irschenberg, für mittags.

Henning ist ein Baum von einem Mann und steht breitbeinig neben seinem Motorrad. Damit hatte ich nun nicht gerechnet. Die Lederklamotten finde ich saublöd. Ich als Bikerbraut geht ja nun gar nicht. Er schaut mich genauso entgeistert an wie ich ihn.

»Hallo, ich bin der Henning. Wir haben telefoniert.« Fehlt nur noch, dass er jetzt Haltung annimmt, um Meldung zu machen. Ich schlage vor, einen Kaffee trinken zu gehen. »Aber nicht hier.« Er nickt bloß, trottet brav hinter mir her und quetscht sich in meinen Kleinwagen. Wir suchen nach einer Dorfkneipe, und ich sinniere schon, wie ich den Rest des Tages mit einem guten Buch verbringe. Zwei Dörfer ohne Kneipe haben wir hinter uns, als mein Beifahrer mich zum zweiten Mal überrascht: »Wir könnten auch nach Italien fahren, da gibt's bestimmt Cappuccino.«

Ich lege eine Vollbremsung hin und schaue ihn von der Seite an: »Meinst du das jetzt ernst?« Er nickt nur. »Na, du bist mir ja einer.« Er zuckt die Schultern. Und ich gewinne

Gefallen an der verrückten Idee. Wie zwei Teenager zählen wir unser Geld und beschließen, dass es für einen Tagesausflug über den Brenner reichen dürfte.

Ich überlasse ihm das Steuer und die Führung. Plötzlich verstehen wir uns prächtig. Wir quatschen, wir lachen, wir liegen auf einer Wellenlänge. Als ich an einer Tankstelle in Österreich vom Zigarettenkauf zurückkomme, versucht Henning zum ersten Mal, mich zu küssen. Es bleibt beim Küsschen, wir fahren weiter, wir singen alte Schlager, alles, was uns gerade so in den Sinn kommt. Und je weiter wir nach Süden kommen, desto ausgelassener werden wir.

Jenseits der Grenze kommen wir nur langsam voran, weil wir immer wieder anhalten müssen, um uns zu küssen, vor diesem Berg und hinter dem nächsten. Jetzt aber richtig leidenschaftlich, so, als hätten wir schon seit Monaten drauf gewartet. Er fasst mir in die Bluse, doch als ich ihm zwischen die Beine fassen will, klemmt er sie zusammen. Seltsam, denke ich, vielleicht will er mich nicht erschrecken.

In Fortezza kehren wir in einer kleinen Bar an der Straße ein. Aus einem Cappuccino werden zwei, dann drei. Schließlich steige ich auf Espresso um. »Da muss ich nicht so oft laufen«, kichere ich. Wir kriegen Hunger und teilen uns eine Pizza Margherita, dann noch eine. Beim Essen Händchen zu halten, erfordert viel guten Willen. Wir schaffen das, er füttert mich, ich füttere ihn. Wir wollen gar nicht loslassen.

Aber wir müssen zurück. Beide haben wir morgen Dienst, und beide wissen wir, dass man aufhören soll, wenn es am schönsten ist. Wieder fährt Henning. Ich lege meine Füße auf seinen Schoß, und er streichelt sie durch drei Länder. Kurz vor dem Inntaldreieck machen wir noch einen Abstecher runter zum Fluss. Mittlerweile ist es dunkel geworden, aber der Mond leuchtet uns den Weg zum Ufer. Da sitzen wir ganz eng beieinander. Ich fühle mich geborgen, weil ich das habe, wovon alle Frauen träumen: eine starke Schulter zum Anlehnen.

Als ich dann auch noch eine Sternschnuppe entdecke, wünsche ich mir, dass mein kleines Glück ein großes werden möge. Und bin aufgeregt wie ein Kind: »Da, da, hast du sie auch gesehen?« Ja, er hat sie auch gesehen, aber er hat einen ganz anderen Wunsch. »Katrin«, sagt er mit belegter Stimme, »versprich mir, dass wir nicht zu schnell miteinander ins Bett gehen.«

Mich trifft das wie ein Schlag in die Magengrube. Was soll das? Warum nicht jetzt? Wann dann? Mit nichts kann ein Mann eine Frau stärker verunsichern als mit demonstrativem Nicht-Begehren. Sein mysteriöser Satz geht mir auch auf dem Heimweg nicht aus dem Kopf, hindert mich lange am Einschlafen. Was ist mit Henning los: Ist er nicht normal, eine Flasche im Bett, gar impotent? Oder, was um Himmels willen, kann ihn nach diesem wundervollen Tag daran hindern, mich zu nehmen? Mir fällt ein Satz meines Ex-Ehemannes ein, den er von der Volksarmee mitgebracht hatte: Die meiste Zeit des Lebens, wartet der Soldat vergebens. Aber dann hätte mein Feldwebel den Schuss nicht gehört.

Es gibt nur einen Weg, Henning Franjoks Geheimnis zu lüften: Ich muss mit ihm schlafen, und zwar ganz fix. Lieber zweifle ich an ihm als an mir. Am Montag ist im *Bräustüberl* erfahrungsgemäß nicht so viel los, da werde ich pünktlich gehen können. Ich locke ihn mit einer Einladung an den heimischen Herd. »Es gibt sauren Hering mit neuen Kartoffeln, dazu Quark und Leinöl, wie bei Oma.« Er beißt an. Und für die Vorbereitung brauche ich keine halbe Stunde.

Hennig erscheint pünktlich, frisch gewaschen, gut gelaunt. Und auch noch mit einem Blumenstrauß. Fast wäre ich rot geworden. Das Essen bringe ich ohne Verzögerung auf den Tisch, dazu eine Flasche vom Jubiläumsbock aus dem Brauhaus, und er haut rein, als gäbe es kein Morgen.

So fühle ich mich später auch. Das Vorspiel dauert zwei Stunden, und es ist himmlisch. Der Hauptakt dauert nur zwei Sekunden, und ich habe nicht einmal bemerkt, dass er begonnen hatte. Als Henning sich von mir wälzt, schaue ich an ihm runter. Und sehe nichts. Zur Sekunde wird mir klar, warum ich ihm nicht an die Hose fassen, warum ich nicht mit ihm schlafen sollte: Er hat keinen. Und wenn er einen hat, dann hält er ihn gut versteckt.

Nur mühsam kann ich die Fassung wahren. Er tut so, als sei nichts. Und es ist ja auch nichts. Aber genau das ist es.

Kapitel 13

Die Hänschenfrage

Männer sind wie Hunde: anhänglich

Auf Bechthold ist Verlass. Je näher der Tag der Tage rückt, desto intensiver kümmert er sich um mich. Vielleicht will er mir die Angst nehmen, vielleicht will er mich auch nur vorglühen. Ich weiß es nicht. Aber ich genieße, dass er nicht mehr nur sonntags anruft, mir zwischendurch mal eine Mail schickt oder ein Foto aufs Handy.

Exakt eine Woche vor seinem München-Trip startet Frank Bechthold mit einem simplen Trick, der mich unter Spannung hält. Jeden Morgen werde ich jetzt punkt halb acht mit einer Kurznachricht geweckt: »Guten Morgen, Kleine. Nur noch sechsmal aufwachen. F.« Am nächsten Tag dann: »Guten Morgen, mein Spatz. Nur noch fünfmal aufwachen.« Und so weiter. Er weiß genau, wie man es machen muss. Nicht zu viel und nicht zu wenig. Bloß nicht präzise, aber auch nicht vage. Nur regelmäßig, und immer mit einer überraschenden Variante. Danach könnte ich glatt süchtig werden. Doch welcher Mann will das durchhalten?

Beim Frühstück durchdenke ich Bechtholds Taktik. Was er mit diesen Einzeilern bei mir auslöst, ist mehr als erstaunlich. Er signalisiert, dass er an mich denkt, sich zuständig fühlt, auch verantwortlich dafür, dass ich rechtzeitig aus den Federn finde. Das ist so, als würde er mir von unterwegs einen Kaffee ans Bett bringen.

Dass seine Nachrichten immer zur selben Zeit eingehen, ganz gleich, wo er ist, zu Hause, im Büro, auf der Baustelle, löst bei mir das Gefühl aus, dass es nichts gibt, was ihn davon abhalten könnte, für mich da zu sein. Keine Arbeit, nicht Wind und Wetter, schon gar keine andere Frau. Für ihn rangiere ich jetzt ganz oben.

Indem er die Tage runterzählt, vermittelt Frank mir den Eindruck, dass er es kaum noch erwarten kann, wie ein Kind, das jeden Morgen zuerst zum Adventskalender stürmt, um das nächste Türchen zu öffnen. Und mit wechselnder Anrede nähert er sich behutsam an, unaufdringlich und ganz selbstverständlich, immer ein Stückchen mehr. Damit liefert er zudem den Nachweis kreativer Bemühungen, anders als jemand, der immer Schatzi sagt, weil er sich zwischen Schaf und Ziege nicht entscheiden kann. Zugegeben, der Scherz ist nicht von mir, den habe ich bei Ina Müller geklaut.

An Franks dezentem Trommelfeuer wirkt alles so einfach, und doch ist es eine hohe Kunst. Morgens im Bett fühle ich mich geborgen, ihm verbunden, irgendwie beschützt. Wenn ich das System Bechthold bei einer Zigarette nüchtern analysiere, wird mir natürlich klar, dass er mich aus der Ferne wie eine Marionette führt. Aber selbst diese Erkenntnis zerstört den Zauber nicht. Schon komisch. Ich lächele in mich hinein und fühle mich wohl.

Am 24. Juli scheint die Sonne. Bechtholds Guten-Morgen-Gruß kommt wie immer pünktlich: »Keinmal mehr aufwachen, F.« Heute bin ich schon lange auf. Mein Kleiderschrank steht offen. Gestern Abend hatte ich mein neues Rotes rausgehängt. Jetzt bin ich wieder unschlüssig, was ich zu unserer Erstbegegnung anziehen soll. Ein Kleid, schon klar, mit meinen Beinen will ich punkten. Aber wäre das kurze grüne nicht doch besser oder das sandfarbene mit dem tiefen Ausschnitt?

Es ist warm, wir werden auch abends noch draußen sitzen können, in einem kleinen Gartenlokal unten am See. Dann brauche ich mir nur ein leichtes Jäckchen über die Schultern zu legen oder die Seidenstola mit dem Jacquardmuster, die mir Rüdiger Zwo mal aus Spanien mitgebracht hat. Aber vorher müsste ich mal wissen, was ich drunter anziehe. Und da drunter. Ich vertage die Entscheidung.

Eine Stunde später wird sie mir abgenommen. Meine Chefin ruft an. »Ich weiß, dass du frei hast, Katrin. Aber es hilft nichts, wir haben drei Krankmeldungen. Ab mittags musst du ran.« Ihre Tonlage duldet keinen Widerspruch. Heute ist Donnerstag und damit auch klar, was ich anziehen werde: meine Diensttracht mit dem lila Rock. In dieser Situation hilft nur Galgenhumor oder das passende Sprichwort. Erst die Pflicht, dann die Kür, hätte mein alter Herr an dieser Stelle kommentiert.

Die umgekehrte Reihenfolge wäre mir auch gar nicht in den Sinn gekommen. Das Pflichtbewusstsein ist mir von klein auf eingebläut worden. Ohne zu zögern sage ich Bechthold ab: »Wir können uns heute abend nicht sehen, Frank. Ich muss arbeiten. Es tut mir wirklich leid, das kannst du mir glauben. Deine traurige Katrin.«

Das ist nicht gelogen, aber ganz wahr ist es auch nicht.

Ich fühle mich seltsam gefühllos. Vielleicht hängt mir das Trauma mit Kamerad Stummelschwanz noch in den Knochen. Noch so eine Katastrophe verkrafte ich nicht. Wer weiß also, wozu es gut ist. Und jetzt sind wir quitt. Einmal hat Bechthold abgesagt, einmal habe ich abgesagt. Und aller guten Dinge sind drei.

Franks Reaktion kommt ebenso prompt wie knapp: »Klar. Verstanden. Schade. F.« Im ersten Impuls möchte ich das Handy in die Ecke feuern. Glaubt der mir etwa nicht? Ich habe doch keine Ausrede nötig, wenn ich den Kerl nicht sehen will. Verdammt, ich bin das Opfer, nicht die Täterin. Aber vermutlich tue ich ihm jetzt unrecht. Vermutlich sitzt er schon mit lauter Wichtigs in seiner Präsentation. Und vermutlich ist es ihm auch nicht egal, ob er mich sieht oder nicht.

Dass ich mit meiner Vermutung richtigliege, erschließt sich mir erst auf dem Heimweg von einer elend langen Doppelschicht. »Ich wünschte, du hättest Zeit für mich gehabt, Kleine. Aber du musstest dich ja um die anderen Gäste kümmern. Ich habe Dich erkannt. Gute Nacht! F.«

Das darf doch nicht wahr sein. Frank Bechthold war inkognito im *Bräustüberl*. Ich bin perplex. »Du hast mich heimlich bei der Arbeit beobachtet??? Das darf doch wohl nicht wahr sein!!!« Ich kann ihn förmlich grinsen sehen. »Und ob das wahr ist, Kleine. Du hast Deine Sache gut gemacht.« Natürlich will ich sofort wissen, was er erkannt zu haben glaubt. Aber er bleibt hart, vertröstet mich auf morgen. »Du bekommst es schriftlich. Versprochen. Schlaf Dich jetzt erst mal aus. F.«

An Schlaf ist nicht zu denken. Mir geht viel zu viel durch den Kopf. Zuerst die Frage, wieso ich Frank übersehen konnte. Heute hatte ich nur fünf Tische, draußen. Im Geist gehe ich die Gesichter der Gäste durch. Es war den ganzen Tag knüppelvoll, und ich bin gerannt wie eine Blöde, doch ich habe ein gutes Personengedächtnis und komme zu dem Schluss: Bei mir im Revier kann er nicht gesessen haben.

Dann wahrscheinlich unter den Bäumen. Da hatte die dicke Maria Dienst, und die hat mir bei der Abrechnung erzählt, dass einer ihr einen Blauen Trinkgeld gegeben hat. Das hatte sie noch nie erlebt. Ob das zu Bechthold passen könnte? Der schmeißt bestimmt nicht mit Geld um sich, aber sich eine besondere Gelegenheit was kosten zu lassen, traue ich ihm schon zu. Morgen muss ich Maria fragen.

Bechthold kommt mir mit der Aufklärung zuvor. Am nächsten Morgen weckt er mich wieder mit einer SMS: »Aufstehen, Kleine. Ich bin schon am Flughafen. Und habe Dir gerade eine Mail geschrieben. Kuss. F.« Mit einem Satz bin ich aus dem Bett und am Rechner. Es kommt mir vor wie eine Ewigkeit, bis er endlich hochgefahren ist.

»Guten Morgen, mein Schatz.« Soll das Ironie sein? Aber Schatz ohne i, wenigstens das. »Wenn Du diese Nachricht liest, werde ich schon im Flugzeug sitzen und mit Freude an unsere ungewöhnliche Erstbegegnung zurückdenken. Ich habe es sehr genossen, Dich in aller Ruhe studieren zu können. Vielleicht sogar mehr, als hätten wir einander gegenübergesessen. So war jedenfalls einer von uns ganz ungezwungen, ganz natürlich. Und weil auch ich mich unbeobachtet fühlen durfte, musste ich mich nicht produzieren.

Das tut man ja unwillkürlich, wenn man einer Frau gefallen will. Du hast mir gefallen, Katrin. Dein Gang, Dein Lachen, Deine herzliche Art, wie Du mit den Leuten sprichst. Alles habe ich ja nicht verstanden, dafür saß ich zu weit weg. Aber dass Deine Berliner Schnauze gut ankommt, habe ich schon mitbekommen. Und Deine Beine wirken in natura noch besser als auf den Fotos. Soweit ich das unter dem Trachtenrock beurteilen konnte, der ist nicht wirklich sexy. Aber die nähere Prüfung steht ja noch aus. So, jetzt muss ich mal los. Mein Flug wurde schon aufgerufen. Telefonisch demnächst mehr. Wieder Sonntagabend? Frohes Schaffen wünscht: Frank B. aus D.«

Der Typ hat es wirklich drauf. Dös is a Hund, würde man in Bayern anerkennend sagen. Vom dem kann ich noch was lernen. Mich erst anfüttern und dann abhängen lassen. Wie ein gutes Stück Fleisch.

Am Sonntag wieder das alte Spiel. Bechthold fragt schriftlich an: »Bist Du bereit, Kleine?« Ich antworte mit seiner Lieblingsvokabel: »Ja.« Und schicke eine zweite Kurznachricht gleich hinterher: »Für Dich besonders gern.« Ich bin ja lernfähig. Soll er doch auch mal vibrieren.

Und es scheint zu wirken. Am Telefon ist Frank sehr offen, sehr zugewandt, fast redselig. Wir sprechen über den Donnerstag, unseren Donnerstag, den er gestaltet hat ohne mein Zutun. Bei Siemens lief seine Sache vielversprechend, den Auftrag für die Projektbetreuung eines Kraftwerks in Ungarn haben sie fast sicher. Und in der euphorischen Stimmung hat er sich ganz spontan einen Leihwagen besorgt und ist zum Tegernsee rausgefahren. »Auch Männer treibt die Neugier.«

Bei uns im Biergarten hat er erst mal die Lage gepeilt, und als er mich entdeckt hatte, sich ein paar Tische neben meine gesetzt, nah genug, um mich zu sehen, weit genug, dass er mir nicht auffällt. Der Trubel kam ihm zupass. Da hatte ich keine Zeit, meinen Blick schweifen zu lassen. »Respekt! Du machst wirklich einen guten Job«, lobt er mich. »Die Leichtigkeit, mit der du die schweren Bierkrüge jongliert hast, hat mich ans Ballett erinnert. Fehlte nur noch die Musik von Schwanensee.« Das ist des Guten zu viel, da hat er jetzt überzogen. Bei Bechtholds Betonung weiß ich nie, bis wohin er es ernst meint und ab wann er mich hochnimmt.

Jedenfalls hat Frank da still vergnügt ein paar Stunden Programm genossen, die Hauptdarstellerin immer im Blick und nebenbei ein paar Komparsen. »Euer Bier ist wirklich süffiger als das Dortmunder, ehrlich. Ich musste mich echt zurückhalten.« Und der Leberkäs habe ihm auch geschmeckt, sagt er noch. »Ich werd's der Küche weitergeben. Das hören die nur ganz selten.« Ein bisschen Ironie kann ich auch.

Nachdem wir alle Details unseres einseitigen Dates besprochen haben und seine artigen Komplimente verdaut sind, komme ich aus der Deckung, das hätte ich mich früher nie getraut. »Jetzt mal Butter bei die Fische, Frank.« Er weiß genau, worauf ich hinauswill. Und zögert nur Sekundenbruchteile mit der Antwort. »Doch, durchaus, das könnte ich mir vorstellen.« Dass wir ein Paar werden oder was? So genau will er sich da nicht festlegen, nur auf das Toyota-Prinzip: »Nichts ist unmöglich. Aber lass uns mal einen Schritt nach dem anderen gehen.«

Seine Reaktion nährt meinen Verdacht: Frank Bechthold liebt nicht nur die Frauen, er liebt auch seine Freiheit. Er hat bestimmt nicht die klassische Bindungsangst, dafür wirkt er zu souverän. Aber er hält sich alle Optionen offen. Links und rechts seines Weges locken reichlich hübsche Blüten. So wird denn der Weg zum Ziel. Doch was hatte ich auf meine Frage erwartet: einen Heiratsantrag? Wohl eher nicht, der hätte auch nur für einen Lacher getaugt.

Und eigentlich kann ich Bechthold keinen Vorwurf machen. Ich verhalte mich genau wie er. Solange ich den Richtigen noch nicht gefunden habe, vertreibe ich mir mit den Falschen die Zeit. »Gibt es denn Mr. oder Mrs. Right überhaupt?«, will Frank wissen. »Oder nur partiell und temporär?« Achtung, jetzt wird's philosophisch. »Ich glaube dran«, erwidere ich, »weil ich dran glauben will.«

»Glauben heißt nicht wissen«, sagt Frank. »Aber der Glaube kann Berge versetzen«, kontere ich. Jede These lässt sich mit einer Volksweisheit untermauern. Doch dieser fröhliche Schlagabtausch führt uns nicht weiter. Die entscheidende, sozusagen die Hänschenfrage ist doch, ob das Schicksal uns einen, nur einen einzigen Seelengefährten für die Reise durchs Leben bereithält. Und wie wir ihn erkennen, sollten wir uns denn begegnen. »Auf der Erde leben schon über sechs Milliarden Menschen«, gibt Bechthold zu bedenken. »Was ist, wenn deine verwandte Seele ein Hafenarbeiter in Shanghai ist?«

Eine schöne Scheiße ist das. Dem laufe ich doch nie über den Weg. So weit reicht *Friendscout* nicht. »Und wie sollte ich Lin Tsiao Ping verstehen? Allein auf die Sprache des

Herzens vertraue ich besser nicht.« Bechthold muss lachen. Mein pragmatischer Ansatz gefällt ihm. Wir beschließen, das Problem zu vertagen und getrennt, aber mit identischer Zielsetzung an einer Lösung zu arbeiten. »Wenn du und ich nur genügend Frust angesammelt haben, können wir immer noch Händchen haltend im Schaukelstuhl von unseren Abenteuern schwärmen«, tröstet er mich. Schöne Aussichten sind das.

Und weil ich schon so aufgewühlt bin, erstatte ich gleich noch meiner Freundin Bericht über die Ereignisse der vergangenen Tage:

ICH 23:11

Hey, Du glückliche Mama! Manchmal wünschte ich mir Dein kleines Spießerleben. Dir tanzt nur ein Kleiner auf der Nase rum, ich hab die Clowns gleich im Dutzend. Frank, mein Supermacho, war undercover bei uns im Laden! Ich musste ihm ja absagen, weil ich auf Arbeit musste. Da ist er heimlich zu mir gekommen, hat sich in eine Ecke gesetzt und mich beobachtet. Ganz schön unfair, was? Aber irgendwie auch clever. So konnte er mich in Ruhe begutachten. Das würde mir auch mal gefallen. Da könnt ich in Jeans zum Date marschieren und brauchte nicht auf Cool und Locker zu machen. Bis eben haben wir telefoniert, das war irgendwie anders als sonst. Klingt blöde, aber ein Stückchen realer. Wir haben jetzt eine Wette laufen, ob es wirklich nur den einen Partner fürs Leben gibt oder vielleicht doch mehrere, die dir alle guttun. Ich glaube, Frank und ich verhalten uns beim Suchen

ganz ähnlich, aber mit total verschiedenen Motiven. Ihn interessiert nur das nächste Puzzleteil, ich will immer erst das ganze Bild sehen, bevor ich mich einlasse. Na ja, Hauptsache, er will mich wiedersehen.
Deine Katrin – froh & fröhlich

Anfang der Woche meldet sich mal wieder der Polizist meines Vertrauens. Von welchem Einsatz oder aus welcher Wohnung ist nicht ersichtlich, nur dass irgendwas anbrennt. »Katrin, ich muss dich unbedingt treffen. Wann hast du Zeit??? Es ist dringend. LG Heiko.« Männer sind doch anhänglich wie Hunde. Die ist man noch lange nicht los, nur weil ein anderes Frauchen sie füttert.

Heiko will zu mir kommen. Und offenbar will er auch seine Zahnbürste mitbringen. Wir verabreden uns für Mittwochabend, am Donnerstag muss ich erst zur Spätschicht. Ich bin mal gespannt, ob es diesmal zum Heiratsantrag reicht. Es wäre mein erster. Mit meinem Ex lief das damals nicht so formell. Das hat sich irgendwie ergeben, in der Deutschen Demokratischen war die Ehe ein Verwaltungsakt.

Der Herr Kommissar verspätet sich. Schon wie er verzagt die Treppe hochstolpert, merke ich, dass Heiko heute nicht gut drauf ist. Und noch ehe ich ihm ein Bier einschenken kann, sprudelt es aus ihm raus: »Es ist aus, Katrin!« Wie ein Damoklesschwert hängt sein Ausrufezeichen im Raum. Er schaut mich fragend an, ein Bär mit flehendem Bambiblick. Ich weiß nicht sofort, wie ich reagieren soll. Die Stille wird erdrückend.

»Wie hieß sie noch mal?« Das war nicht sehr einfühlsam, ich weiß. Aber was anderes ist mir auf die Schnelle nicht eingefallen. Heiko hockt wie ein Häufchen Elend auf meinem Sofa und schaut vorwurfsvoll zu mir auf: »Sie heißt Nicole.« Ach ja, wie wohl sonst. Er sagt, dass er schrecklich verliebt gewesen sei. Ich sage, dass er offenbar noch schrecklich verliebt ist. Er nickt traurig. Ich setze mich zu ihm, rücke ganz dicht ran, drücke seine Hand, da fängt er an zu weinen.

Es dauert eine Weile, bis er mir die dramatische Story einigermaßen vollständig erzählt hat, immer wieder von Schluchzen unterbrochen. Und immer wieder muss ich nachfragen, um seinen wirren Schilderungen folgen zu können. Die Kollegin aus dem Raubdezernat hat ihn belogen und betrogen. Mit immer wieder neuen Ausreden, wohl auch mit mehr als einem Mann, alles Bullen. Warum in die Ferne schweifen, liegt der Gute doch so nah.

Diese Nicole scheint ja ein rechtes Früchtchen zu sein, schießt mir durch den Kopf. Aber das behalte ich besser für mich. Zum einen, weil es Heiko nicht trösten würde. Und zum anderen getreu dem bewährten Motto: Wer im Glashaus sitzt, sollte nicht mit Steinen werfen. Da hole ich ihm doch lieber noch ein Bier.

Und weiter im Text. Mein Heiko ist offenbar ein guter Polizist, aber das hat sich privat kontraproduktiv ausgewirkt. Jedenfalls ist er seiner Nicole hinterher, hat recherchiert und gefahndet. Sie war nicht bei ihren Eltern, wie sie es ihm angekündigt hatte. Ihr Frauenabend ist ausgefallen, trotzdem kam sie erst mitten in der Nacht heim. Sie war nicht mit ihrer Freundin auf Mallorca, sondern mit dem Neuen von der Sitte, diesem Kollegenschwein. Geduldig höre ich mir jedes Detail an.

Und Heiko hat jede Menge rausgekriegt. Zum Schluss observierte er seine Nicole fast rund um die Uhr. Halleluja! Jetzt ist er fertig mit den Nerven und sein Ermittlungsergebnis wasserdicht. Am Wochenende hat er ihr die Anklage verlesen. Sie ist geflüchtet und hat ihn sitzen lassen. In der neuen Altbauwohnung, für ihn allein viel zu groß und viel zu teuer. Und ihre Traumküche ist auch noch nicht geliefert. »Was soll ich noch damit? Ich kann doch gar nicht kochen.«

Das ist der seltene Moment, in dem meine mütterlichen Gefühle ein Ventil brauchen. Ich ziehe Heiko an mich, streiche ihm über den Kopf, küsse seine Tränen weg, knabbere zärtlich an seinem Ohr. Das hätte ich besser nicht getan. Es erweckt ihn wieder zum Leben, und es erweckt auch seinen ungestillten Trieb. Okay, warum nicht, ich bin auch schon lange wieder reif.

Es ist ein Akt der Verzweiflung. Heiko klammert sich an mich wie ein Ertrinkender. Er stöhnt und er schluchzt, immer abwechselnd. Und dann streichelt er mich in den Schlaf. Dass ich mitten im Sex wegdämmere, ist mir auch noch nie passiert. Es muss eine Mischung aus Erschöpfung und Langeweile gewesen sein. Wie lange er noch gemacht hat, kann ich nicht sagen.

Am nächsten Morgen sehe ich in erwartungsvolle Kuhaugen. »Guten Morgen, mein Liebling.« Häh? Das Grauen hat einen Namen: Heiko. Dem Kuss kann ich durch einen

Sprung ins Bad gerade noch entgehen. Seinem emotionalen Frontalangriff nicht. Kaum dass ich geradeaus gucken kann, überfällt er mich mit einem Liebesschwur. »Jetzt weiß ich, dass du die richtige Frau für mich bist. Bitte gib mir eine Chance, Katrin, ich werde mich ändern, ganz bestimmt.«

Ganz bestimmt nicht. Ob du dich änderst, mein Freund, oder nicht, das ändert gar nichts. Als Heiko nicht aufhört zu betteln, zeige ich ihm einen Vogel. Zu viel ist zu viel. Das geht dann ratz-fatz. Meinen Kaffee trinke ich schon allein.

Ich ertappe mich dabei, dass ich den ganzen Vormittag über den Kopf schüttele. So was gibt's doch gar nicht. War der nicht ganz bei sich? Oder ist er nicht ganz dicht? Wie kann Mann sich bloß so gehen lassen? Und dann auch noch glauben, mit ein bisschen Liebesgeblubber eine ausgewachsene Frau für sich einzunehmen. Das ist doch ärmlich, ignorant hoch zehn. Und eine bodenlose Unverschämtheit. Diesem Kerl habe ich meinen Schoß geöffnet. Da könnte ich mich noch im Nachhinein ekeln.

Arbeit lenkt ab, Arbeit tut gut, und Arbeit gibt es im Sommer reichlich. Zum Glück auch nette Gäste, immer was zu lachen und ordentlich Trinkgeld. Aber meine Finanzen sind immer noch nicht saniert. Das ist ein düsteres Kapitel. Im Schwarzwald habe ich noch ein paar Rechnungen offen, und der erste Mahnbescheid war auch schon in der Post. Mir fällt nur einer ein, der mir helfen könnte: Ich muss Gustav Gans anpumpen. Es ist mir zwar peinlich, aber ich wähle den direkten Weg. »Lieber Gustav, bitte verzeihe mir eine Frage: Kannst Du mir Geld leihen, bitte? Ich bin in Schwierigkeiten. Deine Katrin.«

Nach ein paar Minuten schon halte ich seine Antwort in Händen. »Wo ich kann, werde ich dir helfen. Wann kann ich dich anrufen? LG Gustav« Am Abend telefonieren wir. Er fragt nicht nach dem Warum, er fragt nur: »Wie viel brauchst du, Katrin?« Er macht es mir wirklich leicht. Die höchste Hürde ist in mir. So schamlos ich in der Erotik sein kann, so verschämt bin ich, wenn es um das Eingeständnis persönlicher Probleme geht. Ich druckse rum. »Könntest du mir 500 geben? Nur für drei Monate.« Er lacht. »Wenn's mehr nicht ist. Klar kann ich das.«

Mir fällt ein Stein vom Herzen. Gustav schlägt ein Treffen am Sonntag vor. Doch da muss ich arbeiten. Und in der zweiten Augustwoche kommt mein Sohn zu Besuch. Aber die Sache mit dem Geld ist eilig, und ich möchte Herrn Gans nicht bitten, es mir einfach zu überweisen, ich möchte ihm in die Augen schauen, wenn er es mir gibt. Das gebietet der Anstand. »Wo ist das Problem?«, fragt er. »Wir können doch auch mit deinem Toni einen Ausflug machen, dann sieht der Junge mal was vom schönen Bayern.« Ob ihm das so recht wäre, da habe ich meine Zweifel. Das muss ich erst mal vorsichtig antesten.

Toni ist jetzt bald sechzehn. Er wächst immer noch und mir bald über den Kopf. Wir verstehen uns mittlerweile prächtig, von pubertären Machtkämpfen keine Spur. Aus meinem Kleinen ist mein Großer geworden. Abends bei Tisch fragt er mich, ob es in meinem Leben einen neuen Mann gibt, so ganz beiläufig zwischen Spreewaldgurken und Spiegelei. »Wie meinst du das?« Eigentlich hat er sich ganz klar ausgedrückt und nicht verdient, dass ich mich dumm stelle. »Mama, du weißt doch, was ich meine.«

Klar weiß ich das. Und ich sollte mich freuen, dass er Anteil nehmen will. Ich erzähle ihm von meiner Partnersuche im Internet, von Hoffnungen und Enttäuschungen, nicht en detail, aber in groben Zügen. Und ich erwähne Gustav Gans als einen platonischen Freund, mit dem ich mich regelmäßig treffe. »Möchtest du ihn mal kennenlernen?« Toni schmunzelt: »Logo.«

Auf einem Ausflug nach Neuschwanstein kann ich zwei Fliegen mit einer Klappe schlagen: Die beiden miteinander bekannt machen und von Gustav die Leihgabe in Empfang nehmen. Ich habe das Zuckerbäckerschloss von König Ludwig auch noch nicht gesehen und staune über die verschwenderische Pracht genau wie die lärmende Gruppe von Ami-Touristen, hinter der wir hertrotten. Gustav gibt den Fremdenführer, und das macht er gut. In Heimatgeschichte weiß ich nicht halb so viel wie er. Und das kann ich nicht mit dem Altersunterschied entschuldigen.

Toni und Gustav haben sich nicht viel zu sagen, das hätte mich auch gewundert. Aber mein Sohn macht mir keine Schande. Er gibt höfliche Antworten, wenn er nach der Schule und seinem Berufswunsch gefragt wird. Eine Hotelkarriere könnte er sich vorstellen. Gustav zieht anerkennend die Augenbraue hoch: »Das wird kein Zuckerschlecken.«

In einem urigen Gasthof kehren wir ein. Als Toni sich nach dem Essen auf den Parkplatz zurückzieht, um mit seiner Freundin zu telefonieren, reicht mir Gustav Gans einen braunen Briefumschlag mit dem Geld. Meinen Dank wehrt er ab. »Du wirst es mir zurückgeben, Katrin. Da habe ich keine Sorge.« Er schaut mich prüfend an: »Für deine Zähne wird das nicht reichen.«

Ich schüttle den Kopf: »Davon kann ich noch nicht mal träumen.« Mit geschlossenem Mund lässt sich nur verkniffen lächeln. Er weiß, wie sehr ich mir eine Zahnsanierung wünsche, und macht mir den Vorschlag, mir das Gebiss zu sponsern. »Von deinem strahlenden Lächeln hab ich doch auch was«, lockt er. Und wieder muss ich den Kopf schütteln, diesmal ganz energisch. Sein Angebot rührt mich, aber natürlich ist es völlig abwegig, dass ich mir von Gustav Gans neue Beißerchen finanzieren lasse. »Vergiss das, so lieb es auch gemeint sein mag.«

Doch er hat mich da auf eine Idee gebracht. Ich könnte mir doch bei *Friendscout* einen Zahnarzt suchen, der es mir zum Freundschaftspreis macht, mit etwas Vorlauf und wenn ich ganz nett zu ihm bin. Auf der Rückfahrt stelle ich mir schmunzelnd das Szenario vor: Wie ich mit geöffnetem Mund auf dem Stuhl liege, der Doktor bohrt und ich mich mit einer Intimmassage revanchiere. Auf die Gefahr hin, dass er abrutscht. *No risk, no fun.*

Die zwei Wochen mit Toni vergehen wie im Flug. Ich bin stolz auf meinen großen Sohn. Und ich bin schon auch froh darüber, dass er bei meinem Ex lebt. Mehr als die mütterliche Fürsorge braucht ein Junge in diesem Alter männliche Ansprache. Derweil ich Zeit für mich brauche und ein bisschen Freiraum.

Als mir dann endlich keiner mehr meinen Laptop streitig

macht, habe ich richtig Nachholbedarf. Nicht, dass mir irgendeiner gefehlt hätte aus dem großen Ameisenhaufen. Vermisst habe ich die Gewissheit, dass ich darin wühlen könnte, wenn ich nur wollte. Dass hinter jedem Klick ein neuer Mann wartet und noch einer und der nächste, während ich warm und trocken sitze wie die Spinne im Netz. Auch die Einzeiler von Einzellern gehören irgendwie dazu; sie geben mir das Gefühl, dass ich jederzeit von jedermann begehrt werde, geradezu umschwärmt.

Das ist ein Gefühl, nicht mehr und nicht weniger. Mit der Realität hat das so wenig zu tun, wie ich die Königin von Deutschland bin. In der Realität kämpfen flüchtige Elemente um ein flüchtiges Element: Glück. Dabei kocht die Leidenschaft so schnell über wie Milch und hinterlässt hässliche Flecken, die so hartnäckig sein können wie auf der Herdplatte.

Dass die meisten Online-Beziehungen schnelllebig und fragil sind, erlebe ich mit Konrad, einem 42-jährigen Sachbuchautor, den ich Anfang September aus der elektronischen Lostrommel fische. Mein Premium-Status ist längst abgelaufen, ich bin wieder darauf angewiesen, dass ich angeschrieben werde. *Platon_64* wohnt in Hildesheim, auch nicht gerade um die Ecke, er ist beruflich derzeit nicht so erfolgreich und ziemlich pleite, weil sein Verlag ihn ausbeutet. Der Mann hat aber mediale Fähigkeiten, kommuniziert mit Verstorbenen, und von denen weiß er, dass er schon bald die Liebe seines Lebens treffen wird und dass dann alles gut wird.

ER 21:29

Glaubst mir nicht, Katrin?

ICH 21:30

Doch schon. Mit wem sprichst du denn so, mit deiner Oma??

ER 21:30

Wenn's gut vorbereitet ist, kann ich fast jede Seele erreichen.

ICH 21:31

Meine Oma auch?

ER 21:32

Mach dich nicht lustig, das ist ganz seriös. In meinem Buch habe ich es genau beschrieben.

Noch am selben Abend telefonieren wir anderthalb Stunden, am nächsten sind es schon fast vier, der Flatrate sei Dank. Konrad weiß sich gut auszudrücken, er weiß mich gut zu unterhalten mit spannenden Informationen aus der Welt der Spiritualität und er hat eine faszinierend dunkle Stimme. Wie er aussieht, weiß ich nicht, denn er hat kein Foto eingestellt und weigert sich standhaft, mir eines per E-Mail zu schicken. »Ich werde deine Seele riechen«, sagt er. »Dann gibt es keinen Zweifel mehr.« Es sei wie mit Aschenputtels Schuh, er müsse so lange suchen, bis die eine passt. Ich finde das ziemlich durchgeknallt. Und trotzdem: Die Sache verdichtet sich rasant. Wir bauen eine Beziehung auf, noch bevor wir uns gesehen haben.

Nach drei Tagen eröffnet Konrad mir, dass er es nicht mehr aushalte ohne mich: »Katrin, am nächsten Wochenende komme ich zu dir. Gerade habe ich den Flug gebucht.« Seltsam, woher hat er das Geld fürs Ticket? Aber das soll nicht meine Sorge sein. Er ist mir willkommen, ich werde versuchen, wenigstens einen Tag freizubekommen. In der Zwischenzeit schaukeln wir uns hoch.

ER 21:32
Du wunderbare Frau! Würdest du bitte bis zum WE mit keinem anderen Mann flirten, das erhöht meine Chancen. Danke! ☺
ICH 21:45
Das verspreche ich dir, Du Meister des Universums.
ER 21:59
Was zusammengehört, fügt sich zusammen! Du bist es! Die Seele, die mich sieht und berührt ... mich, mein Herz und meine Seele! Ich werde dich so lange tragen, bis dir Flügel wachsen, und dann mit dir gemeinsam neue Universen erkunden. Jetzt hast du es schriftlich ☺
In Liebe!

Na ja, wo die Liebe hinfällt. Ich werde gern geliebt, und lieber von einem Fremden als gar nicht. Außerdem bin ich schuldlos an der Eskalation der Gefühle. Je mehr ich Konrad ermahne, auf dem Teppich zu bleiben, desto mehr hebt er ab.

ER 23:48
Aus Stunden werden Minuten, aus Minuten werden Sekunden, und aus den Sekunden wächst die Ewigkeit,

in denen ich dich in meinen Armen halten werde. Ich habe dich gefunden! Du musst sehen, ob ich der Mann bin, der dir gerecht werden kann, der dich lieben und ehren kann, dich, nicht das, was andere in dir sehen wollen, und nicht das, was der Liebe nicht dienen kann, da es vergänglich ist, wenn man es nicht sieht. Du musst es zulassen, mutig sein, Vertrauen haben und Dich öffnen. Nur dann kannst auch du meine Seele erfahren und das Glück, wonach alle Seelen streben, leben! Du lässt mir wirklich keine andere Wahl … Ich liebe dich!

Wenn ich früh arbeiten muss, hören wir uns abends. Wenn ich Spätschicht habe, dann am Vormittag. Und zwischendurch wird geschrieben. Er steigert sich in eine Art Liebesrausch, real existent zwischen Mann und Frau, virtuell in seiner Maßlosigkeit. Am Freitag schickt er mir vor dem Abflug eine letzte E-Mail.

ER 18:08
Mein Schatz, in 2,5 Stunden stehen wir uns gegenüber, und das Blind Date wird aufgelöst. Entspreche ich deinen Erwartungen? Hab ich die richtigen Schuhe an? Liegen meine Haare? Stimmen Größe und Gewicht? Hab ich mich richtig angezogen? Was werden deine Freunde und Freundinnen sagen? Alle diese Fragen werden mich dann nicht mehr quälen, da ich anhand deiner Reaktion die Auflösung erfahre. Bis gleich …

Ich hole ihn vom Flughafen ab. Konrad ist ein durchaus attraktiver Mann. Groß, breitschultrig, mit wachen Augen und schick angezogen. Ich hake mich bei ihm unter: »Wenn einer von uns beiden noch im Lotto gewinnt, wären wir ein schönes Paar.« Ihm hat es die Sprache verschlagen. Bei mir zu Hause muss er sich erst mal ein Stündchen hinlegen, weil er doch vorige Nacht vor Aufregung kaum schlafen konnte. Mir ist das recht, da komme ich endlich mal wieder zum Fernsehen.

Nach den *Tagesthemen* gehe ich rüber und setze mich auf die Bettkante. Er zieht mich zu sich runter und drückt seine Nase in meine Halsbeuge. Es ist der entscheidende Moment. Konrad riecht und riecht, sehr sorgfältig. Und er riecht nichts! Aus, vorbei, das war's. In mir ist doch nicht die Seele, nach der er seit Jahren sucht. »Tut mir leid, Katrin, ich kann sie nicht riechen.« Er schaut mich an wie ein Krebsarzt, der seinem Patienten die tödliche Diagnose überbringen muss.

Ich schmeiß mich weg, was für ein Theater. Jetzt habe ich einen Supertypen am Hals, ganz wörtlich, für den ich vor ein paar Stunden noch die Traumfrau war, der meine Seele aber nicht finden kann. Und nun, was mache ich mit dem ein ganzes Wochenende lang?

Für ihn hat die Qual ein Ende. Er rollt sich auf die Seite und pennt weiter. Ich verziehe mich ins Wohnzimmer, rauche eine nach der anderen und kann es nicht fassen. Erst allmählich erschließt sich mir die Dimension des Irrsinns. Beim Spätfilm schlafe ich ein.

Am nächsten Morgen ist die Stimmung frostig. Beide

sprechen wir kein überflüssiges Wort, worüber auch. Ich biete ihm ein bisschen Sightseeing. Wir fahren um den See und mit der Seilbahn auf den Wallberg. Im Panoramarestaurant essen wir zu Mittag. Die Aussicht ist grandios, jedenfalls über die Berge. Diesmal zahle ich, und das nicht zu knapp. Aber heute ist mir alles egal, da muss ich durch. Ich überlege schon die ganze Zeit, wie ich mit dem Seelenschnüffler den Nachmittag rumkriegen soll. Er schrieb doch, aus Stunden würden Minuten. Bei uns hier läuft die Uhr jetzt umgekehrt: Die Minuten dehnen sich zu Stunden, zur gefühlten Ewigkeit.

Schließlich fällt mir Margits Bruder Eberhard ein, auch so ein Esoterik-Freak. Ich lasse mir von ihr seine Nummer geben und frage an, ob wir auf eine Tasse Kaffee vorbeikommen können, zum Gedankenaustausch von Experte zu Experte. Der Besuch wird zum Fiasko. Der Hausherr kann Konrad nicht riechen, er komplimentiert uns fix wieder raus. Wenn Blicke töten könnten.

Kaum bin ich mit meinem ungeliebten Gast wieder zu Hause, erreicht mich eine SMS von Eberhard: »Katrin, das ist der Teufel, ich musste meine ganze Wohnung mit Weihrauch säubern. Sieh bloß zu, dass du ihn loswirst.« Hilfe, noch so ein Gestörter!

Und das mit dem Loswerden ist leichter gesagt als getan. Schließlich liefert Konrad unverhofft selbst den Anlass. »Ich habe die Korrekturfahnen von meinem neuen Buch mit. Soll ich dir daraus vorlesen?« Meinetwegen, irgendwas müssen wir ja tun. Er setzt sich in Positur, räuspert sich und beginnt mit bedeutungsschwerer Stimme seine Lesung:

»Eine duale oder auch Zwillingsseele ist ein beweglich-dynamisches Gegenüber. Mit dem Verschmelzen nach Verlassen der Körper endet der Entwicklungsprozess noch lange nicht. Aus gelebter Spiritualität erwächst der gemeinsame Wunsch nach der ultimativen Einheit und Erlösung im Finden der unendlichen, der heiligen Liebe. Ein jeder wird zu einem höheren Selbst, zusammen streben sie dem Licht entgegen, gespeist aus einer hohen Quelle. Die dualen Seelen werden zu zwei weitgehend ganzen, sozusagen potenzierten Kreisen, die gemeinsam einen viel größeren Kreis ergeben als zwei zusammengefügte Hälften. Alle körperlosen Geschöpfe aber können auch auf niedere Stufen herabsinken, wenn es ihnen nicht gelingt, sich in Liebe zu vereinigen.«

In diesem Duktus geht es weiter, immer weiter. Über zehn Seiten dieselbe Leier von den selbstbestimmt verwandten Seelen, die im Schmelztiegel des Lichterkranzes der ewigen Erhebung entgegenstreben. Das ist ja wohl die abgefahrenste Geschichte, die ich je gehört habe. Mein Karma vibriert, mein Wurzelchakra zuckt. Fast eine Viertelstunde leide ich still. Dann erlaube ich mir eine Zwischenfrage: »Sag mal, wie hast du für diese gequirlte Scheiße einen Verleger gefunden?«

Konrad läuft rot an, bevor er Gift und Galle spuckt. »Du hast nichts verstanden«, keift er, »rein gar nichts, weil du dumm und oberflächlich bist.« Nach einer kreativen und fast vollständigen Aufzählung meiner charakterlichen Defizite meint er noch, ich sei eine Person weit unter seinem Niveau, die nur eines könne: Männer bloßstellen. »Aber nicht mit mir!«, brüllt er in allerhöchster Erregung.

Ich gehe ins Bad, hole seinen Kulturbeutel, dann rüber ins Schlafzimmer und sammle seine Klamotten ein. Alles zusammen packe ich ordentlich in seine Reisetasche. Die lasse ich ihm vor die Füße fallen. »Raus!«

Kapitel 14

Problembär erlegt

Eine Kosten-Nutzen-Analyse

Es braucht ein paar Wochen, bis sich meine zarte Seele von dem Schock erholt hat. Im *Bräustüberl* arbeite ich Zusatzschichten, mache gute Umsätze und sammle fleißig Trinkgelder ein. Die kleine Chefin lobt meinen Einsatz. Gelegentlich telefoniere ich mit Bechthold, spreche mit ihm über dies und das, nur nicht unser nächstes Treffen. Das wird sich irgendwann ergeben. An meinen freien Tagen holt mich Gustav Gans ab, wenn es ihm auskommt, dann fahren wir meist durch die Berge, machen Brotzeit auf einer Alm und schauen den Kühen beim Kauen zu. Das Leben ist erträglich.

Nach neuen Online-Abenteuern steht mir nicht der Sinn. Nur den Heilplan für meine schiefen Vorderzähne verfolge ich konsequent. Bei *Friendscout* stöbere ich gezielt nach Zahnärzten mit 8er-Postleitzahl. Schade, dass es auf der Website keine Filtereinstellung für Berufe gibt. Das würde mir die Sache erleichtern.

Mit der Umkreissuche stoße ich auf *SteilerZahn* aus München. Der Mann ist genau das, was ich brauche, ein Dr. dent. in meinem Alter, der mit einem Durchschnittsgesicht etwas verlegen aus der Wäsche guckt. Ich schicke ihm einen automatischen Kuss, und Alexander Andersen antwortet erfreut. Ein Wort gibt das andere, wir telefonieren noch am selben Abend. »Du, Katrin, ich finde dich sympathisch. Ich will dich unbedingt treffen.« Das will ich auch, unabhängig von der Sympathie, mit ganz anderen Absichten, als er sich erhoffen mag. Aber damit halte ich mich erst mal vornehm zurück.

Am nächsten Abend sprechen wir uns wieder, diesmal auch über seinen Beruf, und ich nutze die Gelegenheit. »Ich müsste ja auch mal wieder dringend zum Zahnarzt. Aber hier in Bayern habe ich noch keinen.« Herr Dr. Andersen steigt nicht drauf ein, vielleicht verbietet das Standesrecht die Abwerbung von Patienten. Macht nichts, so leicht gebe ich nicht auf. Wir verabreden uns für den nächsten Mittwochnachmittag, wenn er freihat und ich auch.

Zwei Tage vorher sagt er mir überraschend ab.

ER 07:45

Liebe Katrin, gestern auf dem Oktoberfest habe ich mich verliebt. Es tut mir wirklich leid. Ich wünsche Dir noch viel Glück bei deiner Suche nach dem passenden Partner.

Okay, wie das Leben so spielt. Da verliebt sich wohl einer noch schneller als ich. Vielleicht werde ich mich doch an die Zahnärztekammer wenden müssen. Aber erst mal muss ich einen Glückwunsch absetzen, das gebietet der Anstand.

ICH 09:09

Lieber Alex, das freut mich aber sehr für Dich. Vielleicht war ich ja Deine Glücksfee. Ich wünsche Dir und Euch beiden alles Gute! LG Katrin

Ich staune nicht schlecht, als mein Text unzustellbar zurückkommt und das System mir meldet: »Der Empfänger möchte keine weiteren Nachrichten von Ihnen empfangen.« Der Kerl hat mich gesperrt. Aber warum? Der kann doch nicht glauben, dass ich ihm nachlaufe. Warum eigentlich nicht? Na, warte, Bürschchen, du sollst was erleben!

Adresse und Telefonnummer von Dr. Andersens Praxis im Stadtteil Bogenhausen sind schnell rausgesucht. Unter meinem bewährten Adelspseudonym Katharina von Meynburg lasse ich mir für Mittwochvormittag einen Termin geben. Und entsprechend arrogant trete ich dort auf. Auf die Frage der Helferin nach meiner Versichertenkarte antworte ich: »Privat. Das ist mit Alex abgesprochen.« Und verkürzt die Wartezeit erheblich.

Der Doc sieht in Wirklichkeit noch verhuschter aus als auf seinem Foto. Er begrüßt mich mit weichem Händedruck. Auch das noch. Ein Glück, dass er sich schon verliebt hat. Lasziv setze ich mich auf den Behandlungsstuhl, lasse meinen Rock absichtlich hochrutschen. Als er sich über mich beugen will, drücke ich ihm einen Ausdruck meines Glückswunschs in die Hand. »Hier, das solltest du lesen, du Blödmann.« Entgeistert schaut er auf den Text. Ehe er den Mund wieder zuklappt, bin ich schon durch die Tür. Großer Abgang.

Auf der Straße muss ich tief durchatmen. Das hat gesessen. Und es war mir Genugtuung genug. Nichts finde ich gemeiner, als sich der Kommunikation zu verweigern. Ich fahre runter in die Stadt und gönne mir im Café Luitpold ein Stück Schwarzwälder Kirsch mit Sahne. Was mich auf die Idee bringt, meinen Triumph zu teilen.

ICH 16:33
Meine liebe Doro,
wer sich nicht wehrt, der lebt verkehrt. Und heute habe ich es getan. Ich habe mit gaaaanz unlauteren Absichten einen Zahnarzt angeflirtet (Du weißt schon …), der hat auch angebissen, und wir haben uns verabredet. Doch noch ehe ich mein Handy wieder zugeklappt habe, hat der sich schon in 'ne andere verliebt. So weit, so gut, aber als ich ihm 'ne nette Antwort schicken will, hat der Blödmann mich gesperrt! Und das hat mich tierisch geärgert. Ich also inkognito in seine Praxis. Großer Auftritt, habe so getan, als sei ich eine seeehrrr gute Bekannte und natürlich privat versichert. Schwups saß ich auf dem Stuhl. Als ich ihm meinen verhinderten Glückwunsch unter die Nase gerieben habe, sind dem Herrn Doktor die Gesichtszüge entgleist. Das hättste mal sehen sollen …
Deine Katrin – 10 cm gewachsen (17 mit den neuen Schuhen).

Zur Wies'n schaffe ich es nicht, bei uns draußen ist einfach zu viel zu tun. Und Spaß macht es ja wohl auch nur in der richtigen Clique, habe ich mir sagen lassen. Vielleicht also nächstes Jahr, wenn ich mich hier etabliert habe. Jetzt muss ich erst mal richtig ranklotzen, um von meinen Schulden runterzukommen. Dass mich ein schöner Prinz saniert, kann ich abschreiben.

Gustav Gans würde mich zwar mit einem Griff in die Portokasse erlösen können. Und an seiner Seite könnte ich gewiss ein entspanntes Leben im Luxus führen. Aber ohne Prinz, nur mit dem alternden König. Alles hat seinen Preis, und so verzweifelt bin ich noch nicht. Ich werde mich schon selbst an den Haaren aus dem Sumpf ziehen. Ich bin doch schon groß.

Gustav gebe ich jedenfalls die ersten hundert Euro zurück, als wir uns das nächste Mal bei einem Glas Wein gegenübersitzen, auch im Umschlag, ganz diskret. Jetzt ist er ganz gerührt. »Danke, Katrin. Ich freue mich sehr, dass du mir das Geld zurückzahlst.« Wie jetzt? Damit hatte er wohl nicht gerechnet. »Ich wollte sehen, ob du vielleicht leihen sagst und schenken meinst.« Natürlich nicht. Was ich sage, meine ich auch. Meistens. Mit einem hintergründigen Lächeln erlässt er mir den großen Rest der Summe. Darauf hatte ich nun wirklich nicht spekuliert. »Du bist ein Schatz!« In meinem Überschwang umarme und küsse ich ihn, bis er schielt.

Aber ich will partout kein geschenktes Geld. Also werde ich wie geplant jeden Monat einen Hunderter zurücklegen, mir dann die Espressomaschine kaufen, die ich mir schon so lange wünsche, sie schnuckelig einpacken lassen, und Gustav muss sie mir feierlich übergeben. Die Asiaten nennen so was, glaube ich, das Gesicht wahren.

Manchmal bin ich schon etwas kompliziert, das muss ich zugeben. Dabei könnte ich es mir einfach machen. Ich könnte zu Gustav Gans in sein malerisches Bauernhaus ziehen, würde ihn bekochen und betüddeln, hätte nie wieder Geldsorgen. Er würde mich rumzeigen können und meine Knie bewundern, das wäre der Deal. Aber es fehlt die Liebe. Und wenn ich mir die bei einem anderen Mann holen müsste, dann wäre das Verrat. So weit will ich es nicht kommen lassen.

Also muss ich weiterkämpfen. Auf Gustav kann ich wirklich zählen, und das meine ich ausnahmsweise mal nicht so wörtlich. Ich denke, er ist ein Freund und wird es bleiben. Das habe ich im Urin.

Was ein paar Tage später passiert, wäre mir im Traum nicht eingefallen. Es gibt ihn doch! Den Mann für mich, den einen, der zu mir passt, zu dem ich aufschauen kann, ohne dass er auf mich herabsieht. Die verwandte Seele ohne Esoterikschmus. Und ich muss mich nicht mal hinten anstellen. *Indian_Summer* purzelt mir aus dem Internet entgegen.

ER 21:18

**Ich weiß es, schöne Lady. Frauen ab 40 sind die besten!
Die Kinder sind aus dem Haus, die Karriereplanung ist
abgeschlossen, im Bett wissen sie endlich, was sie wollen.
Und das weiß ich auch: Dich!**

In dem Moment, da ich diesen Spruch lese, weiß ich: Wahnsinn, was für ein Mann! Das muss er sein. Mein Herz hüpft, mein Puls rast, ich bin ganz aus dem Häuschen. Und diesmal schalte ich nicht auf Cool.

ICH 21:23

Endlich mal einer, der die Lage erkannt hat. Guten Abend, der Herr! Ich heiße Katrin. Und selbst?

ER 21:24

Angenehm, Frau Katrin. Und ich bin Björn Schuster. Lass uns telefonieren, am Anfang steht das Wort.

Er fackelt nicht lange, und ich gehe auf ihn zu. Das ist doch eine vielversprechende Konstellation. Punkt halb neun ruft er an, eine halbe Stunde später starten wir in unser neues Leben, ausgestattet mit den wichtigsten Informationen.

Björn hat eine hohe Stimme, die so gar nicht zu meinem akustischen Ideal passen will. Hätte ich dienstlich mit ihm telefoniert, wäre ich jede Wette eingegangen, dass er schwul sein muss. Aber so? Ich weiß auch nicht genau, warum es mich zu diesem Mann hinzieht und nichts mich abstößt. Es muss wohl das sein, was er sagt, nicht, wie er es sagt. Oder das Schicksal hat uns füreinander bestimmt.

Björn Schuster ist dreiundvierzig und Redakteur bei Pro7. Er betreut da irgend so eine Promisendung, die ich auch schon mal gesehen habe. Er lebt seit einem Jahr von seiner Frau getrennt und jetzt in der Nähe von Vatterstetten. Die beiden haben eine Tochter, die gerade aufs Gymnasium gewechselt ist.

Für den nächsten Morgen verspricht er mir ein Foto, das

offizielle, das auf dem Firmenrechner abgelegt ist. Ungeduldig übe ich mich in Geduld. Und werde dafür belohnt. Herr Schuster sieht wie ein Nürnberger aus, ein attraktiver Mann mit glatt rasiertem Gesicht und leicht brutalem Einschlag, kurze Haare, sinnlicher Mund, stahlblaue Augen. Er erinnert mich an Heiner Lauterbach. Und den sehe ich auch immer gern.

Mein Glück kann ich nicht für mich behalten. Das muss ich mit Doro teilen:

ICH 11:09
Ob Du es glaubst oder nicht, Doro, ich hab ihn endlich:
Björn Schuster. Das ist mein Mann. Wieder ein Journalist, diesmal sogar vom Fernsehen. Anbei das Foto, das er mir gerade geschickt. Sieht der nicht umwerfend aus? Ein Mann wie aus dem Bilderbuch. Ich bin hin und weg. Gestern Abend haben wir telefoniert und waren sofort auf einer Wellenlänge. Mir war so, als ob ich ihm gegenübersitze. Ich könnte Freudensprünge machen. Das soll nie mehr aufhören! Ich warte nur noch auf ihn. Alle anderen sind es nicht mehr wert, dass ich mich mit ihnen beschäftige. Du glaubst bestimmt, ich spinne. Egal, das groovt unheimlich, sage ich Dir.
Vorfreudig erregt: Deine Katrin

Abends chattet mich mein *Indian_Summer* an. Ich musste erst mal nachschauen, was das bedeutet. Bei *Wikipedia* steht: »Mit Indian Summer bezeichnet man jene Zeit im Spätsommer und Frühherbst in Kanada und den Neuenglandstaaten, die durch das lebhafte Farbenspiel der Wälder charakterisiert ist.« Ich sag's ja immer, das Internet hat auch sein Gutes.

ER 21:40
Hallo, Katrin! Ich würde so gern mit Dir sprechen, aber Lilly ist bei mir, und ich muss sie erst fragen, ob sie noch etwas allein oben bleiben will.
ICH 21:42
nein, kümmere dich ... und ruf mich an, wenn sie im Bett ist ... ich bleibe zu Hause und bin lange wach.
ER 21:43
aber es sind Ferien, und die geht nicht so schnell ins Bett
ICH 21:43
sie ist ja auch schon 9 ... und da geht man ja noch nicht so zeitig ins Bett ... aber um Mitternacht wird es dann doch so weit sein, ODER?
ER 21:44
Genau, und sie pubertiert schon bald und liest schon heimlich *Bravo*
ICH 21:44
ohhhhh, da solltest Du schnellstmöglich einen Riegel vorschieben ... *Bravo* geht wohl gar nicht ... *mitdemKopfschüttel*
ER 21:45
wenn ich den Kopf schüttele, wird sie auch bestimmt damit aufhören ... allenfalls wenn ich sie schüttele!
ICH 21:46
das nenne ich Erziehung ... !!!!!! RESPEKT ... grins

ER 21:46

genau – ich finde eh, dass Väter das besser hinkriegen

ICH 21:46

VORSICHT … mit solchen Äußerungen bei SUPERMAMIS.

bei mir hat ein Blick gereicht … ICH musste den Kopf nicht mal bewegen …

ER 21:47

im Vertrauen: Mädchen sind einfacher als Jungs

Als gälte es, den Beweis anzutreten, ist das Fräulein Tochter dann doch noch vor der Geisterstunde eingeschlafen und hat seinen Vater mir überlassen. Der erzählt mir, dass er seine Frau in Goa geheiratet hat, der indischen Hippie-Festung. »Es war ein rauschendes Fest, wir haben sieben Tage gefeiert. Und immerhin hat unsere Ehe fast sechzehn Jahre gehalten.« Das ist doch heutzutage schon rekordverdächtig. »Ich habe damals noch gekifft und mich vor dem Altar beim entscheidenden Satz vertan. Ich habe gesagt: Ich will dich lieben und verachten. Das kam gar nicht gut.« Ich finde den Versprecher hollywoodtauglich. Aber das denke ich auch nur, weil er es nicht zu mir gesagt hat.

Björn meint, dass die Engel ihn immer beschützt haben und auf den richtigen Weg geleitet. An dieser Stelle sollte ich eigentlich stutzig werden nach meinem Reinfall mit dem Seelenforscher aus der norddeutschen Tiefebene. Aber es schrillt keine Alarmglocke. Der Mann am anderen Ende der Leitung zieht mich magisch an. Kaum haben wir aufgelegt, muss ich ihn noch mal anschreiben, weil ich was vergessen habe.

ICH 00:07

ich habe in meinem ganzen Leben … wirklich … noch nie so ein tolles Foto geschickt bekommen … es ist jetzt schon das Hintergrundbild auf meinem Laptop

ER 00:11

und ich habe noch nie … aber wirklich noch nie … so tolle Hintergrundmusik beim Telefonieren gehört …

ICH 00:12

Witzbold! ICH FINDE DICH TOLL … ganz im Ernst … natürlich … das Bild ist wirklich der Hammer … habe es meiner Freundin geschickt … sie sagte, ich soll es den ganzen Tag anbeten … was ich dann gemacht habe …

ER 00:13

ich versuche jetzt mal zu schlafen … drück mal die Daumen, wegen der Träume …

ICH 00:13

ich bin keine supertolle Traumfrau … das kannste Dir mal gleich abschminken …

ER 00:14

ok, und ich bin ein schwieriger Typ. dann lass uns mal den Ball schön flachhalten.

ICH 00:15

ja gut. schauen wir uns erst mal an … meist ist dann ja der Zauber vorbei … Kuss!

Insgeheim hoffe ich darauf. Es kann ja nicht angehen, dass ich mich wirklich in einen Typen verliebe, den ich noch nicht einmal gesehen habe, geschweige denn gefühlt, gerochen, geschmeckt. Und ausgerechnet nachdem ich längst eine abgeklärte Online-Flirterin bin, muss ich mich in ein Phantom verknallen.

Am nächsten Tag schickt Björn mir noch drei Bilder, alle nicht umwerfend. Aber mich trifft fast der Schlag. Eines der Fotos kommt mir bekannt vor. Ich muss diesen Mann kennen, jedoch nicht aus diesem Leben. Ich habe ein klassisches Déjà-vu-Erlebnis. Den Schreibtisch, an dem er sitzt, habe ich noch nie gesehen, und auch nicht dahinter den Kaminofen. Aber ich kenne den Mann, ganz sicher. Spinne ich jetzt total?

Jedenfalls geistert er mir im Kopf herum, weit mehr, als mir lieb sein kann. Und was er schreibt auch: »Amor vincit omnia. Liebe ist, wenn du jemanden mehr liebst als dich selbst, wenn dein Ego in den Schatten springt.« Auch das habe ich doch schon mal gehört. Am Telefon erzählt er mir, dass er am nächsten Wochenende an einer Familienaufstellung teilnehmen wolle. »Da werde ich Klarheit bekommen über alles, auch über uns.«

Ich muss mal wieder googeln und finde diese Beschreibung: »Die Familienaufstellung ist eine systemisch-phänomenologische Therapie, bei der sich der Klient in einem Gesprächskreis sogenannte Stellvertreter sucht, die wichtige Personen aus seinem Leben repräsentieren und die nach einer Zeit der Sammlung eigene Gefühle und Empfindungen ausdrücken können. In der sich daraus entwickelnden psychischen Dynamik werden krankhafte Verstrickungen unter Anleitung eines erfahrenen Therapeuten in heilsame Lösungen gewandelt.«

Danke, das genügt. Schon wieder so ein Psychokram.

Und mein Traummann mittendrin. Mir wird klar, dass ich Björn vorher sehen muss. Bevor sein Unterbewusstsein sich gegen uns kehrt. Ich muss zu ihm fahren, jetzt gleich. Er willigt ein, und ich fahre durch die Nacht in die Walachei. Er wohnt in einer umgebauten Kate am Waldrand. Doro habe ich eine Kurznachricht mit seiner Adresse geschickt. Nur für den Fall der Fälle, damit die Polizei weiß, wo sie nach meiner Leiche suchen muss.

Sein Haus hat Björn Schuster unglaublich geschmackvoll eingerichtet: eine offene, unsymmetrische Küche, ein Wohnraum mit großer Feuerstelle, dahinter eine wunderschöne Terrasse. Ich erkenne sofort, dass dort mein Lieblingsfoto gemacht worden sein muss. »Ja, stimmt«, lacht er, »aber jetzt ist es zu kühl, um draußen zu sitzen.« Wir trinken Cappuccino, wir rauchen und albern. Fremdeln tun wir nicht.

Björn zieht mich an sich und küsst mich in den Nacken. Dann hebt er mich hoch und trägt mich vor den prasselnden Kamin. Ich könnte Zeit und Raum vergessen. Er streichelt mich, ich werde weich und anschmiegsam. Nach einer kleinen Weile hebt er mich wieder hoch, trägt mich die Treppe rauf in sein Schlafzimmer. Und über die Schwelle, denke ich. Mein Adrenalinspiegel sinkt rapide ab. Ich bekomme es mit der Angst. Wenn ich mich ihm jetzt hingebe, mache ich vielleicht alles kaputt. Ich löse mich aus seiner Umarmung: »Bitte, jetzt noch nicht. Bitte!«

Es ist, als wäre er erleichtert. Er küsst mich sanft auf die Augen, unendlich sanft. »Lass mich das am Wochenende durchziehen, Liebes. Dann sehen wir weiter.« Ich kann es nicht erklären, aber bei diesem Satz spüre ich die Gewissheit, dass wir uns nie wiedersehen werden. Traurig fahre ich heim. Noch von unterwegs erstatte ich Doro Bericht. Es tut gut, dass sie einfach nur zuhört. Als ich am nächsten Morgen den Computer anwerfe, finde ich ihre E-Mail zum Thema.

SIE 06:40
Oh Katrinle!!!! Dein Großstadt-Indianer ist ein seeeeeehr tiefsinniger Mann!!!!! Hinterfragt alles, jede Situation wird 100 x gewendet und gedreht, bis er versucht, sich darüber 3 Meinungen zu bilden ... steht auf Wiedergeborene Seelen ... eine ganz besonders eigenwillige Weltanschauung. Er rechnet nach Reifeschritten einer Seele ... bis sie dann wahrscheinlich in den großen Seelenteich im Himmel fällt und das ABSOLUTE erreicht hat, muss sie ganz, ganz viel lernen und alle Höhen und Tiefen des Lebens durchmachen. Philosophieren ... das wird man sicher sehr gut mit ihm können. Aber im McDonald's sitzen und laut darüber lachen, dass die da am Nebentisch einen bescheuerten Rock anhat, wird man nicht können. Verstehst??? Musst wissen, was du willst. Aber dieser Esoterikkram und das Drumrum passen m. E. nicht zur Katrin Kropf! Als Alltagsnebenbei vielleicht, aber nicht als zentrales Thema im Leben meiner Katrin!
KUSS

Sie hat den Nagel auf den Kopf getroffen. Nur mit Abstand kann man eine Situation so klar einschätzen. Aber den habe ich nicht. Ich bin zu nah dran, nicht an Björn leider, aber zu verwoben mit meiner Vision vom Glück. Und um das will ich kämpfen.

Zwischen Verlockung und Überdruss liegt nur ein schmaler Grat. In der Theorie weiß ich das. Aber wie ich mich ihm zugewandt zeigen soll, ohne ihm auf den Keks zu gehen, das weiß ich eben nicht. Am Samstagmorgen, vor Beginn seines Seminars, schicke ich ihm eine kurze Nachricht: »Lieber Björn, immer wenn Du mich brauchst, werde ich da sein. Es ist mir ernst. K.«

Ich bekomme keine Antwort, am Samstag nicht und Sonntag auch nicht. Ich bin von der Rolle, bei der Arbeit völlig unkonzentriert. Ich verwechsele die Bestellungen, lasse ein volles Tablett fallen und kriege auch noch Ärger mit einem Gast, dem ich zehn Euro zu viel abgehalten habe. Nur mühsam bewahrt Margit mich vor einem Heulkrampf.

Erst Montag schreibt Björn mich an. Endlich! Aber sein Text ist ernüchternd wie ein Schwall kaltes Wasser.

ER 09:51
sorry vielmals, Katrin, das hat alles nichts mit dir zu tun. der zeitpunkt ist gerade nicht so günstig für uns. ich muss einen neuen weg einschlagen … ganz allein. manchmal gibt es keine retterin.
Ciao, Süße!

Mit Tränen in den Augen schreibe ich meine Antwort. Und dann lösche ich sie, bevor ich den Sendeknopf gedrückt habe. Es hat keinen Sinn mehr, ich muss es abhaken. Ich mache mich verrückt, und dieser Typ macht sich noch lustig über eine Frau, die ihm nachläuft wie ein verliebtes Schoßhündchen. Es ist bitter, aber wahr: Die Botschaften, die ich verstanden habe, hat er so nicht gesendet. Meine Stimmung kippt von einer Sekunde auf die andere. War er gerade noch der Größte für mich, ist er jetzt nur noch ein armseliger Problembär.

Am liebsten würde ich mich wieder ins Bett legen, die Decke über den Kopf ziehen, nie mehr aufstehen. Stattdessen vollziehe ich einen radikalen Schnitt: Mit drei Mausklicks melde ich mich bei *Friendscout* ab, ohne die Kontakte zu sichern. Aus und vorbei. Ich muss jetzt davon loskommen. Und ich muss mir endlich eingestehen, dass ich vieles übersehen habe, weil ich es nicht sehen wollte. Bei Björn Schuster und bei anderen. So kann es nicht weitergehen, Katrin Kropf. Sonst verlierst du nicht nur den Verstand, sonst verlierst du dich.

Der Zufall will es, dass sich am Abend Gustav Gans bei mir meldet. Die Flasche Rotwein ist schon leer, mein Kopf ist es auch. Er merkt sofort, was mit mir los ist. »Kein Mann ist es wert, dass du dich seinetwegen aufgibst, Katrin.« Womöglich will er mich vor Schlimmerem bewahren als einem Kater. Ich antworte einsilbig: »Ja, kein Mann.«

Der Grund für Gustavs Anruf ist eine Einladung. Er möchte mich mitnehmen nach Mallorca, auf seine Finca, um dem trüben Wetter zu entfliehen. Das trifft sich gut. »Da könntest du auch auf andere Gedanken kommen.« Aber er will schon am Freitag fliegen, und ich bin zum Wochenenddienst eingeteilt. Urlaub habe ich noch reichlich, doch den kann ich frühestens ab Montag nehmen. »Kein Problem«, sagt er, »mein Reisebüro wird das arrangieren.«

Ich bin ihm wirklich dankbar. Er ist mein Schutzengel und so erfrischend bodenständig. Über den Sinn des Lebens nachzudenken kann nicht der Sinn des Lebens sein. Je näher der Reisetermin rückt, desto mehr freue ich mich. Im Mittelmeer kann man bestimmt noch baden. Und für Meeresfrüchte könnte ich sterben. Endlich mal wieder richtiges Leben, fernab von allen Freaks.

Am nächsten Tag biegt ausgerechnet Bechthold um die Ecke. »Katrin, warum hast Du Dein FS-Profil gelöscht? F.« Es gibt keinen Grund, ihm die Wahrheit vorzuenthalten: »Ich habe von Männern die Nase voll. K.« Wenn ich aber geglaubt habe, dass Frank sich damit abspeisen ließe, dann habe ich mich getäuscht. Seinen fünften Anruf nehme ich an: »Du gibst wohl nie auf?« Er sei schließlich kein Mann wie jeder andere, argumentiert er. »Für mich musst du eine Ausnahme machen, Kleine, wir kennen uns doch schon so lange.«

Er hat den Ungarn-Auftrag und muss jetzt für eine Woche nach München, um die Planung abzustimmen. »Tut mir leid, Frank, am Montag fliege ich nach Mallorca.« Wann genau, will er wissen. Ich schaue auf dem Ticket nach. »Kurz vor eins.« Bechthold wäre nicht Bechthold, würde er sich ein Wortspiel verkneifen: »Gut, dann komme ich am Vormittag. Auf der Flughafen-Toilette.« Noch so ein Scherz und ich lache. Wir verabreden uns in der Lufthansa-Lounge. Er darf da rein und einen Gast mitbringen, er ist Vielflieger.

Es ist das erste Date, bei dem ich über die Kleiderfrage

nicht nachzudenken brauche, das erste, bei dem ich in Hosen erscheine, bequem, warm und garantiert unsexy. Bechthold trägt einen anthrazitgrauen Anzug mit weißem Button-Down-Hemd. Als er mich an der Rezeption unbeholfen fragen sieht, eilt er mir federnden Schrittes zu Hilfe. »Katrin, jetzt haben wir es geschafft. Alle guten Dinge sind drei.«

Und ich bin gar nicht aufgeregt, das ist noch besser. Frank hilft mir aus der Winterjacke und führt mich zu einer Ledergruppe in der Ecke, die auch ein verheirateter Geschäftsmann ausgewählt hätte, der mit seiner Sekretärin auf den Abflug in ein diskretes Wochenende wartet. »Was möchtest du trinken, Katrin?«, fragt er mich, ganz der souveräne Gastgeber, als eine hübsche Hostess herbeieilt. An ihrem Blick merke ich, dass Bechthold auf Frauen wirkt. Und an seinem merke ich, dass er darum weiß.

Wir trinken beide Sprudelwasser, unauffällig, wie es sich vormittags gehört. Und wir unterhalten uns wie zwei alte Bekannte, die zu Freunden werden könnten. Frank erkundigt sich, wie lange ich Ferien habe, aber nicht, mit wem ich sie verbringen will. Ich erzähle es ihm von mir aus. Er hört aufmerksam zu und findet den Spitznamen Gustav Gans originell. Dass ich bei *Friendscout* Schluss gemacht habe, versteht er auch. »Bei zwei so Verrückten nacheinander ist das kein Wunder.«

Er prophezeit mir aber, dass ich mich eines Tages wieder anmelden werde. Und als ich energisch den Kopf schüttele, muss er schmunzeln: »Never say never, Kleine.« Es sei alles nur ein großes Spiel, das ewige Glücksspiel um die besten

Plätze am Buffet, im Kino, am Strand. »Und an der Tombola mit dem Los für den Supertypen.«

Mir wird bewusst, dass Bechthold ein Spieler ist, ein charmanter Junge, der nicht Poker spielt oder Roulette, sondern um Millionenaufträge und schöne Frauen. Und das macht er geschickt, soweit ich es beurteilen kann. Mühelos schafft er es, Nähe herzustellen. Er beherrscht eine gewinnende Körpersprache und er jongliert brillant mit Worten. In jedem zweiten Satz platziert er eine Anrede. Das gibt jedem das Gefühl, nur er könne gemeint sein oder nur auf sie komme es an. Zu mir sagt er abwechselnd Katrin und Kleine, einmal auch mein Schatz. Bei ihm wirkt es natürlich, kein bisschen aufgesetzt.

Und doch, je länger wir uns unterhalten, je öfter wir uns anschauen, je mehr meine Unsicherheit schwindet, desto klarer wird mir: Frank ist nicht mein Mann, und er wird es auch nie werden. Er zieht mich an, er beeindruckt mich, er fasziniert mich. Und er macht mir Angst. Vielleicht könnte ich mich ihm hingeben, womöglich sehr lustvoll, sehr nachhaltig. Vielleicht könnte ich ihm gehören, ihm angehören könnte ich nicht. Und Frank Bechthold würde nie mir gehören, nie mir allein. Er ist ein Einzelgänger, er braucht mich nicht. So wenig, wie er eine andere Frau braucht. Er braucht sie alle, in einem Pool, aus dem er schöpfen kann.

Ich verstehe diesen Mann nicht, womöglich verstehe ich gar keinen Mann. Aber mich verstehe ich inzwischen deutlich besser als früher. Und das verdanke ich den Männern. Frank Bechthold mehr, manch anderem weniger.

Ich habe gelernt, dass es Mr. Right nicht gibt, nicht geben kann, schon weil sich meine Bedürfnisse wandeln, in einem undurchschaubar dynamischen Prozess, mit dem ich selbst kaum Schritt halte. Und trotzdem kann ich nicht aufhören, nach ihm zu suchen, geradezu zwanghaft. Die Diagnose ist simpel, eine Therapie unmöglich, und diese Erkenntnis schmerzhaft: Ich bin falsch programmiert, mit einer veralteten Software. Wie alle Frauen, wie alle Männer.

Auch die Typen habe ich zu unterscheiden gelernt. Es gibt Angeber und Aufschneider, Anwanzer und Aufreißer. Es gibt liebevolle Kümmerer, die für arme Trottel gehalten werden. Und umgekehrt. Es gibt sehr dumme Männer mit viel Verantwortungsbewusstsein, ohne Humor. Es gibt auch sehr intelligente Männer mit untadeligem Charakter, aber unbändigem Freiheitsdrang. Es gibt schon unendlich viele Kombinationen. Und dann gibt es da noch die Unwägbarkeit, wie sie wann auf mich treffen. Starke Männer, bei denen ich schwach werde. Oder schwache Männer, an denen ich erstarken kann.

Doch am meisten habe ich über mich selbst gelernt. Dass ich anders denke, als ich fühle; anders handele, als ich rede. Heute so und morgen so. Dass meine Stimmungen nicht von Fakten abhängen, die liefern bloß Anlässe für einen Stimmungsumschwung. Und konsequent bin ich nur in meiner Inkonsequenz. Meine Linie ist ein Zickzackkurs, unberechenbar wie das Leben. Deshalb darf ich niemandem verdenken, wenn er aufhört, sich darüber Gedanken zu machen. Selbst meine beste Freundin kann mich nur aus sicherer Entfernung ertragen. Und das ist eine Frau.

Es ist viel passiert, in einem Jahr, in meiner kleinen Welt. Ich habe es mal überschlagen, gut 100 kriege ich zusammen, in Worten: einhundert Männer. Das kann ich selbst kaum glauben, aber es stimmt: Ein Jahr mit hundert Hoffnungen. Wer nennt die Namen, kennt die Orte? Nur meine Datenbank. In meiner Erinnerung verschwimmen die Konturen.

Die Ringfahndung hat mich Zeit und Nerven gekostet, wenig Geld und viel Beherrschung. Aufwand und Risiko waren überschaubar, der Ertrag kann sich sehen lassen: Drei Männer habe ich geliebt, ein halbes Dutzend habe ich verführt, viele enttäuscht. Mit ungezählten Kandidaten habe ich gechattet, bloß mit den besten telefoniert, oft stundenlang. Ich habe beeindruckende Persönlichkeiten kennengelernt und völlig abgedrehte Gestalten. Für eine empirische Studie ist das zu wenig. Mit einer detaillierten Statistik kann ich nicht dienen. Den Mann fürs Leben habe ich noch immer nicht gefunden. Und Bechthold ist auch keine Lösung.

Kapitel 15

Die zehn Gebote

Online, offline

I. Ich bin hier, also willig.

II. Du sollst die Würde des Menschen achten.

III. Du sollst dich zu erkennen geben, auf dass du erkannt wirst.

IV. Du sollst Vater und Mutter schonen wie deine Kinder.

V. Du sollst den Nächsten lieben wie den Vorigen.

VI. Du sollst die Wochenenden nutzen für das Leben draußen.

VII. Du sollst nicht stehlen fremde Bilder und Gedanken.

VIII. Du sollst nicht radebrechen.

IX. Du sollst nicht neiden des anderen Glück.

X. Du sollst nicht trügen im Namen der Liebe.

Dezember	Januar	Februar	März	April	Mai

↘ Urs Luetti, der Schweizer

↗ Radio-Gerd

↑ Frank Bechthold

↓ Dirk, der Geisterfahrer

↓ Stalker-Jürgen

→ Immobilien-Müller

↘ Martin, der Fußfetischist

↓ Kurierfahrer Ronny

↗ Der schöne Dr. Zeki

→ Gary Schuster, der Super-Ami

↘ Der überforderte Ingo

→ Disponent Bor

→ Der ehrliche K

↘ Uli,

↓ Ph

↘ Heiko, der D

i Juli August September Oktober November

rmann

rgiesparer

-Ivo

fahnder

Der geile Doktor

Reiner, die große Enttäuschung

↗ Jan, der Traummann

↓ Tilo, die Möbellusche

↓ Kabelleger Pit

↓ Der Stummelschwanz

↑ Gustav Gans

↓ Konrad, der Seelenschnüffler

↓ Dr. dent.

→ Björn, der Großstadt-Indianer